フレデリック・ケレスト（オクタ共同創業者）著

朝倉祐介（アニマルスピリッツ合同会社代表パートナー）解説　酒井章文 訳

ZERO
TO
IPO

Over $1 Trillion of Actionable Advice
from the World's Most Successful
Entrepreneurs

世界で最も成功した
起業家・投資家からの
1兆ドルアドバイス

創業から上場までを
駆け抜ける知恵と戦略

SHOEISHA

賛辞

あらゆる世代の CEO と創業者が本書から刺激を受けるだろう。

──マーク・アンドリーセン
（アンドリーセン・ホロウィッツの共同創業者兼ジェネラル・パートナー）

実践的かつ実行可能で役立つアドバイスの宝庫。本書は、起業家としての才気をもつすべての人の必読書だ。

──ブライアン・ハリガン（ハブスポットの共同創業者兼取締役会長）

起業を志しているのなら、まず本書を開いて、手の届くところに置いておき、ビジネスを構築し、成長させるといい。爽快なほど率直で真っすぐな本書から、読者とそのチームは不可欠なリソースをいつも引き出せる。

──シェリー・アーシャンボー
（フォーチュン 500 の役員、メトリック・ストリームの元 CEO、『AWAY GAME
──誰にも遠慮することなく、最高の力を発揮する方法』［アルク、2021 年］著者）

本書でフレデリック・ケレストは、アントレプレナーシップの心意気と栄光を明かしている。著者は、起業家としての天国と地獄、そのあいだにある苦悩を通じて、読者を啓蒙しつつ、しっかり楽しませてくれる。

──エミリー・チャン
（ブルームバーグ・テクノロジーの司会者兼エグゼクティブプロデューサー。『Brotopia』著者）

世界にはもっと起業家が必要だ。会社を興すことを夢見ているのなら、本書から刺激を受けるだけでなく、夢をかなえるのに必要な知識と自信が得られるだろう。

──ハリー・ハースト（パイプの創業者兼共同 CEO）

幸運なことに私たちは、たくさんの偉大な創業者から時間をかけて学ぶことができる。その創業者の多くが本書におさめられている。

── メラニー・パーキンス（キャンバの共同創業者兼 CEO）

本書を読めば、起業家としてスタートする前にたくさんのビジネスリーダーから学ぶことができるので、貴重な年月を試行錯誤に費やさなくてもすむ。これは大成功の裏技だ。

──ジェレミー・ブルーム
（インテグレート共同創業者兼 CEO、2 度のオリンピック出場歴のあるアメリカスキー殿堂入り選手）

献 辞

みずからのビジョンを実現しようと挑戦する、
すべての起業家に捧げる。
世界はあなたたちを求めている。

原書の収益は、BUILD.org（恵まれない若者の可能性を開くために起業家精神を活用する組織）および The Hidden Genius Project（若い黒人男性の生活とコミュニティを変えるために、テクノロジーの創出、起業家精神、リーダーシップ・スキルなどの教育と育成を手がけるプロジェクト）のために全額が使われる。

日 本 語 版 序 文

　私は普段、投資家としてスタートアップの成長支援に携わっています。起業して新しい事業の立ち上げに挑むのは胸が躍ることですが、一朝一夕にできるものではありません。スタートアップの成長過程には異なるフェーズがあり、そのフェーズごとに異なる課題と向き合う必要があります。そうしたプロセスごとの経営テーマについて「ゼロからIPOまで」ひととおり経験したフレデリック・ケレスト（米国のBtoBプラットフォーマーであるオクタの共同創業者）によって書かれたのがこの本です。

本書の持つ3つのユニークな特徴

　本書には、3つの特徴があります。

　まず、創業期からIPOに至るまで広いスコープでトピックが取り上げられていること。ファイナンス、ビジョン、営業などの各論を掘り下げる関連本が多い中、本書はまさに「ゼロからIPOまで」の流れを網羅的にカバーしています。本書を読めばスタートアップを経営するうえでどういった課題に向き合うことになるのかを知ることができるでしょう。たとえばシード期・アーリー期のスタートアップ経営者は、いまは意識していなくとも、将来的には第11章や第12章で取り上げられる取締役会や上場に向けたロードショーについて考える必要があります。本書を通して、そうした事柄を先取りして概観することができます。

　2つめの特徴は、起業に伴う具体的な手法論と起業家のメンタリティに関する言及がうまくミックスされているところです。手法論としては、事業アイデアの考え方、資金調達や営業の手法、あるいは取締役会の構成や上場のプロセスについてなどが取り上げられます。一方で、第1章「起業家になるべきか？」や第10章「自己管理」では、起業家・創業者のメンタリティ、マインドセットに触れられています。後者はややもすれば見落

とされがちですが、リスクを取って事業を立ち上げるときには何よりも重要な不可欠の要素です。本書は、ただの起業ノウハウ本でもなければ精神論に終始するのでもなく、起業の両側面がきちんとカバーされているバランスのとれた内容だと言えます。

3つめは、オクタを立ち上げたケレスト自身の経験が反映されているだけでなく、彼以外の50名超の起業家・投資家の視点が取り入れられている点です。著者一人の体験からでは導き出せなかった知見が紹介されています。

正直、起業家にはハードワークが求められる

起業家に求められるメンタリティについて、本書ではかなりハードなことが書かれています。たとえば、第1章では、「5年、10年と自分の仕事だけに向き合って、他のことを一切犠牲にしてもいいと思えるほどやりたいか」といった具合に。シビアな問いですが、このような問いに常に向き合うのが起業家の現実でもあります。

近年、日本でもスタートアップが注目されるようになりましたが、ともするとその華やかな側面ばかりが取りざたされるきらいがあります。経営者が外に向けて話すときは、得てして起業家として事業をつくることの魅力やスタートアップの面白さを強調するものです。ですが、現実のスタートアップ経営は過酷なものです。もちろん運が良ければ自社事業が大きく成長することもありますが、思いがけないトラブルに直面することの連続です。超ハードワークを求められる局面もありますし、なによりタフな精神力が求められるのです。

本書はそうした華やかなばかりではない厳しい現実を、その道の先達である筆者や50名超の起業家・投資家が率直に伝えています。この点で、起業を志す方にとっては誠実な水先案内だと言えるでしょう。行間の端々から、自身の経験からにじみ出る重みが感じ取れるはずです。

ハードワークが必ずしも報われるとは限りません。資金繰りがうまくい

かない、プロダクトが売れない、「社長は本来のビジョンと全然違うことばかり言ってマネタイズのことしか気にしていない」とメンバーに反発される。あまり表立って話題にあがりませんが、日々直面する課題に精神を病んでしまう起業家も少なくありません。本書は、そうした起業家の現実を踏まえたうえでメンタリティの話がなされ、自己管理の具体的な方法にも1章分のボリュームが割かれています。

キャッシュ・アウトする悪夢を見て悲鳴をあげる

　第9章で、「大事なのは金だけなんだ」という話が語られています。これは私も実体験から痛感することです。資金繰り表というものをご存じでしょうか。日々の取引や借入、返済といった入出金の見込みを整理し、ある時点の会社の保有キャッシュの残高を確認するための計算書類です。

　契約が成立すると、売上が立ち、そこからコストを引けば利益が出ます。そうした過去の事実を示すのがPL（損益計算書）ですが、初期のスタートアップにおいて、過去のデータから日々の経営に直結する示唆を得られることは実はあまりありません。

　先行投資を続けながら事業を立ち上げようとする初期のスタートアップの経営者にとって、実際に最も注意を払わなければならないのは、日々の資金繰りであり、キャッシュの確保です。無事に契約が成立したとしても、入金日が即日であるのか、1ヶ月後であるのか、3ヶ月後であるのかによって、状況は大きく異なります。だからこそ売上の入金日や支払日、給料日など、日々の入出金を1日単位で管理し、キャッシュ不足に陥らないようにするために、神経を尖らせる必要があるのです。この意味で、「大事なのは金だけ」とは、スタートアップ経営におけるリアリティ溢れる警句と言えるでしょう。

　私自身もスタートアップを経営していた頃は、資金繰り表のExcelを作成し、キャッシュの管理に日々苦心していました。資金の管理に没頭する

あまり、毎夜、Excelを操作している夢まで見る始末。ある時、どうしても必要資金の確保が間に合わず、キャッシュがショートするという夢を見て、夜中に悲鳴を上げたことがあります。自分の悲鳴で目が覚め、「ああ、夢だったか」と気づいたのも束の間、気づくと前歯が折れていました。ストレスで激しい歯ぎしりをしていたのです。

　苦労自慢をしても仕方がありませんが、実際にこうしたストレスに苛まれている経営者は少なくありません。私も一歩間違えればプレッシャーに押しつぶされていたかもしれません。本書には、そうした起業家ならではのストレス溢れる日常の中でいかにして気持ちをフラットに保つかというヒントが込められています。

説得する力＝大風呂敷を広げる力

　第1章には「創業者に欠かせない性質のチェックリスト」という項目があります。そこで、身に付けるべきスキルとして挙げられている項目を少し見てみましょう。前職と同額の給与を払えず会社が1年後にあることを保証できないという条件でも、人を採用できるか、ベンチャーキャピタルを口説き落とせるか、営業相手を説得できるか、試作品を試してもらえるか、メディアが取り上げたくなるように魅力的に自分の話ができるか。また、別の箇所では、家族を説得できるかという話も取り上げられます。これらのスキルに共通しているのは、自分のビジョンを説得する力、言い換えれば、大風呂敷を広げる能力です。創業期においては、こうした力こそが最も重要な経営者の資質といっても過言ではありません。

　起業には人材と資金が不可欠ですが、多くの場合、起業家はそれらがまったくない状態から事業を立ち上げなくてはなりません。したがって、起業家が立ち上げ初期に直面する課題は社員や投資家といった仲間を集めることです。プロダクトをつくるエンジニア、プロダクトをマネタイズして事業として成立させるビジネスパーソン、また自社プロダクトを顧客に

売るセールスやマーケティングの担当者も必要です。また自分たちのビジョンや事業の成長を信じてリスクマネーを提供する投資家を見つけることも必要です。起業家にとって創業期に乗り越えるべき課題は、自分のビジョンを共有し、信じてもらって仲間づくりをしていくことです。

　私はこのプロセスを「旗をあげる」と呼んでいます。「自分たちはこんな世界を実現するんだ」と大義を掲げ、その大義のもとに仲間を引き連れて目標に立ち向かっていくことです。

　一方、日本電産の創業者である永守重信氏は、「ホラを吹く」と称するそうです。これもまた言い得て妙な表現です。常々思うことですが、「成功者」ともてはやされる起業家と「詐欺師」と面罵される人物は紙一重です。「事業を通じてこんな世界を実現する」と言いはじめた段階では、まだ実体は何もありません。そんな不確かな段階でも「ホラ」を吹き続けて信じてくれる仲間を集めていかなくてはならないのです。「ホラ」を吹き続けて人や資金を集めることができれば、そうしたリソースを活用して「ホラ」を現実にしていかなくてはなりません。こうしたプロセスを繰り返しながら、存在しなかった世界を現実にできた起業家は「成功者」と呼ばれ、実現できなければ「詐欺師」と呼ばれてしまうのでしょう。

　WeWorkを作ったアダム・ニューマンという起業家がいます。彼は資金も人材もない状況で、野心的なビジョンを語ることで多くの人々を巻き込み、多額の資金を調達することに成功しました。彼の経営スタイルが倫理面も含めて疑問視されたことや、最終的に代表を解任されたことは事実ですが、それでも創業期から発揮された彼の人を巻き込む才能は疑いようがありません。

　ホラを吹くのは直感的には不自然なことです。特に生真面目な人にとっては、まだ存在もしない理想像を高らかに語ることは不誠実だとすら感じられるかもしれません。しかし、自身のビジョンの実現に邁進しようとする起業家にとって、大風呂敷を広げることと、それを現実のものにしてい

くことは欠かすことのできない大事な素養です。

コミュニティを通してしか知り得ないこと

　世の中から見ると、起業家たちは互いを擁護しあって小さくまとまっている集団に見えるかもしれません。まだ道半ばであるにも関わらず、閉鎖的な世界で互いを褒め合い、自己耽溺に陥っていると批判を受けることもあります。実際、そうした側面もあるのかもしれません。それでもなお、こうしたコミュニティには価値があると私は思っています。

　先ほどのメンタリティの話にも関係しますが、起業家ならではの苦労や孤独を共有する者同士で悩みを吐露し合い、支え合うことで自分の精神の均衡を保ち、時には相談相手を紹介し合うといった互助組織、ギルド的側面があるからです。

　こうしたコミュニティでは、インターネット上や本では知り得ない、生の情報が共有されます。どのようなマーケティング手法が功を奏した、社員とのコミュニケーションをどのように行っているか、特定の投資家がどんな領域に注力しているか、営業先のキーパーソンは誰か、といった具体的な情報を得ることもあれば、先輩起業家たちの知恵や学びを生の言葉で聞くこともあります。

ベイエリアのインナーサークルを疑似体験してほしい

　ケレストは、サンフランシスコ・ベイエリアを中心とした起業家コミュニティに属する人物なのでしょう。本書では彼が出会ってきた経営者達の生々しい声が惜しげもなく披露されています。同じような課題に向き合ってきた起業家たちのコミュニティにいればこそ気付くことができる視点が多分に書かれています。

　日本でも、東京以外の地域でスタートアップを活性化するのが依然として難しいのは、こうした起業家コミュニティが十分に形成されていないこ

ととと無関係ではないでしょう。この時代になってもなお、直接会って聞く先駆者の知見は貴重なものです。

　学問の世界では「巨人の肩に乗る」、エンジニアリングの世界では「車輪の再発明をするな」と言われます。誰かがすでに通った間違いや失敗について知ることができれば、致命傷は避けることができるでしょうし、こうしたポイントを学べるのがインナーサークルの魅力です。この点、本書はそのシリコンバレーの起業家コミュニティを疑似体験できる機会とも言えるでしょう。

この本を読むべき人は誰か

　本書は主に以下3つのグループの方々にお勧めします。

　まずは起業家。本書には、起業家たちが実用的に活用できる情報が詰まっています。起業の初心者から既に一定の規模まで事業を成長させている経営者に至るまで、どんな起業家にもおすすめできます。

　私はミクシィの経営をしていた頃、ジャック・ウェルチの『ウィニング勝利の経営』（日本経済新聞出版、2005年）を何度も読み返していました。ゼネラル・エレクトリックというグローバルクラスの大企業の経営者による経営書でありながら、非常に具体的なノウハウが書かれており、その一方で、経営活動を俯瞰する概念的な整理までもが含まれています。私にとっては文字通り、経営現場における座右の1冊でした。『Zero to IPO』もそれに似た側面があります。本書はいわば起業家版の『ウィニング』なのです。

　次に、スタートアップで働く社員など、広い意味でスタートアップに携わるすべての人に向けておすすめします。経営者が抱える悩みや、経営手法の話題など、一般のビジネスパーソンにはあまり馴染みのないトピックが多いかもしれませんが、従業員として働いている方にとっても、経営者がどういった課題に対峙しているかを知ることは、自分たちの会社の現在地を把握するうえで役立つはずです。

最後に、大企業の方々、特にオープン・イノベーションを志向する方々にもぜひとも本書を手に取っていただきたいと思います。スタートアップと協業する以上、起業家の立場を理解し、疑似的であれ体感することは必要不可欠だからです。

　たとえば、第5章「営業」では、パイロット版を無料にすることが危険であると指摘されています。無料提供することで、利用者は真剣に使わず、その結果、プロダクトに対する十分なフィードバックが得られないと言うのです。一方で、パイロット版を有償にすれば、実際にお金が動く以上、利用者も正式導入するかを真剣に検証して上司にレポートする必要が出てくるので、しっかり使ってもらうことができると著者は主張します。

　大企業に長く勤めていると、自分たちの対応や意思決定の遅れがスタートアップに対してどれだけ大きな影響を及ぼすのかを現実味を以て感じ取ることは難しいものです。この点で、本書はオープン・イノベーションで共に活動するスタートアップが気にする点や現実感を得るための絶好の教材になるのではないでしょうか。

朝倉祐介

※本日本語版序文はエッセンシャル版となります。フルバージョンを読まれたい方は巻末の「会員特典データのご案内」に沿ってダウンロードしてください。

目次

賛辞 ———————————————————————————— 003

献辞 ———————————————————————————— 004

日本語版序文——朝倉祐介 ————————————————— 005

イントロダクション

021

■ 心に刻むべき3つのルール ————————————————— 027

第1章 起業家になるべきか？

029

■ **必要なものはそろっているか？**
  創業者に欠かせない性質のチェックリスト ———————————— 032
■ **起業家の動機とは？** ————————————————————— 036
  創業者の口から直接語られた知恵
■ **創業者と海軍特殊部隊が似ている理由** ————————————— 038
  すべては「時間をかけて集中する」こと
■ **創業者は天才少年、という神話を打ち壊す** ————————————— 043
  偉大な創業者の大半は、大学を中退した20歳の若者ではない

第 2 章　アイデア　　045

- 観葉植物のようにアイデアを扱う ——————————— 050
  日光をたっぷり与える
- 将来の輝かしい展望でビジネスがうまくいくわけではない ——— 053
  未来を見据えすぎることがある
- 構造は発明の母 ———————————————————— 057
  無数の新興企業の母でもある
- 思いきりやるか、やらないか ——————————————— 062
  10%よくなるだけでは足りない
- すばらしいアイデアはどこから生まれるか ——————— 063
  教室から生まれることもあれば、刑務所から生まれることもある

第 3 章　チーム　　067

- 1ほど孤独な数字はない ——————————————————— 070
  ひとりでやろうと考えているなら考え直したほうがいい
- 隣にいる共同創業者 ————————————————————— 073
  10組の創業者の出会い
- 困ったときに助けてくれる人を見つける ——————— 077
  候補者の評価の仕方がわからないときは、評価できる人を探そう
- 平等に分配する ——————————————————————— 079
  共同創業者が平等に株を受けとったほうがいい理由
- 最初から包括的な雇用戦略を立てる ————————— 081
  最初の10人の雇用で、その後の雇用の方向性が決まる

■ **応募者の裏をとる** ——————————————— 087
少なくとも3人、推薦者リストに載っていない人から話を聞く

■ **スタートアップの採用の基本** ——————————— 089
どのようにして誰を採用するかについてのアドバイス

■ **解雇の成功事例** ———————————————— 091
解雇にはいいやり方と悪いやり方がある

第 **4** 章　　　資 金 調 達　　　　　　095

■ **資金を調達する準備ができているか?** ————— 099
ベンチャー・キャピタルを探す前に、このチェックリストを吟味しよう

■ **投資家の吟味の仕方** —————————————— 103
単なるお金の問題ではない

■ **冷静さを保つ** ————————————————— 109
居心地の悪さに慣れる

■ **ベンチャー・キャピタルの城を落とす鍵** ————— 111
投資家に話をもちかける前に必要な4つの準備

■ **自社の物語の名人になる** ———————————— 114
「何も伝えられないのなら、何も売れません」

■ **クズと信念は隣りあわせ** ———————————— 119
不屈の技法

■ **共謀は実際に起こるが、証明するのは難しい** —— 121
ベンチャー・キャピタルにはほかの交渉相手を絶対に明かさないこと

■ **過小評価される創業者が不利な状況をくつがえすには** —— 124
暗黙の偏見にあらがう5つの方法

■ **なんとなく資金調達をしない** —————————— 127
身を守るためにもしない

■ **エンジェル投資家を忘れるべからず** ——————— 130
成長しても切り捨てない

■ **資金がじゅうぶんある。次はどうする?** ——————— 133
節約しよう。ただし、次の5つは除く

■
第 **5** 章　　　**営業**　　　　　　　　　　　　　135
■

■ **人は人からものを買う** ——————————— 138
関係性が重要なことを示す一例

■ **営業の準備** ———————————————— 142
顧客候補を特定し、口説き落とすための基本原則

■ **パイロット版を無料にしない** ———————— 145
無料がいい印象を与えない理由

■ **了承を得られたあと** ———————————— 151
契約を結ぶ3つの手順

■ **営業チームの雇用と管理方法** ———————— 155
たいせつなルールから始めよう

■
第 **6** 章　　　**企 業 文 化**　　　　　　　　157
■

■ **自社の運営システム** ———————————— 160
コアバリューを策定するときの注意事項

■ **「ボールベアリング賞」を授与する** ————— 166
仕事を円滑にする人を称える

■ 最初から社会的影響を組み込む ———————————— 168
　それがよい戦略であり適切なこと

■ 悪いおこないは公に非難する ————————————— 171
　だが、特定の個人をおとしめないように

■ 正しいリスクをとること ———————————————— 175
　リスクテイクを促進する方法

第7章　リーダーシップ　　177

■ 優先順位をつける基本 ————————————————— 180
　ドワイト・D・アイゼンハワーの助けを借りる

■ 情報が乏しいなかでの意思決定の基本 ——————— 187
　常に勘を頼りにしなくてはならないから

■ 自分のコピーをつくる必要はない ————————— 189
　だが、自分の仕事を手放す必要はある

■ 勝敗を決めるシュートを打つ ——————————— 193
　生死を分ける瞬間を見極め、意識を向ける

■ 立ちあがって、歩きまわる ————————————— 195
　現場に足を運ぶ価値

■ 2006年のイーグルスではなく、2008年のスティーラーズになる ——— 197
　フィラデルフィアのファンには申しわけないが

■ 2種類のリーダーシップ ——————————————— 201
　社員のタイプによってモチベーションはさまざま

■ 対立をはっきりさせる ———————————————— 203
　問題が起きそうな気配がしたら、それを公にする

第8章 成長

- **まず、成長戦略をもつ** ———————————————— 212
  それから、全員が実践できるようなシステムを必ず構築する
- **「完璧」に反対する** ———————————————— 217
  合格点でよい根拠
- **ボトルネックに注意** ———————————————— 219
  何かを入れかえなくてはならない兆候
- **顧客にプロダクトを具体化させる** ———————————— 222
  無理のない範囲で
- **顧客に寄り添う** ———————————————————— 226
  そう、あなたが創業者なのだ
- **競合を無視する** ———————————————————— 231
  相手は自分より詳しくない
- **テック系の中心地に拠点を移すべきか?** ——————————— 233
  必ずしもそうではない

第9章 大失敗

- **ビジネスにおける唯一の許されざる罪** ————————————— 241
  ヒント:大事なのはお金
- **大失敗の記録1　ユーダシティのピボット** —————————— 243
  間違った顧客を追いかける
- **大失敗の記録2　オクタのピボット** ——————————————— 246
  ターゲットにする企業の規模を間違える

■ **大失敗の記録3　ラウドクラウドの場合** ———————— 250
　資金が枯渇しかける
■ **大失敗の記録4　タイニースペックが実際に終わった出来事** ——— 255
　あきらめるタイミングを知っておく
■ **役職を退く** ———————————————————————— 259
　CEOを辞任するタイミング

第10章　自 己 管 理　　　263

■ **流行を追わない** ———————————————————— 266
　同じ会社はない
■ **創業者の憂鬱** ———————————————————— 269
　思っているよりよくあること
■ **どのようにして起業家は挑戦的な姿勢を維持するのか** ——— 273
　距離をとり、ぼーっとして、広い視野を取り戻す
■ **ときには締め切りを遅らせる** ———————————— 275
　ときに成り行きにまかせる

第11章　取 締 役 会　　　277

■ **取締役会の基礎** ———————————————————— 280
　知っておくべき基本
■ **強力な取締役会のつくり方** ———————————— 282
　マーベル作品のアベンジャーズを思い描く

- ■ **取締役会と協力する方法** ——————————————— 284
  すべては会議の議題から始まる
- ■ **教訓となる話** ———————————————————— 288
  間違った使命を課された正しい取締役会
- ■ **まじめな話、諮問委員会は省略しよう** ——————— 293
  時間もお金もかける価値がない

■
第12章 上 場

295

- ■ **上場するかしないか** ——————————————— 297
  上場のメリットとデメリット
- ■ **ロードショー** ————————————————————— 303
  小心者には向いていない
- ■ **上場にかわるもの** ——————————————— 305
  上場にはほかの方法もある

■
第13章 その先へ

309

謝辞 ———————————————————————————— 313

本書内容に関するお問い合わせについて ——————————— 317
会員特典データのご案内 ———————————————————— 318
著者略歴・訳者略歴・寄稿者(日本語版序文)略歴 ——————— 319

イントロダクション

失敗に気づいたのは2011年7月だった。

17年使いつづけているおんぼろのホンダ・アコードに乗って、サンフランシスコのハリソンストリートを走っていると、陰鬱な濃い夏の霧に街全体が、そして私自身も押しつぶされているような気がした。このまま自宅に帰り、会議には顔を出したくないという考えが頭をよぎる。出席したところで、何を言えるだろう？　私たちの会社はもう終わりだというのに。

私が友人のトッド・マキノンとオクタを始めたのは2009年のことだ。アイデアは実にシンプルだった。私たちは2人とも、ビジネス用ソフトウェアがオンラインに移行すると確信していた。CD－ROMからハードディスクにインストールする時代はもうすぐ終わる。そうなると、オンラインへの移行にともなって、誰かがソフトウェアにサインインできるようにしなくてはならない。そうなったら便利ではないか？

トッドと私は、狭いオフィスの小さな会議室に入っていった。待っていた取締役たちは、私たちに預けた金を一銭も残らず失うと知らされることになるなどとは、考えもしていない。私はその瞬間を記憶し、役員たちの笑顔を心に焼きつけておこうと思った。話が終わったとき、彼らは誰も笑っていないだろうから。「よし、では、四半期の報告に入りましょう」と私は言った。

私はひと晩かけてプレゼンテーションに意味のないスライドを加えた。悪い知らせを伝える前に、どうでもいい話をしてごまかそうと思ったのだ。データを見せていくと、役員たちの注意がそれていくのがわかった。雇用について、潜在顧客について、とスライドが続き、ついに私が恐れていたところにきた。売上と収益について、だ。

「では、次に、売上が急落したことをお伝えします。私たちの予想を70%下回りました」。

全員が顔を上げた。「70」と聞いてハッとしたのだ。聞き間違えたのだろうか、たぶん17％と言ったのではないか、と。

私はスライドを進めた。そこで全員が目にしたのは、70％の売上未達成の報告だった。収益は予想していたほど順調には上がりそうにない。グラフの線は心臓が停止したときの心電図のように横ばいだった。私たちのプロダクトを誰も買おうとしていない。

「クソみたいなものを山ほど見せたあとで、この話か？」と取締役の1人が驚いたように言った。

「1つだけ言わせてくれ」と別の役員が口をはさむ。「これなら1枚のスライドですむ話だ」。

それから私は、部屋から出ていくよう命じられた。現状を把握するために、役員たちは個別に話をするつもりだった。CEOはトッドなので、まずは彼と話すのだ。

会議室から出て、オフィスを見わたした。私は社長でありCOO（最高執行責任者）だった。この会社に2年間、すべてをつぎこんだ。それが、いまではなんの意味もなくなっていた。さらに悪いことに、私の妻は研修期間を終えたばかりの医師で、私たちはかなりの負債を抱えていた。私はこれまで感じたことがないほどのストレスに襲われ、息が詰まりそうだった。

1時間後、車であてもなく街をさまよっていると、取締役の1人であるベン・ホロウィッツから電話がかかってきた。ベンと彼のパートナーのマーク・アンドリーセンは、この会社の創業資金の半分にあたる50万ドルを私たちに投じてくれていた。さらに1年もたたないうちに885万ドルが追加された。

「売上は予想どおりにはいかない。それはわかるだろう？」とベンは言った。

そうたずねられ、自分でもよくわからないことをつぶやいていると、ベンに話をさえぎられた。おそらく私は解雇され、会社は倒産するだろう。

だが、ベンは私に2つのアドバイスをしてくれた。詳しくはあとで述べるので、ここでは結論だけを話そう。ベンは、もっと必死で働けと言ったり、愚かな私をなじったりしなかった（私は自分の愚かさを痛感してはいた）。そのかわりに、破産寸前までいった創業者としての経験を引き合いに出し、この悪循環から抜け出すための具体的で戦略的なアドバイスをくれたのだ。そのアドバイスは、彼が身銭を切って学ん

だ知恵だった。

ビジネスの世界では、ほとんどの場合、こうした知恵は一部の人たちのあいだでしか共有されない。そのような情報は人づてに伝わるものなのだ。それでも創業者にとっては、その知恵によって成否が分かれることが多い。私の場合、ベンからのアドバイスによってすべてが変わった。私たちがただちにベンのアイデアを実行すると、状況は好転しはじめた。売上が上がり、ビジネスが急成長していった。そして、あの運命の会議から6年後、オクタは上場を果たした。2021年秋、本書の刊行を準備している現在、わが社には400億ドル以上の価値がある。[1]

あのアドバイスがなかったら、オクタは存続できなかっただろう。あのとき、会社の運命が変わり、私の運命も変わった。

希望を失っていた日に私がベンから受けたのと同じようなアドバイスを求めて、意欲的な起業家から週に何度も電話やメールがくる。彼らは、"大きなアイデア"をうたうビジネス書からでは得られない、現実的で実行可能な意見を期待している。そうした書籍は私も読むし、いいものだと思うが、現場では一般論など必要ない。いまどうしたらいいのかを知りたいのだ。

本書はそのための本である。私は20年以上にわたり、自分が受けた珠玉のアドバイスをメモしている。幸運なことに私は、アメリカにいる何百人ものビジネスリーダーや投資家と会う機会がありその際には、必ずたくさん質問をすることにしている。本書に書かれた本質をつく助言は、20年以上のあいだに私がビジネスの最前線で得た知恵をまとめたものであり、自分自身や投資家のために1兆ドル以上の富を築き上げた人たちからの言葉なのだ。

私も実際にこうした知恵を試してきたので、その力がよくわかる。この叡智は長い時間をかけて広まってきた。起業家、CEO、企業の役員は圧倒的に特権をもった人たちだ。その大半は白人男性で、名門大学出身であることが多く、たいてい希少な人脈をもっている。こうした事情は変えなくてはならない。アメリカであれほかの国であれ、ほとんどの経済成長は起業家とその新興企業によってもたらされる。

---

1 上場企業の評価額は株式市場によって変動する。本書での評価額はすべて、原書の入稿直前の2021年11月15日時点の各企業の時価総額にもとづいている。非公開企業の評価額は、資金調達と買収の発表から引用している。

その恩恵にあずかる人を増やすには、起業の世界について明らかにし、苦労して手に入れた、ビジネスを成長させるための秘訣を広めないといけない。そうした教訓はすべての人に開かれていたほうがいい。だからこそ、私は本書の刊行に先立って『Zero to IPO』のポッドキャストを立ち上げ、気づいたことをここにまとめたのだ。

MBAの学位を取得すれば、金融や経営の分野でうまくいく方法が身につくと思って、ビジネススクールに通う人が多い。既存の会社で働きたいのなら、それも正しいだろう。しかし、なんらかの問題を解決できる斬新なアイデアがあり、みずから起業したいのであれば、そのために必要な方針はビジネススクールではまず得られない。

さいわい私はMITスローン経営大学院に入り、アントレプレナーシップとイノベーションのMBAを取得した。同期生や教員のなかには生涯の友人になった人もいる。アントレプレナーシップとテック系のスタートアップについてなど、すばらしい講義も受けられた。MIT主催で賞金10万ドルの有名なアントレプレナーシップ・コンペティションにも参加した。

だがこうした経験を積んでも、ビジネススクールを修了したときの私は、会社をゼロからつくり出すことをきちんと理解していなかった。それについては、すでに厳しい経験をした起業家と話をして学ばなくてはならなかった。ベイエリアでの交流で知り合った人たちだけでなく、オクタの投資家を通じて知り合ったほかの創業者たちからも話を聞いた。本書では、そうした人たちの知恵と助言を紹介したい。

この先の章を読めば、会社を興し、成長させるための重要なステップを知ることができる。私を含めて本書に登場する人の多くが上場企業をつくりあげた。そのアドバイスの多くは、買収や非公開企業のままでいることを考えている創業者にも役立つ。最終的に上場企業になるのはほんの一部だ。起業した多くの企業は、結局のところ大企業に買収される。それよりも、（いわゆる"キャッシュフロー企業"である）非公開企業のまま、自分も同僚も好きな仕事をしながら裕福な生活を送れるだけのお金を稼ぐ会社のほうが多い。

本書の情報には、ベンチャー・キャピタルから資金を調達する方法など、高成長するスタートアップにしかあてはまらないものもある。だが、アイデアの選び方や企業文化のつくり方など、ほとんどのアドバイスは、どんなビジネスを始める起業家にも役に立つ。

本書では、ビジネスを築き上げるときに遭遇することを、おおまかに順を追って紹介する。まず、起業家に向いている人と、優れたアイデアの見極め方について扱う。そして、チームを組んで、資金を集めることに焦点をあて、営業と企業文化の醸成に触れ、会社を成長させ統率する方法について述べる。何もかもがうまくいかなくなるとどうなるか、そうなる過程で自分の精神面と感情面をケアする方法も扱う。最後に、取締役会との連携と株式の公開について話す。

　題材は各章に分けられ、それぞれ結論がまとめてある。私の話も出てくるが、大半は私がシリコンバレーで出会った創業者、投資家、重役たちから聞いたものだ。私のポッドキャストで話をしてくれた人や、本書のために特別に自分の体験を明かしてくれた人もいる。特に断りがないかぎり、本書に出てくる話や引用は、さまざまな専門家からの言葉を含め、すべてインタビューを通じて得られたものだ。

　もし起業家であるあなたが、シリコンバレー、ニューヨーク、ロンドン、テルアビブ、東京など、世界じゅうの主要なスタートアップの拠点にいないとしても、本書に書かれていることを実践できる。本書が役に立つとはいえ、みなさんには本当のことを伝えなくてはならない。それは、どこで暮らしていようと、起業する道を選ぶのであれば、人生はつらく厳しいものになるということだ。**私たちは、成功するスタートアップは成功する運命にあり、失敗する企業は初めから失敗するようになっていると考えてしまう。だが、そういうわけではない。本書を読めば、何が本当に成否を分けるのかがわかる。**こう書くと、自分のアイデアを追求するのをあきらめる人がいるかもしれない。でも、あきらめるなら早いに越したことはない。

　しかし、もしあなたがあきらめないとしたら、不確かで、不安定で、ストレスを抱えた状態で何年も耐える覚悟ができているとしたら、こう言おう。

　真の起業家の世界にようこそ！

図1 アメリカで起業コストが低い10の都市

出典：10 Best U.S. Startup Cities by Cost Embroker 2021年10月

心に刻むべき3つのルール

　本書では、すばらしい戦術的なアドバイスを数多く紹介しているが、たとえみなさんがここで読むのをやめ、ほかに何も学ばないことにしたとしても、伝えておきたい3つの原則がある。

1　時間こそが最も貴重な資産

　投資家（特にベンチャー・キャピタル）から資金を受けとる場合、そのお金にはタイムリミットがある。ベンチャー・キャピタルも、あなたに投資した資金を出した機関（たとえば年金基金や大学基金など）のために利益を生み出さないといけないからだ。

　そのため、ベンチャー・キャピタルから小切手を受けとったとたん、比較的短い期間で大成功しなければならないというプレッシャーがのしかかってくる。期間の長さはいろいろだが、ここでは長くても5年から7年としておこう。

　つまり、些細な戦術的選択から大きな戦略的決定まですべての行動を、それが成功を早めるのか遅らせるのかという視点で考える必要がある。

時間こそが
最も貴重な
資産

2　優先順位を常に意識する

　私は学生時代にMITスローン経営大学院教授のビル・オーレットから、こう繰り返し言われた。あまりに重要なので、私はこの言葉をポスターサイズで印刷し、オフィスの壁に貼ったほどだ。

　「優先順位をつける」のひと言につきる。どうでもいい些細なことに夢中になってはいけない。これからの1時間、1週間、1年間で、いちばん重要なものが何かを常にはっきりさせておく。この教えを重視するあまり、オクタを始めて10年以上たったいまでも、私はオフィスにいる人に聞こえるぐらい大きな声で、「よし、最優先する仕事はなんだ？」と1日に何度も自問する。しっかり意識を集中させるために私はいつもそうしている。

3　売れるまでは何も起こらない

　これが壁に貼った2枚目のポスターの言葉だ。IBMの初代社長、トーマス・ワトソン・シニアの言葉を言いかえたものである。もちろん、モチベーションを上げるポスターを悪く言ってもかまわないが、彼は正しかった。起業すると、組織図から早期雇用決定まで、あらゆることに頭を悩ませることになる。

　しかし、結局のところ、売上がないのならどれもたいしたことではない。ビジネスで重要なのは顧客に自分のプロダクトを売ることである。それ以外はすべて二の次だ。

第 1 章

起業家に
なるべきか？

　黒い革靴がぐしょぐしょに濡れていた。つま先の感覚がない。それでも足を止めるわけにはいかない。降り積もっていく雪のなか、数台の車がオクラホマのハイウェイを猛スピードで走っていた。吹雪から逃れようとしているのだろう。だが、私には逃げ道などなかった。車が通りすぎると、濁った泥水が歩いている私のスーツとネクタイに飛び散った。

「もうだめだ」。私は震えながらぼやいた。「私は何をやってるんだ？」。

　その答えはシンプルである。私は死に物狂いで売り込みをしていた。

　2011年2月、「イントロダクション」の章で述べたひどい会議の数カ月前、私たちのプロダクトはあまり売れていなかった。オクラホマ州北東部にあるタルサの石油ガス会社の人が会ってくれるというので、私は売り込むためにはるばる飛んできた。

　運悪く、朝から吹雪になり、ホテルからタクシーを呼ぶと、電話口で一笑に付された。

「こんな天気で出かける人なんていない」。そう言い捨てて、電話を切られた。

　私は飛行機でアメリカ全土を半分ぐらい横断してきたのだ。腕時計に目をやると、午前9時だった。約束の時間まであと1時間だ。私は急いでフロントまで行き、受付の女性に住所を書いた紙を見せた。ハイウェイをまっすぐ行って2〜3キロだが、車で行くのは無理だ、と言われた。こんな天気のなか出かけるのは自殺行為だ、と。

「歩いて行けないですか？」。

　彼女は笑ったが、すぐに真剣な顔をした。「えっと、本気なのでしょうか？」。

「方角だけ教えてください」。

それから45分後、私にはいくつかのことがわかりはじめていた。まず、トレーラートラックが猛スピードで通りすぎるとき、どれほどの風を受けるか。次に、これこそ起業家にふさわしい姿だということ。寒さに震え、埃にまみれ、見も知らぬ相手に自分のプロダクトを売り込むチャンスだけを求めているこの姿が。

　目あての会社のロビーに奇跡的にたどり着くと、警備員が心配して立ちあがった。「あんた、大丈夫か？」。

　時計を見た。10時1分。

　「大丈夫です」。ガチガチと歯を鳴らしながら、私は笑顔で返した。

◆

　スタートアップについてのメディアの報道を追っていると、起業してすぐに金持ちになれると考えてもおかしくはない。会社が上場するか買収されれば、成功を伝える記事が巷にあふれ、そこまでの道のりが明かされることはめったにない。だが実際は、起業するとはオクラホマの吹雪のなかを歩いていくようなものなのだ。絶えず、砂利や泥、ゴミが飛んできて、そのあとでようやく自分のプロダクトを売り込める。

　このことはデータにもはっきり表れていて、新興企業の大半は倒産する。うまくいって大企業に買収され、創業者がかなりの金額を手にすることはあるが、それは上場企業のトップが手にするとてつもない金額ほどではない。株式公開までたどり着き、一夜にして創業者を億万長者にする会社の数はおそろしく少ない。

　成功は明らかに運に左右されるが、創業者個人の資質も大きく影響する。それこそが、投資家が企業を査定するときにまず調査する要素である。すばらしいアイデアがあったとしても、それを実現できる能力や心理状態にはないと投資家に判断されたら、投資はおこなわれない。

　この章では、起業家になるのに必要なもの——スキル、心がまえ、性質など——をじっくり見ていく。これを読んで、「私のことだ！」と思ってもらえるといいのだが、自分にはあてはまらないと思ったり、不安になってきたりしても、心の声に耳をすませてほしい。起業家の道はオデュッセウスの旅にも引けを取らない。この道が自分にぴったりだと確かめるのだ。

必要なものはそろっているか？

創業者に欠かせない性質のチェックリスト

　創業者はみな唯一無二の存在だ。スティーブ・ジョブズとマーク・ザッカーバーグは違う。カトリーナ・レイクとイーロン・マスクも違う。ビル・ゲイツとアリアナ・ハフィントンも同じではない。だが、違いはあるものの、ある性質が共通している。あなたはどうだろうか？

■ 不確かでもうまくやれる能力

　スタートアップを経営するとは、重要な決断を下すとき、思うようには情報を得られないということだ。30のデータをとって回帰分析をおこなえるなどと思わないようにしよう。データが3つもあればラッキーだ。ほとんどの場合、推測に頼ることになる。はっきりしたことがわからないと心配になるだろうか？

■ 売り込む才能

　毎日、四六時中、売り込むことになる。それは顧客に対してだけではない。投資家に対してもだ——どうしたらあなたを支援してくれるのか？　人材に対してもだ——どうしたら安定した職を捨ててあなたのもとで働いてくれるのか？　業者に対してもだ——どうしたらあなたに有利な条件を提示してくれるのか？　それから、（いるとしたら）配偶者やパートナーのことも忘れてはならない。どうしたらあなたがクレイジーな夢を追いかけて家族の将来を危険にさらすのを許してくれるのか？

■ EQとIQのバランス

すぐれた創業者の大半はいわゆる人付き合いの苦手なおたくではない。実際、彼・彼女らは人付き合いがうまい。相手を鼓舞し、モチベーションを高めるすべを心得ている。自分のエゴを捨て、チームやアドバイザーや投資家の話に耳を傾けられる。そのため、EQ（心の知能指数）がIQに見劣りしないようにする。

■ 組織と規律

だらしなくてもサボっていても、ボスは誰からも何も言われない。自分で自分を律しないといけない。誰かの手を借りず、みずから計画を立てて、実行できるだろうか？　全体を把握しながら、その週やその月に進めるべきことを考えられるだろうか？

■ エネルギーと推進力

「短距離走ではなくマラソン」という表現を聞いたことがあるだろう。そのとおりだ。ただし、会社を設立するとは、1キロを約4分20秒のペースで走るマラソンだ。常に走りつづけなくてはならない。

■ やる気を促すリーダーシップ

ビジョンや課題を掲げ、まわりがやる気を出してついてくるようにできるだろうか？　これは必ずしも、ヘンリー5世の聖クリスピンの祭日のようにうまくやるという意味ではない（そうできるなら、すばらしいことだが）。人のやる気を引き出すにはさまざまな方法がある。大事なのは、

1　これはどれぐらいの速さだろうか？　マラソンランナーの平均は1キロあたり約6分10秒である。
2　シェイクスピアの戯曲『ヘンリー5世』に出てくる、有名な"兄弟の一団"の演説（第四幕第三場）のこと。詳しくはみなさんで調べてみてほしい。

やる気の引き出し方ではなく、やる気を引き出すことだ。

■ 自信

オクタを立ち上げたとき、私はいつも「自分に賭けている」と言っていた。それはつまり、私にはオクタを成功させるために必要なものが備わっているという意味だ。もちろん、最悪な時期にはそんな自信も揺らいだ。それでも、問題に1つずつ取り組んでいけば、きっと道は開けるといつも信じていた。

■ 回復力

ナップスターの創業者で、初期のフェイスブックの社長だったショーン・パーカーの有名な言葉に、「スタートアップの経営は粉々になったガラスを噛みくだくようなものだ。成功するためには、流れる血の味を愛さなくてはならない」というのがある。そのとおりだ。毎日顔面を殴られても、何度でも立ちあがることができるだろうか？　それとも最後にはノックアウトされてしまうだろうか？

■ さらに身につけるべきスキル

起業家として大切なのは、すばらしいアイデアを思いつくことだと考える人が多い（テック業界では、大切なのはすばらしいアイデアとプログラミングスキルだと考えられている）。だが、そのアイデアを使ってゼロから上場企業をつくるには、考え出したコンセプトを構築するだけでなく、さまざまな課題に向き合う必要がある。次のチェックリストに目を通し、これができるだろうか？　これを楽しんでできるだろうか？　と、みずからに問いかけてほしい。というのも、これらの項目は、特に会社が大きくなれば

なるほど、実際に仕事の一部になるからだ。

□ 前職と同じ金額の給与を払えず、1年後に会社があることを保証できない場合でも、現在の会社での安定した職を手放すのをいとわない人たちでチームを組めるだろうか？

□ ベンチャー・キャピタルを口説き落とすか、少なくとも銀行から融資を受けられるか？

□ 会社へ営業に行くことになった場合、売り込むのにふさわしい幹部を見抜き、時間をとってもらえるよう説得できるか？

□ 試作品ができたら、顧客に試しに使ってもらえるか？　さらには、試験用のプログラムに有償で参加してもらえるよう説得できるだろうか？

□ 財務モデルを構築し、先行きを予測できるようになり、予算やキャッシュフロー計算書、貸借対照表、損益計算書を管理できるだろうか？

□ 対立をいとわないだろうか？　組織内の幹部同士が相反する目的をもち、意見が衝突した場合など、両者の争いをいさめることができるだろうか？

□ メディアが取りあげたくなるような、自社についての魅力ある話ができるだろうか？

　いかがだろうか？　今日、起業するとしても、こうしたことをすべておこなえるだろうか？　もっと大事なのは、それを楽しんでやれるだろうか？

起業家の動機とは？
創業者の口から直接語られた知恵

ジュリア・ハーツ（イベントブライト）

　連続起業家は「これはうまくいかないかもしれない」などとはまったく考えません。そんな考えは頭にないのです。失敗するかもしれないという目で物事を見ないところがあります。起業家はただ可能性だけを見据えます。そうして、楽観主義が広まっていくのです。

テリース・タッカー（ブラックライン）

　私は決断を下すのが好きです。自分の時間や生活をコントロールしていたいのです。人と気があうほうではありません。私には自信があり、最高のアイデアがあると思っているので、みんながそれを受け入れるべきだと思っています。もちろん、根拠なんてありませんが、ほかに何もなくても、それさえあればなんとかなるのです。

セバスチャン・スラン（ユーダシティ、キティホーク）

　私は人に力を与える仕事をしています。突然、世界じゅうの何十万もの人々にすばらしい教育を受ける機会という恩恵が与えられる。それぐらい大きなことが起きたら、不可能なことなんてありません。

ジョシュ・ジェームズ（オムニチュア、ドーモ）

　大学1年生のときのことをおぼえている。山の頂上に座って、渓谷を見わたして、こんなふうに思った。「誰かがトップに立つなら、僕でもいいはずだ」と。

メラニー・パーキンス（キャンバ）

　未来について考えるのが本当に好きです。世界がどんなふうになるのか、それを想像しながら長い時間を過ごすのが大好きなんです。

フレッド・ルディ（サービスナウ）

　起業家というのは、問題を解決するのに熱心になりすぎて、それ以外の人生の大部分を顧みない人のことだ。私は電気を止められ、立ち退きにあい、車を差し押さえられたことがある。お金がなかったからではなく、請求書の支払いをする時間をとらなかったからだ。請求書を受けとっても、封筒がピンクでなければ、小切手を書こうとも思わなかった。

3　アメリカの督促状はピンク色の封筒で届くことが多い。

創業者と海軍特殊部隊が似ている理由

すべては「時間をかけて集中する」こと

　2005年、『ブレイクスルー・カンパニー　小さな会社が大きく伸びる法則』（講談社、2008年）の著者、キース・マクファーランドは、インク誌が選ぶ500社の経営者250人に、注意・対人スタイル診断テスト（TAIS）を実施した。この性格診断は、プロのアスリート、軍のエリート部隊、企業の幹部に対して、高いストレス下で集中力を持続し、適切な決断を下し、コミュニケーションをとる能力を評価するために頻繁におこなわれている。

　TAISでは20種類の性格因子を調査する。マクファーランドは成功する起業家にとって重要な3つの性質を詳しく調べた。1つ目は、「時間をかけた集中」だ。これは、達成するために大きな犠牲を払うことを含め、目標に向かって全力で取り組める個人の能力のことである。

　マクファーランドは一般的な起業家の代わりとして、インク誌が選ぶ500社の経営者（非上場企業の経営者はその企業の創業者であることが多い）で調べた。すると、彼らの「時間をかけた集中」のスコアは、従来のCEOより高いことがわかった。マクファーランドは当時、このことは、彼・彼女らが「ほかの企業幹部より軍の司令官やアスリートと共通点が多い」ことを表している、とインク・ドットコムに記した。

　次にマクファーランドは、彼らのリスク許容度について調べた。起業家は一般人よりリスク許容度がかなり高いと見られている。だが、マクファーランドは驚くべき事実を発見した。彼らは生まれつきリスクをいとわないわけではなかった。マクファーランドは自分の会社、REDストラテジー・グループで起業家と仕事をしているため、このことについ

てある仮説を立てていた。

　それは、創業者がリスクを好む可能性が高いのではなく、ほかの人に比べてリスクを計算する能力が高いというものだ。「彼らはこの世界にほかの人が気づかないような関係性を見つける」とマクファーランドは言う。「そのおかげで、彼らは必ずしも言葉では表せない（あるいは、気づいてすらいない）可能性をしっかり把握できる」。

　最後に、起業家のストレスに対する反応を調べた。TAISで測定される性格因子には「プレッシャー下におけるパフォーマンス」という項目がある。インク誌が選ぶ500社の経営者のスコアは83パーセンタイルだった。この数値は、平均的なCEOより45%も高い。

　実際、創業者は逆境に直面するのを楽しんでいるように見えるが、マクファーランドは次のように言っている。「彼らはクラッチプレイヤー[4]です。差し迫った状況になり、リスクが上がると、彼らはボールをもらってシュートを打ちたがるのです」。

夢想家か実務家か
どちらも創業者になれる

　メディアでもてはやされるのは、スティーブ・ジョブズ、マーク・ザッカーバーグ、サラ・ブレイクリー、マーク・ベニオフなど、夢想家（ビジョンのある人物）だ。だが、創業者がみな未来を夢見る華々しい魔法使いというわけではない。たとえば、私がそうだ。私には特にビジョンがあるわけではない。けれども、共同創業者（オクタのCEO）のトッドは違う。トッドには、私たちの業界の行く末やこの分野で成功する会社像について、すばらしいセンスがある。

<hr>

4　勝敗を分ける大事な場面で力を発揮できる選手。

私にはそうした才能はない。しかし、私には物事を遂行する能力（これもまた成功には欠かせない）がある。実際に、私たちのような関係は、成功したスタートアップではよく見られる。1人がすばらしいアイデアを思いつき、少なくとももう1人がそれを実現するという創業チームだ（後者はよく「実務家」と呼ばれる）。そのため、たとえ自分が実務家でも、自分を見限ってはいけない。夢想家と協力することをみずからの使命だと考えるのだ。

■ 5年後、10年後の計画はあるか？
カレンダーを空けておく

ベンチャー・キャピタルからの資金を受けとったとたん、時計の針は動きはじめる。それは、ベンチャー・キャピタルが一定の期間内に「彼らの」投資家たちに返済しなくてはならないからだ。そのため、創業者にはすぐに出口戦略（たいていは会社を売却するか上場するか）を立てるというプレッシャーがかかる。

ベンチャー・キャピタルが希望する期限は7年以内であることが多いが、実際の計画対象期間は、自社がどんな業界にいるか、ファンドのライフサイクルのどの位置にいるかなど、いくつかの要因によって変わる。

さらに、少しの成長ではなく、かなり大きく成長しなくてはならないというプレッシャーがかかる。「10X」という用語を聞いたことがあるだろうか。これは、出資したスタートアップに対して、ベンチャー・キャピタルは投資した時点から10倍の規模になることを望んでいるという意味だ。

たとえば、ベンチャー・キャピタルが出資したとき、時価総額が4000万ドルだったとすると、7年後には4億ドルになってほしいということだ。そのためには、顧客基盤を強大にし、プロダクトの提供先を拡

大し、巨大な成長を管理するために社内運営を安定させなくてはならない。これはとてつもない仕事になる。

　これを達成するには、起業してから5年から10年のあいだ、会社にすべてを捧げる覚悟がなくてはならない。（正気を保つためのもの以外には）趣味はもたず、副業もしない。もちろん、家族はもてる。私は内科医の妻とオクタを設立した年に結婚し、4年目、6年目、9年目に子どもが生まれた。そのあいだずっと、私たち2人は働いていた。かなり大変だったが、なんとかやり遂げた。

　これから10年間、仕事しかしなくてもいいと思えるほど起業家になりたいだろうか？　そう自問してみてほしい。その答えが「いいえ」だったり、「たぶん」だったりするのなら、この道を進むのは考え直したほうがいい。

　注意してほしいのは、たとえベンチャー・キャピタルに出資してもらおうと考えていなくても、こうしたことがあてはまる点だ。ベンチャー・キャピタルからの出資がなくても、起業するというのは通常、その規模にかかわらず、最初の5年から10年に全精力を傾けなくてはならない。本当だろうか？　嘘だと思うなら、レストランや中小企業を訪ね、ひと息つけるまでどれぐらいかかったか、オーナーや起業時のオーナーにたずねてみるといい。

■ 50歳が新たな37歳になるとき

　フレッド・ルディは50歳を目前に控えてサービスナウを始めた。現在、同社には1360億ドルの価値がある。フレッドは私に、若い創業者の神話はあったけれど、中年だから起業しないとはまったく考えなかったと語った。「50歳で、できる気がしたんだ」（フレッドは起業前、上級管理職を任されるなど、テクノロジーの分野で長年キャリアを積んでいた）。「私は、これをやろう、と自分に言い聞かせた。多くのこ

とを学び、多くのことを見てきて、いまならじゅうぶん理解してい
る、と」。

図1 サービスナウの時価総額の成長（フレッド・ルディが 49 歳で起業してから）

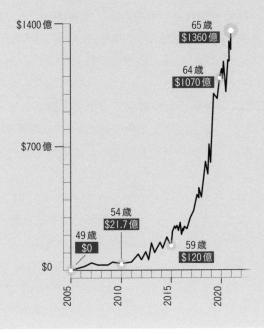

創業者は天才少年、という神話を打ち壊す

偉大な創業者の大半は、大学を中退した20歳の若者ではない

「創業者はクレイジーなアイデアをもった少年という固定観念がある」と述べるのは、ネットスケープコミュニケーションズの伝説の共同設立者であり、アンドリーセン・ホロウィッツでベン・ホロウィッツのパートナーであるマーク・アンドリーセンだ。しかし、その決まり文句には実体がない。「たいてい、創業者とは、自分のアイデアを5年、10年、15年とあたためていた人だ。起業するころには、彼らの能力は私たち投資家でさえ想像もできないような高みに達している」。

MITの教授、ピエール・アズライによると、起業後に高成長する企業の創業者の起業時の平均年齢は、25歳でも35歳でもなく、45歳だという。2018年のハーバード・ビジネス・レビューの記事によると、アズライと共同執筆者は、新進気鋭の若手創業者というステレオタイプなイメージは間違っていることをデータから発見した。「もしあなたが2人の起業家と直接会っていて、年齢しか知らなかったら、年齢が上の人を選んだほうがいい」とその記事は主張する[5]。

スウィッチ・ベンチャーズを経営する私の友人のポール・アーノルドも、投資に値する創業者を予測するモデルを開発する際、同じ結論に達した。（特に名門校での）高い教育、業績のよい組織での何年もの職務経験（特に管理職の経験）がスタートアップの成功と関連があるという。

---

5   ピエール・アズライほか「リサーチ：成功するスタートアップの創業者の平均年齢は45歳」ハーバード・ビジネス・レビュー、2018年7月11日。https://hbr.org/2018/07/research-the-average-age-of-a-successful-startup-founder-is-45.

「グーグル、フェイスブック、マッキンゼー・アンド・カンパニーなど
で働いていた人は、大企業を築く可能性がかなり高い」とポールは言
う。その理由はかなり基本的な話である。彼らは、機能性と効率性の高
い組織がどのように運営されているかを心得ているからだ。「大学を卒
業したばかりでも、偶然、マーク・ザッカーバーグのように成功できる
かもしれない。だがたいていの場合、成功する組織がどんな感じかはよ
くわからないだろう。でも、グーグルで働いた人ならそれがわかる」。

図2 スタートアップの創業者の年齢

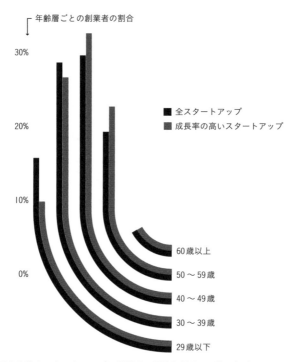

最も高い成長率を誇るスタートアップの創業者の平均年齢は 45 歳である。
出典：ピエール・アズライほか「年齢と高成長のアントレプレナーシップ」NBER、nber.org、
　　　2018 年 4 月

第 **2** 章

アイデア

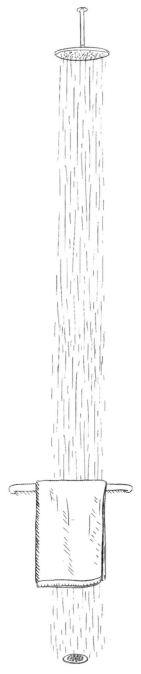

「シャワーを浴びたことがあるなら、
誰でもアイデアの1つぐらい浮かんだ
ことがある」——フレッド・ルディ

2008年の秋、私はビジネススクールでの2学年（最終学年）を迎えていた。セールスフォースの同僚からは、私はMBAを取得するために休んでいて、その後復職すると思われていた。

だが修了後、私は自分が独立すると確信していた。いいアイデアがあったのだ。子どもと両親を対象とした金融サービスである。ペイパルとミント・ドットコムをかけ合わせたようなものだが、対象年齢は5歳から13歳。大人が子どもに貯蓄と投資の方法を教える、そのやり方を伝えるのだ。

このアイデアに惹かれたのは個人的な理由からだ。私は金融教育を詰め込まれて育ったが、あとになって自分の家族がふつうではないことを知った。私の父は移民で、アメリカに着いたとき、所持金が500ドルしかなかった。最終的に、父は上場企業6社のCFOとして大きな成功をおさめた。

そのいっぽうで、父は私たち兄弟に苦労して手に入れるお金の価値を理解させ、予算とキャッシュフローの管理方法を教え込んだ。オンラインの金融サービスは当時かなり新しかった。ペイパルはしばらく前からあったが、ユーザーの財務状況を追跡するウェブサイト、ミント・ドットコムは数年前にできたばかりだった。

それ以前だと、デスクトップのソフトウェアを使うしかなく、まだ紙のスプレッドシートを使うのが主流だった。こうしたことをウェブ上でおこなうというアイデアは、かなり新しかった。私のアイデアはきっと大ヒットするだろう。

私は子どものいる友人たちに話を聞いてまわり、市場規模がどれぐらいになるかを把握しようと取り組んだ。銀行や金融機関との情報のやりとりに、ど

46

のアプリケーション・プログラミング・インターフェース（API：デジタルのゲートウェイ[1]のこと）が使えるかを調べた。初期の事業計画すら考えていた。だが、ジェフ・ジョーダン（ペイパルの元社長）やケヴィン・ハーツ（海外送金サービスをおこなうズームの共同創業者）といった専門家に相談すると、同じ答えが返ってきた。「オンライン決済はかなり厳しい」と。そのアイデアはひどいから（そう、ひどかった）、やめるよう強く勧められた。

　私はひどく落ち込んだ。このアイデアのリサーチに半年もかけたのだ。自分が築き上げるすばらしい会社のビジョンもあった。間違いなく革新的なわが社が当然のように上場し、ニューヨーク証券取引所の鐘を鳴らす自分の姿まで思い描いていた。それでも、私はジェフとケヴィンを信用した。2人はこの分野について私よりはるかに精通している。私は容赦ない現実と向き合った。私がどれだけ望んでもうまくいかないだろうと（そして案の定、10年以上たち、子どもがお金を管理できるアプリがいくつも登場したが、どれ1つとして私が思い描いていたような規模も影響力もない）。

　その年の冬、サンフランシスコに戻り、セールスフォースの重役とランチをすると、ビジネススクール修了後に復職するよう勧められた。「復職はしません」と私は言った。「起業するつもりです」と。

　どんな業種なのかとたずねられた。セールスフォースのいる業界とそれほど離れていなかったが、私の頭にはあるアイデアがあった。「企業の基盤となるソフトウェアです」とは答えたものの、金融サービスのアイデアと比べると、練られていなかった。

　だが私には、セールスフォースの初期の顧客が、あらゆる種類のソフトウェア統合問題で苦労するのをつぶさに見てきた経験があった。そのため、このアイデアは追求する価値があると確信した。あとでわかったのだが、ランチの相手は、セールスフォースに在籍していたトッドも同じように独立に興味を示しているのを知っていた。私はすぐにトッドと会い、その後はご存じのとおりだ。

◆

　よく言うように、アイデアなどどこにでも転がっている。サービスナウの創立者、フレッド・ルディが以前こう言っていた。「シャワーを浴びたことがあるなら、誰

1　ネットワーク間の通信を中継する仕組み。

でもアイデアの1つぐらい浮かんだことがある」。

　大事なのは、次のことだ。そのアイデアがどれぐらい優れているか？　実現できるのか？　実現できるのなら利益を出せるのか？　利益を出せるとしたら獲得可能な最大市場規模（TAM）[2]はどれぐらいか？　潜在顧客が1万人しかいない消費財のTAMは小さすぎる。しかし、その商品を欲しがる可能性のある人が1億人いるとしたらはるかに魅力的なTAMになる。

　次に、たとえTAMが大きくても、そのプロダクトにじゅうぶんな需要があるかを考える。というのも、1億人が使う可能性があるからといって、実際にそれを購入するとはかぎらないからだ。

　たとえ需要があるとしても、最終的に投資家による投資額の何倍も価値のある会社になるために、そのプロダクトをきちんとした利益幅をもって、何万個（何十万個、何百万個）生産できる体制をつくれるだろうか？　シリコンバレーの神話のせいで、特に大学生ぐらいの年齢の若い創業者が魔法のようにすばらしいアイデアを思いつき、すぐにピッチデック[3]を作成し、市場に参入すると思われている。

　だが実際は、創業者がアイデアを思いつくのはたいてい、ある産業や分野に精通しているからだ。そうした人は、まだ誰も気づいていなかったり、その業界では市場を満たせないと思われていたりする市場の隙間に気がつくことがある。

　（私とトッドがそうだったように）創業者は、新たな機会を切り開こうとする現在の仕組みやエコシステムの転換に気がつくことがある。たとえば、アップルと1976年に同社が発売した最初のコンピューターだ。スティーブ・ジョブズとスティーブ・ウォズニアックは2人ともコンピューターおたくで、長いあいだコンピューターをいじくりまわしていたら、金銭面でも技術面でも、大衆向けにパーソナルコンピューターをつくれることに気がついた。

　また最近では、2010年代初期にキャンバを起業したメラニー・パーキンスがいる。大学在学中、彼女はグラフィックデザインソフトの使い方をみんなに教えていて、ふつうの人には使いこなすのが難しいことに気づいた。自身が商標権をもつデザイ

2　「Total Addressable Market」とは、あるプロダクトに対して生まれる可能性のある総需要のこと。シーズー犬用のレザージャケットのTAMはきわめて小さい。全犬種用のドッグフードのTAMは巨大だ。

3　スタートアップが、自社の会社概要や事業計画などを説明するためにつくるスライドプレゼンテーション資料。

48

ンソフトを使った卒業アルバム制作会社を立ち上げたあと、そのソフトウェアの万人向けのバージョンをつくるアイデアが浮かんだ。

　創業者は、あるアイデアに取り組んでいるうちに別のアプローチがより実現可能で大きなチャンスがあると気づくことがある。1990年代後半、マックス・レヴチンとピーター・ティールは携帯端末用の暗号化ソフトを協力してつくったが、たいして利益にならないとわかって、この件は終わった。翌年もう一度協力し、通信で送金できる新たなプロダクトを開発した。これがのちのペイパルにつながった。

　オクタは数十億ドル規模の企業になったが、トッドと私はすばらしいアイデアから始めたわけではない。私たちは当初、企業が自社運用しているソフトウェア（自社で所有・運営している社内サーバーを動かすソフトウェア）の管理に使用する、システム管理ツールのクラウド版をほしがっていると考えた。だがこのアイデアをさまざまなIT企業の重役75人に話すと、彼らがそれほど必要としていないとわかった。「興味はあるが、優先順位としては4番目だ」と言われた。

　最も必要だったものは、社員がクラウド上で使用するソフトウェアへのアクセスを管理する方法だった。私たちは即座に問題を把握した。私にもトッドにも、オンライン企業やソフトウェア業界で20年以上のキャリアがあった。こうした顧客のことは熟知し、彼・彼女らの事情も理解している。このビジネスがどれほど大きくなるかもすぐにわかった。あらゆる企業、大学、政府機関がやがてオンラインのソフトウェアを使うようになるだろう。そこにはすべてこれと同じ需要がある。

　とはいえ、もう1つ考えなくてはならないことがある。起業家ならこのことを考えなくてはならない。それは、**すばらしいアイデアを思いついたからといって、そのビジネスが自分に適しているとはかぎらない**ということだ。しっかり自己分析しなくてはならない。起業とは厳しい仕事だ。よくても、何年も疲弊する日々が続く。最悪の場合、回復力も楽観性も決断力も貯蓄も使い果たし、あとには何も残らない。

　そのため、**どんなアイデアでも、目の前のドアがすべてぴしゃりと閉ざされたとしてもあきらめないぐらい大事なものでなければならない。**優秀なエンジニアがいなくなっても、あてにしていた資金調達がだめになっても、大口の顧客を失ってもやり続けられるのは、自分のしていることを心から信じているからだ。

　すばらしいアイデアだとわかっても、それをもとにビジネスを構築できるよう磨き上げなくてはならない。それについては本書では触れない。そうしたことを扱うすばらしい本がたくさんある。スタンフォード大学の教授で、リーンスタートアッ

プ運動の父として知られるスティーブ・ブランクが『アントレプレナーの教科書
シリコンバレー式イノベーション・プロセス』（翔泳社、2016年）という名著を上梓し
ている。オクタの初期に顧客を見つける際、私たちも同書にはお世話になった。

　本章ではもっと根本的なこと、つまり、そもそも追求する価値のあるアイデアか
どうかをどうやって判断するのかを探る。それでは具体的に見ていこう。

観葉植物のように
アイデアを扱う
日光をたっぷり与える

　起業家志望者から、アイデアを盗まれるかもしれないので、あまり詳
しくは話したくないと言われたことが数えきれないほどたくさんある。
だが、手持ちのカードを胸に秘めていても、自分が損をするだけだ。

　たくさんの人に話さないかぎり、アイデアは改善されていかない。外
からの視線があると、類似プロダクトの歴史を知るのに役立つので、同
じ失敗を避けることができる。その分野における生産、製造、流通の動
向もわかる。備えておくべき規制問題も教えてもらえる。さらに、同じ
業界で働いていて助けになる人や、すばらしい人材を紹介してもらえ
る。

　もちろん、盗まれるようなめずらしいケースもあるだろう。だが創業

4　低コスト・短期間で最低限のプロダクトをつくり、顧客の反応やデータを見ながら開発してい
　　くマネジメント手法。

者は、黙っているより開放的でいるせいで失敗するほうがいい。という
のも、ほとんどの場合、他人はアイデアを盗まない、あるいは盗めない
からだ。それには以下の理由がある。

■ そんな時間はないから

　どんな優れたスタートアップでも、築き上げるのに10年以上は苦労
をする。新しい会社を一から立ち上げるために、私がオクタを辞めるだ
ろうか？　そんなはずがない。

■ あなたほどそのアイデアに精通していないし、追いつけもしないから

　大半の創業者はそのアイデアを何年もあたためている。その業界や顧
客も知り尽くしている。だが、話す相手にはそこまでの深い専門知識は
ない。そのため、誰かがあなたのアイデアを実行しようとしても、その
人物はすでに何年も遅れをとっていることになる。

■ あなたほどそのアイデアに情熱を抱いていないから

　起業すると、打ちのめされ、大変な思いをする。しかも、何度とな
く、だ。自分が取り組むアイデアを心から重要だと思っていなければ、
実行に移せない。あなたのアイデアをすばらしいと思う人はいるかもし
れないが、あなたほど夢中になっていないなら、たいして成功しないだ
ろう。

■ 実際には、それほどいいアイデアだと思われていないから

　ほとんどの人にはすばらしいアイデアが見分けられない。おそらく大
半の人は、そのアイデアがうまくいかない理由をただまくし立てるだろ
う。

■ 機密保持契約（NDA）を要求するのは時期尚早

　オーストラリアのパースでおこなわれたカンファレンスで、のちにキャンバを立ち上げるメラニー・パーキンスは、シリコンバレーの投資家のビル・タイと会った。カリフォルニアに来たら立ち寄ってくださいと言われるほど、メラニーはタイの印象に残った。だが、彼女は初歩的なミスを犯した。機密保持契約書を送ってしまったのだ。「私はまるで『出版界の未来の秘密を握っている』みたいな感じでした。『NDAにサインしてくれたら、その秘密を教えますよ』という具合に」とメラニーは言う。どのような結果になったか？　「2回送ったけど、返信はありませんでした」。

　とにかく、メラニーは飛行機に飛び乗り、アメリカに行くことにして、タイに会ってもらえるよう頼むと（このときはNDAには触れなかった）、承諾してもらえた。2人はパロ・アルトで対面した。そこでタイと会えたおかげで、ある人を紹介してもらえ、キャンバは飛躍することになった。

　アイデア段階におけるNDAについて、メラニーの考え方は劇的に変わった。「最初に書類を送ったのは、私のアイデアを盗まれないようにするためでした」とメラニーは話す。起業してから数年たったいまでは、そんなことは起こらないことがメラニーにはわかっている。「実際に、出版界の未来を築くのがどれほど大変か、私にはわかっていませんでした」。

　次の節で説明するが、そのアイデアがとてもすばらしかったとしても、誰もそれを盗もうとはしない。あなたがそれを実現するために、これから10年を捧げるのを喜んでくれるだろう。いくらか投資さえしてくれるかもしれない。でも、起業するために自分の仕事を辞める人などいない。ましてや、あなたほどそのアイデアを把握していないのなら、なおさらそうだ。

将来の輝かしい展望でビジネスがうまくいくわけではない

未来を見据えすぎることがある

　1997年、大学4年生のアレクサンダー・アセイリーは卒業論文のアイデアを思いついた。「ヘッドセットに接続するスマートウォッチ式のインターフェースだった。デジタルライフを管理するのに使えるものだ」とアセイリーは語る。

　当時、そんなことができるテクノロジーはまだ存在していなかった。だが、アセイリーは実現しつつあるモバイル革命に心を奪われた。「ウェアラブルテクノロジーというアイデアにわくわくした」と言う。

　指導教授たちに相談したところ、沈黙が返ってきた。ようやく教授の1人から気の毒そうに「あなたの考えているもののなかに、これから10年から15年で実現するものはありますか?」とたずねられた。無邪気にも、アセイリーはハッとして答えた。「そんなことは考えもしませんでした」。

　それでも、アセイリーはすばらしいアイデアだと信じていた。そして、技術的な意味でも彼は間違っていなかった(現在のアップルウォッチを見ればわかるだろう)。1999年にアセイリーは、音声認識で操作する通信式の腕時計を開発するために、アリフコムを共同で設立した。彼の思い描く展望に対して積極的に興味を示すエンジェル投資家とのミーティングを設けた。だが、誰ひとりとして小切手を切ってはくれなかった。

「彼らはビジョンを気に入っていても、投資をしたくはないのだと気がついた」とアセイリーは語る。自分でも認めているように、アセイリーはビジネスの提案をしていなかった。それはただの「プロダクト化の可能性があるアイデア」にすぎなかった。見事なアイデアかもしれない

が、当時のテクノロジーを考えると、妥当な期間内に実現するものではなかったのだ。

結局、アリフコムは別の方向に舵を切った。アセイリーのチームは、ローレンス・リバモア国立研究所で開発中だった最先端の音声センサーテクノロジーに目をつけ（これは実際にうまくいき、アリフコムがライセンスをとることにした）、国防総省でも有名な国防高等研究計画局（DARPA）のために、画期的なノイズ抑制テクノロジーに取り組んだ。国防総省と一連の契約を結んだこの取り組みは、最終的に先見の明のあるエンジェル投資家から支援された。

同社は社名をジョウボーンに変更し、おそらく史上初となる消費者向けの高品質なブルートゥースヘッドセットの生産にシフトした。また、その過程でまったく新しいジャンルのプロダクトを生み出した。それは、もともとアセイリーも思い描いていなかったものだった。

アセイリーは言う。「スタートアップで20年間、身も心も捧げながら働いてきて、いちばん学んだことの1つは、誰かが取り組んでいることを現実的に考えられるようにする方法だ」。

よいアイデアがほかの人には悪いアイデアに見えるとき
そして、その違いの見極め方

起業のよいアイデアについて、次のことを知っておいてほしい。もしそのアイデアが本当によいものなら（つまり、既存のものを完全に超えているのなら）、ほとんどの人にはそれが理解できないだろう。

マーク・アンドリーセンが言っているように、「何かよいアイデアがあるのなら、みんなにそれを受け入れさせなくてはならない」のだ。その理由は、すばらしいアイデアとは、ほかの人が目に留めないものに気づく人から生まれるからだ。偉大なホッケー選手、ウェイン・グレツ

キーの言葉を借りると、「私はパックがやってきた方向ではなく、パックが向かう方向に滑る」となる。

　本当に価値のあるアイデアをもっている創業者は、業界が向かう方向がわかる。否定論者に惑わされず、反対意見を考慮したうえで、その意見が有益な分析にもとづいているのか、単に「わかっていない」だけなのかを判断する。以下に、アイデアが否定される理由のうちでよくあるものを紹介する。

・業界の専門家は、あなたのアイデアがどうなるのか予想できていると思っている。だが、テクノロジーや経済状況がどう変わっていき、その変化によって、そうしたアイデアに適した新しいチャンスがどのように生まれるかまではわかっていない。
　次にやるべきことは、業界の動向に対する専門家の想定を詳細に調べ、自分のものと比較することだ。両者がかけ離れているほど、専門家の反応は役に立たない。

・専門家は、あなたが考慮に入れていない規制のハードルを知っている。既存の規制を計算に入れていない場合、そのせいで交渉が決裂するかもしれない。次にやるべきことは、計画段階に立ち返り、規制がスケジュールやコスト構造にもたらす影響を見積もることだ。

・専門家は、以前に同じようなアイデアが失敗したのを知っているかもしれない。テック系の専門家は、グーグルが登場したときに一蹴した。それまでの検索エンジンがビジネスモデルとして採算をとるのに苦戦していたからだ。
　だがグーグルは、ほかの人が想像もしていなかったような、革命的な収益を得る機会を見つけ出した。次にやるべきことは、反対派の想定と自分の想定とを比較することだ。両者が近いほど、反対派が正しい

可能性が高い。かけ離れているほど、その反対意見はあてはまらない。

・専門家がそのアイデアをまったく理解していない。インスタグラムの
生み出したものを、多くの人がばかげていてつまらないものだと思っ
ていた。ビジュアル・コミュニケーションがスマートフォンのユー
ザーにとってどれほど重要になるか、ブランド企業がこうしたツール
をどのようにマーケティングに利用するかを、ほとんどの人がわかっ
ていなかった。
一見するとつまらないようなものをつくった場合、次にやるべきこと
は、需要を調査することに焦点をあてることだ。需要を生み出せたと
したら、あなたの目のつけどころがよくて、反対論者が間違っていた
のだろう。

■ 先人の教え

おもしろいもののうち、実際につくり出されたものはたった1％
しかない。99％はまだつくられていない
——セバスチャン・スラン（ユーダシティ、キティホーク）

構造は発明の母

無数の新興企業の母でもある

マーク・アンドリーセンは、まったく新しいアイデアなど存在しないと信じている。たとえそれを魔法のように見つけたと思っても、アンドリーセンは勘違いだと言うだろう。事前調査をしていなかったり、アイデアの系統を掘り下げていなかったりする可能性が高いのだ。

だが、そういう場合でも、次のような疑問があるかもしれない。この天才的なアイデアをビジネスに結びつけている人がどうしていないのだろうか？　アンドリーセンによると、あるアイデアが適切なタイミングをつかむには、次の3つの要素がまとまらないといけないからだという（図1）。

技術面：このアイデアを実現するテクノロジーがあるか？
経済面：消費者にとって手ごろな価格で生産し流通させられるか？
心理面：世の中に受け入れる準備ができているか？

この3つすべてを同時に満たせないかぎり、そのアイデアが成功する可能性はほとんどない。

◆

根本的な構造の転換が起こると、大きなチャンスが生まれる。かつて企業がコンピューターを使用するには、巨大なメインフレーム・コンピューターを専用の部屋に設置しなくてはならなかった。だが、集積回路が小型化するにつれて、コンピューターも小さくなっていっ

図1 アイデアが成功するための 3 つの要素

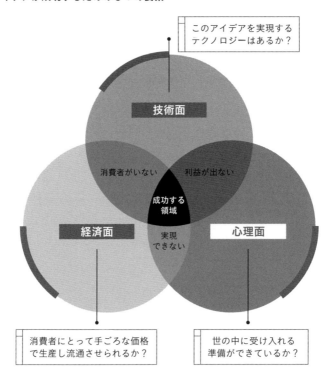

このアイデアを実現する
テクノロジーはあるか？

技術面

消費者がいない　　利益が出ない

成功する
領域

経済面　　　　　　　心理面

実現
できない

消費者にとって手ごろな価格
で生産し流通させられるか？

世の中に受け入れる
準備ができているか？

た。

　デスクトップ・コンピューターの使用によって、ビジネス・ソフト
ウェアに新たな市場が生まれた。さらに、消費者が自宅で使うコン
ピューターを買うようになると、個人用ソフトウェアという新しいカテ
ゴリーができた。チップがさらに小さくなるとスマートフォンが誕生
し、それにともない、アプリケーション業界は爆発的に拡大した。

　こうした転換期には、スタートアップに優位性がある。既存の企業は
資金こそ潤沢かもしれないが、新しいチャンスに取り組むための早急な
組織の再編成ができない。これは、クレイトン・クリステンセンが『イ
ノベーションのジレンマ──技術革新が巨大企業を滅ぼすとき』（翔泳社、

2001年。必読！）で紹介した有名な考え方だ。

　オンプレミスの企業ソフトウェアからクラウドを使用するツールへの移行が、フレッド・ルディのサービスナウ、アニール・ブースリ（オクタの初期の役員の1人）のワークデイなど無数のスタートアップとともに、オクタにとっても大きなチャンスになった。これは、構造の転換によって起業家にどれほどのチャンスが生まれるかを示す好例だろう。

かつてはこうだった

　何十年ものあいだ、企業は自社のサーバーでビジネス・ソフトウェアを運用しなくてはならなかった。クラウドなど存在していなかったし、インターネットも目新しかった。企業はソフトウェアを購入し、自社のサーバーにインストールしなくてはならなかった。消費者がCD－ROMのソフトウェアを買い、自分のコンピューターにインストールしていたのと同じだ。**これが、アンドリーセンが掲げた3つのうちの技術面に関することである。クラウドベースのビジネス・ソフトウェアは、インターネットが普及し、回線速度が速くなるまでは実現不可能だった。**

　1990年代から2000年代にかけてインターネットが発展しても、テクノロジーにはメールやチャットルームが使えるぐらいの力しかなかった。とはいえ、通信速度が上がっても、ユーザーはウェブベースのツールを信頼しなかった（オンラインでの買い物にすら懐疑的だった時代があったのだ）。

　これがアンドリーセンのいう心理面の話だ。テクノロジーが到来しても、世の中の準備ができていなかった。いま振り返ると信じられない話だが、2009年当時、トッドと私がオクタのアイデアを売り込んでも、多くの人は、企業が自社の運営をウェブベースのツールに移行するなどまったく信じなかった。

　現在あるようなビジネス・ソフトウェアを開発するというアイデアはばかげているように見られた。そして、彼らは慣れ親しんだツールより

使うのが難しいと思い、ビジネス用のデータをウェブ上のデータベースに移すことを不安に感じた。

◆

こう変化していった

　それでも、フレッド、アニール、1999年にセールスフォースを共同で設立した私の元上司、マーク・ベニオフには先見の明があった。彼らは未来を見据え、ビジネス・ソフトウェアが実際にオンラインに移行するとわかっていた。否定論者は問題点にばかり注目したが、フレッド、アニール、マークはソフトウェアのオンライン化によってもたらされる利点に目を向けていた。

　例をあげると、オンプレミスのソフトウェアはアップデートするのにかなり骨が折れた。バグを修正したり、新しい機能を加えたりしたくても、ベンダーからソフトウェアのコピーを入手し、自分のデバイスに手動でインストールしなくてはならない。これは誰にとっても悪夢のようなものだ。すべてオンライン化したら、（現在、Gメール、ドロップボックス、エアテーブルといったサービスがやっているように）ベンダーによって知らないあいだに何もかもが一新されると、フレッドやアニールやマークにはわかっていた。消費者は何ひとつする必要がない。生活がはるかに快適になる！

　ベニオフたちがいち早くこの新しい世界に飛び込み、2000年代に私たちが続いた。だが、2010年代前半から中ごろまで転機は訪れなかった。それ以前、経営幹部たちは前に踏み出す心の準備ができていなかった。オンプレミスのツールにこだわって職を失うCIO（最高情報責任者）はいないが、クラウドに移行して大きな問題が起きたら、間違いなく失業するだろう。

◆

現在はどうなっているか

　現在、クラウド・コンピューティングはどこにでもある。あなたが勤務する会社も在籍する大学も、おそらくすべてマイクロソフト365、セールスフォース、アマゾン・ウェブサービス、グーグル・ワークスペース（旧Gスイート）、スラック、ズーム、ボックス、オクタなど、クラウドをベースとしたツールを使用しているだろう。

　結果として、ビジネス・ソフトウェア業界には急激な変化が起きている。それまでは、オンプレミスのツールの作成には費用がかかるため、参入できる企業の数が限られていた。そのいっぽうで、クラウドをベースとしたツールははるかにかんたんで安価に作成できる。

　クラウドが普及する前、（アーロン・レヴィとボックスの共同設立者の1人が実家の屋根裏部屋でしたように）ソファに座ってすばやく計画を立て、ネットに公開することなどできなかった。オンプレミス業界では、設備を整え、必要な人材をそろえる、つまり、ただ起業するだけでも、少なくとも1000万ドルがかかった。現在、クラウドをベースとするアイデアなら、エンジェル投資家から10万ドル（ときにはそれ以下）出資してもらえれば始められる。**これが、アンドリーセンのいう経済面の話だ。この業界が飛躍するためには、クラウドをベースとしたツールを作成し、購入するコストが下がる必要があった。**

　こうした状況に比例して需要が増加した。オンプレミスのソフトウェアはかなり高額なので、企業もたくさんは購入できなかった。クラウドのツールの多くはかなり安価なため、企業はもっとたくさん利用できる。

　こうした転換が起こるのを察知し、そこに飛びこむ勇気があった創業者は、驚くような成功をおさめた。もちろん、最初のころは予算も乏しく、不安な日々が続いた。しかし、セールスフォース、ワークデイ、サービスナウ、オクタなどは、非常に価値のある企業になった。早くから参入することで優位性を確立し、いまではその多くが業界でトップを走っている。

思いきりやるか、やらないか

10％よくなるだけでは足りない

　次のことを自問してほしい。自分のアイデアは既存のものと比べてどう違うだろうか？　もし既存のものより10％しかよくなっていなかったら、よいアイデアとはいえない。そのアイデアが少しずつよくなるだけなら、以下の2つのうちのどちらかが起こる。

1　10％よくなったぐらいでは、潜在顧客はふだん使っているものからあなたのプロダクトに乗り換えない。このことは、企業のシステムに関して顕著だが、一般的なプロダクトにもあてはまることが多い。

2　たとえ、消費者が多少よくなったプロダクトに乗り換えようとしていても、資金も情報量も豊富な競合相手があなたより速く、安く市場に出してしまう可能性が高い。10％よくなる部分がはっきりわかるとしたら、既存の巨大企業はすでにその部分に取り組んでいるだろう。

　あなたのアイデアは既存のものより倍は優れていなくてはならない。そのためには通常、ある種の飛躍が欠かせない。エアビーアンドビーはホテルの接客業界を飛び越えてしまった。世の中にあるホテルより10％すてきなものをただつくるのではなく、接客とは何か、誰がそれを提供できるのかといったことまで一新した。

すばらしいアイデアはどこから生まれるか

教室から生まれることもあれば、刑務所から生まれることもある

メラニー・パーキンス（キャンバ）

　大学時代、インデザインやフォトショップといったデザインソフトの使い方を学生たちに教えていて、基本的なことをおぼえるのにも苦労している姿をたくさん目にしました。まず、大学のイヤーブックをデザインするためのオンライン・ツールを思いつきました。でも2010年、投資家に会いにシリコンバレーに行くころには、イヤーブック用のツールの奥にあるアイデアを使って、どんなデザインでも新しくつくれるとわかっていたのです。

アーロン・レヴィ（ボックス）

　2004年、私は南カリフォルニア大学の学生で、高校からの親友であるディラン・スミス[5]はデューク大学の学生だった。当時は、ファイル共有が奇妙なほど大変だった。自分にファイルをメールするか、USBメモリーかファイル転送サイトを使わなくてはならなかった。僕らは根本的に「もっといい方法があるはずだ」と言っていて、それが5000万ドル規模のビジネスになると確信していた（現在の時価総額は40億ドル）。僕らの見通しは間違っていたけれど、すべてのデータがオンライン上で安全に保管されるべきだ、という根底のアイデアは正しかった。

5　ディランはレヴィたちと3人で共同でボックスを設立することになる。

フレデリック・ハットソン（ピジョンリー）

　私はマリファナを売買した罪で5年近く服役していた。その際、愛する人たちと連絡をとり続けるのがいかに大変で費用がかかるか、身をもって体験した。ほかにも、電話をかけるお金がある人は（料金がかなり高い）刑期を終えると刑務所に戻ってこないが、電話をかける余裕がない人は結局戻ってきてしまうことに気がついた。あとで知ったのだが、これについてはたくさんの研究がある。家族と連絡がとれる人や支援を受けられる人は、出所後に再犯しない傾向があるそうだ。

フレッド・ルディ（サービスナウ）

　勤めていた会社が倒産するかたちで、私の会社は始まった。私が所有していた同社の持ち株は3500万ドル分あったが、ゼロになった。49歳で無職になった私は自分にこう言い聞かせた。「もうじゅうぶん人のためには働いた。今度は自分の力で成功できるか試してみよう」と。3年ぐらいやっていける資金があったので、売上のことは気にしなかった。だが、私は16歳からずっとプログラマーだったので、毎朝目を覚ますと、コーディングする時間がほしかった。そこで、会社で働いていたあいだに登場した新しい言語とテクノロジーを探究することにした。それから、それを使ってどんな問題を解決できるかを考えはじめた。

セバスチャン・スラン（ユーダシティ、キティホーク）

　私には起業するという選択肢が本当になかった。ただそうなったのだ。私はグーグルX[6]を運営している最中で、ときどきスタンフォード大学でも教えていた。私は人工知能についての講義をオンラインで公開することにした。しかも無料で。何人かの友人にメールを書いて、学生はこの講義をオンラインで受けられることを伝えた。スタンフォード大学と同じ教育が受けられるのだ、と。1件のメールが広まっていき、金曜日の午後には、5000人が申し込んでいた。日曜日の朝には1万人になった。登録者数は世界じゅうから16万人まで膨らんだ。当時、レディ・ガガのコンサートに行ってアリーナにいる4万5000人を目にしたが、私のオンライン講義の人数とは比較にならないと思ったものだ。

ジャスミン・クロウ（グダー）

　2013年、私は駐車場のそばを車で通りかかって、何百人ものホームレスを見かけた。私は心を動かされ、自宅のアパートメントの外で炊き出しを始めた。夕食にスパゲッティをつくり、通りにテーブルをセッティングして、持ち帰り用の容器に入れて配った。そのあと、テーブルとイスを借りてきて、レストランで食事をするように食べてもらった。そうしているあいだに、フードデリバリーのアプリが登場して、私は興味を持った。レストランで余った食べ物を必要な人にあげるには、同じようなものが必要だと気がついた。それは、レストランが「〇〇〇が余っている」と言うと、誰かがそれを取りにいって非営利団体に届けるアプリかもしれない。

6　いまでは単にX（あるいは、Xデヴェロップメント LLC）と呼ばれ、グーグルの親会社、アルファベットの「ムーンショット」（困難だが、成功すると大きな効果がある壮大な計画や試みのこと）部門であり、まったく新しいテクノロジーの研究開発をおこなっている。

第 3 章

チーム

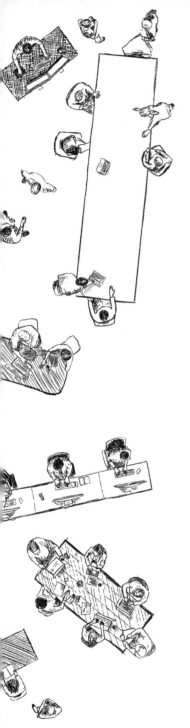

「イントロダクション」の章で、私がサンフランシスコを車であてもなく走っているとき、私たちの投資家であり取締役員のベン・ホロウィッツが電話をくれて、この悪循環から抜け出すための重要なアドバイスを2つしてくれたという話をした。ここで、その1つ目のアドバイスを紹介しよう。

　ベンから電話がかかってきたとき、私は解雇されると思った。トッドと私は目標とする売上を大幅に下まわったことを役員たちに報告したところで、私が営業の責任者だったからだ。

　しかし、退陣は命じられずに、かわりにベンからは私の仕事を説明するように言われた。私はすでにベンが知っていることを伝えた。私はCOOだった。「ほかには何をしているんだ？」とベンはたずねた。

　わが社はまだかなり小規模だった。従業員は30人程度しかいない。トッドと私はほかにも多くの役職を兼ねていた。私は営業部長を、トッドはCEOと技術部長を兼任していた。私たちはそれぞれ実質的に2つ、ないし3つの仕事をこなしていた。

　「そこにきみたちの問題がある」とベンは言った。**「重要な仕事をいくつも同時にこなしながら、うまくやることはできない。そんなことができる人はほとんどいない。つまり、きみは専門職の人間を雇う必要がある。しかも、早急に」。**

　ベンは、私には営業部門を運営した経験がないため、営業部長をやらないほうがいいと助言した。「きみのパイプライン管理、販売プロセス、予測がひどいのはそれが理由だ」と。次にベンはトッドについても同じようなことを言った。トッドもCEOと技術部長を兼任はできない。「きみたちは、経営組織を編成しなくてはならない。そうしなければ、だめ

になるだろう」。

　トッドと私はその助言を心から受け入れた。早速、新しい管理職を2人探しはじめ、半年以内に雇い入れた。その影響は劇的だった。オクタの売上は好転しはじめ、プロダクトも急速に改善された。

◆

　多くの起業家ができるだけ自分ですべてをやろうとする。人を雇うお金がないなど、ある程度は必要に迫られる場合もある。だがたいていは、自分のほうが誰よりもうまくやれると思っているからだ。

　私個人の経験から言わせてもらうと、それは無理だ。何もかも自分でやってもうまくいかない。成長するにつれて、自分より得意なものがある人材でチームを編成しなくてはならない。これこそ、私が学んだなかで最も深みのある教訓の1つだ。会社で大事なのは1人の人間ではない。大事なのは才能豊かな人が集まったチームなのだ。

　雇う人材がかなり重要になる。成熟した企業なら、単なる「そこそこの」人材を雇う余裕がある。しかし、あなたにはそんな余裕はない。ごく短い期間にやるべきことが多すぎる。適切な人材がいると、速く前に進める。どれほど人柄がよく才能があっても、不適切な人材がいると、鉛の風船をつけたように足を引っぱられる。

　これまでに人を雇った経験がなかったら、かんたんに失敗してしまう。たとえ経験があったとしても、求めているものが必ずしも明快とはかぎらない。この章では、どんな特徴をもった人を求め、どのように吟味すればよいかを紹介する。また、解雇についても触れる。そうするのは、間違った人材を雇用してしまうことがどうしても避けられないからだ。

　だが、まずは共同創業者について話そう。あなたは自分が次のイーロン・マスクになれるかもしれないと、1人でやることを夢見ているかもしれない。しかし、1人で率いるより2人から4人のチームのほうがうまくいくという調査結果がある。そのため、ここではその理由と、適切なパートナーの探し方を扱うことにする。

1ほど孤独な数字はない

ひとりでやろうと考えているなら考え直したほうがいい

　メディアは個人の英雄を称えたがるが、ほとんどの場合、ひとりで起業するのは得策ではない。MITの技術経営学部教授で、長年私のメンターでもあるエド・ロバーツは、ハイテク企業の創設チームの適正規模を研究した。

　彼は「共同創業者が2人いるほうが1人よりもうまくいく」という。「2人より3人のほうがいいし、3人より4人のほうがよいだろう」が、それ以上になると「多い」そうだ。5人以上のチーム編成のせいで起こる混乱はその利点を上まわる。「それ以上共同創業者が増えると面倒なことになり、運営が難しくなる」。

　次のことを考えればよくわかるだろう。**仮にとんでもなく短期間で、会社を起業時から10倍の規模まで成長させるとしたら、負担を担ってくれる人が最低でももう1人必要になる。**さらに、あと1人か2人いたほうがいいだろう。

　仕事を分担するのも大事だが、それだけではない。これまでほとんど未経験のことばかりが津波のように押し寄せてきて、厳しい決断を迫られることになる。そのときいっしょに知恵を絞る人がいると、正しい答えにたどり着ける可能性が上がる。2つ（あるいは3つか4つ）の頭脳があれば、1人の人間が単独で自由に考えるよりも幅広い解決策が出てくるだろう。

　このことは、ハイテク企業のチームに関するロバーツの研究とも合致する。一般的に、創業チームの技術と専門性が多様であるほど、成果が上がる。そして、チームに技術的な専門家と営業やマーケティングの経

験者がいる場合、チームの業績は特によくなる。この後者の部分が重要なのだ。

　ビジネスの専門知識で大事なのは全体の管理ではなかった。大切なのは営業やマーケティングの経験がある人材だった。彼・彼女らが実際に顧客と接する役割を担う。チームの誰かが顧客を見つけ、売り込む方法を知らなくてはならない。まだ小規模な会社に売り込んでいた最初のころ、オクタでは私がその役目を担当していた。だが、大企業の顧客をターゲットにするようになると、そのための専門知識をもった人材を招き入れなくてはならなかった。

　共同創業者は心理的な支えとしても必要になる。起業すると、絶望したり圧倒されたりすることが幾度となくあるが、そう感じるのはたいてい一度に1人の共同創業者だけだ。落ち込んでいないほうがもう1人を励まし、前に進むのを助ける。「パートナーが必要なのは、泣きたいときに肩を貸してもらえるからだ」とロバーツは言う。パートナーがいれば、あなたが落ちつきを取り戻すまで、少なくとも船を前進させてもらえる。

　成功するスタートアップの大半には複数の共同創業者がいる。このことはよく見過ごされる。メディアは1人の英雄のようなリーダーを取りあげたがるからだ。そのほうが物語はつくりやすい。

　フェイスブックといえばマーク・ザッカーバーグのことが思い浮かぶが、実際には4人の共同創業者がいた（エドゥアルド・サヴェリン、クリス・ヒューズ、ダスティン・モスコヴィッツ、アンドリュー・マッコーラム）。グーグルにはラリー・ペイジとセルゲイ・ブリンが、インテルにはゴードン・ムーアとロバート・ノイスがいた。オラクルの話になると、誰もがラリー・エリソンを思い浮かべるが、エド・オーツとボブ・マイナーも創業者だ。マイクロソフトとなるとビル・ゲイツが思い浮かぶが、その隣にはポール・アレンがいた。

もちろん、単独の創業者で成功した企業もある。最も有名なのが、アマゾンのジェフ・ベゾスだろう。5000ドルと足の部分をカットしたストッキングの試作品だけでスパンクスを始めたサラ・ブレイクリーもいる。2021年、彼女は同社の持ち株の過半数を12億ドルで売却した。タンブラーを創設したデヴィッド・カープもヤフーに11億ドルで売却した。ミント・ドットコムを創設したアーロン・パッツァーもイントゥイットに1億7000万ドルで売却した。

　そのため、もちろん1人で創設しても成功するかもしれないが、誰かと組むことをお勧めする。あたりまえのことだが、これは適任がいればの話である。

■　鼻持ちならないMBA取得者はまだ不要

　あなたがエンジニアなど技術系の創業者だとしたら、必ずしもMBA資格のある人材をチームに入れる必要はない。少なくともすぐに入れなくてもいい。起業して1年から1年半はまず、プロダクトのアイデアを磨き上げ、未来の顧客やユーザーとともにそれを適切なかたちにすることに集中する。そこではMBAをもっている人材の仕事はあまりない。

　とはいえ、チームにはある程度ビジネス感覚のある人間が欠かせない。コストがどうなるか、（あるとしたら）利益はどれくらいになるか、資金がいくら必要か、いつ資金が底をつくかなど、誰かが予測できないといけない。つまり、ビジネスプランを描ける人材が必要なのだ。

隣にいる共同創業者

10組の創業者の出会い

エアビーアンドビー

　ネイサン・ブレチャージクとジョー・ゲビアはクレイグスリストを通じてルームメイトになった。ブレチャージクが引っ越すと、ブライアン・チェスキーが入居した。街じゅうのホテルが満室だったため、会議に参加しに来た人を自分たちのリビングにエア・マットレスを敷いて泊めたことから、エアビーアンドビーは始まった。

アップル

　スティーブ・ジョブズが高校生、スティーブ・ウォズニアックが大学1年生のとき、2人とも電子機器をいじるのが好きだと知っていた友人が2人を引きあわせた。

メダリア

　CEOのエイミー・プレスマンが夫のボルゲ・ハルドといっしょに会社を始めた。

ネットフリックス

　リード・ヘイスティングスとマーク・ランドルフがネットフリックスのアイデアを思いついたのは、別の会社の同僚として相乗り通勤していたときだ。

セールスフォース

　パーカー・ハリス、デイブ・モレンホフ、フランク・ドミングスは企業向けのソフトウェアを開発するコンサルティング会社を経営していた。3人は顧客の1人から、当時オラクルの経営幹部だったマーク・ベニオフを紹介された。

レントザランウェイ

　ジェニファー・ハイマンとジェニファー・フライスは2000年代中ごろ、ハーバードビジネススクールのクラスメイトだった。週に一度、2人でビジネスのアイデアを自由に出しあっていたところ、ハイマンの姉が結婚式用のドレスに2000ドルもつぎこんだ話からアイデアをひらめいた。

ボックス

　CEOのアーロン・レヴィと3人の共同創業者、ディラン・スミス、ジェフ・クアイサー、サム・ゴーズはシアトルで育ち、知り合いだった。レヴィとディランは西海岸と東海岸の大学にいて、ファイル共有に苦労していたところ、ボックスのアイデアを思いついた。

グーグル

　ラリー・ペイジとセルゲイ・ブリンは1990年代中ごろ、スタンフォード大学の大学院生のときに出会った。

ワークデイ

　アニール・ブースリとデイブ・ダッフィールドは、デイブが共同創業者であるピープルソフトで働いていた。ピープルソフトが敵対的買収にあった2004年には2人とも退職していたが、買収に対抗するために復職した。

フェイスブック

　マーク・ザッカーバーグ、エドゥアルド・サヴェリン、クリス・ヒューズ、ダスティン・モスコヴィッツ、アンドリュー・マッコーラムはハーバード大学の友人だった。

■ 仲間の選択
ぴったりの共同創業者に出会えたのかを知る方法

　共同創業者が複数いる会社は、お互いが協力できるとうまくいく。しかし、共同創業者がうまく協力できないことが、スタートアップが失敗するいちばんの理由になる。では、どうしたら「適切な人材」だとわかるのだろうか？

　2009年初めにお茶をしに行くようになるまで、私はトッドのことをよく知らなかった。セールスフォースで会ったことはあったが、近い距離で働いてはいなかった。私たちが独立を考えているのを知っていた同僚が紹介してくれたのだ。

　2人とも企業のソフトウェアの分野で何かしようと考えていた。これはあたりまえだった。私たちはセールスフォースをゼロから立ち上げるのに尽力したので、スタートアップがどのように動いていくかについての共通認識もあった。また共通の同僚がいたので、お互いのことを綿密に調べ、あやしいところがないとわかった。

　最後に、私たちは妻同伴でディナーに出かけ、互いの妻に質問してもらった。相手が夫に適しているかどうかを妻よりも見極められる人はいない。

　共同創業者を探すときには、以下の質問を心に留めておこう。このなかのどれかに疑問を抱いたら、手を組む前に真剣に考え直したほうがいい。

■ この人物を信頼できるか？

　もし2カ月間会社を離れなくてはならなくて、パートナーの手に会社を委ねるとしたら、相手は会社にとって可能なかぎり最善の決断をするだけでなく、あなたのことも配慮してくれるだろうか？

■ 意見が対立したとき、大人のやり方で解決し、前進しつづけられるだろうか？

意見の対立や決定事項に対する不満にいつまでもこだわってはいられない。きちんと話しあえて、すぐに意見の相違を切りかえられる人を探そう。

■ 相手のことが好きだろうか？

いっしょにいると、掛け値なしでいいことがあるだろうか。いま好きでもない相手なら、大変な状況ではそれ以上好きにはならないだろう。

■ その人物は支えるすべを心得ているだろうか？

それぞれが何度も絶望の淵に立つだろう。その人は、あなたが気持ちを落ちつけているあいだ、あなたの重荷をいくらか引き受けてくれるだろうか？　さらには、あなたが暗い気分から抜け出せるよう、おだてて盛り上げるすべを心得ているだろうか？

■ その人物は、あなたと同じぐらい心から会社のことを気にかけているだろうか？

実際につくりあげるものに対して、相手はあなたと同じぐらいわくわくしているだろうか？　あなたと同じぐらい常に会社のことを考えているだろうか？　それほど気にかけていない共同創業者は、ほぼ間違いなく数年以内に会社を去るだろう（もっと悪ければ、あなたを批判したり、違う方向に進むことを主張しはじめたりする）。

■ 共同創業者としてこの人物に疑問を抱く理由が何かあるか？

直感でチェックしよう。直感でしっくりこないと感じていないだろうか？この協力関係を自分に言い聞かせようとしていないだろうか？　こうした

兆候を素直に受けとめよう。何かよくない感じがするなら、おそらくそれはよくないのだ。2年たってからではなく、いまそのことを認めよう。

■ よく調べたほうがいい理由

　こうした質問を直感で確かめながら、共同創業者候補のデューデリジェンス¹をおこなおう。パートナー候補についてどう思うか、最低でも3人（できれば6人）にたずねる。共同創業者になりたい人には直接話を聞かない。あくまでもセッティングされた人ではない人と話すのだ（卑怯な印象を与えても気にしないように。優秀なパートナー候補なら同じことをしている）。

困ったときに助けてくれる人を見つける

候補者の評価の仕方がわからないときは、評価できる人を探そう

　前の章で、大学時代にオンラインのグラフィックデザイン環境をつくるアイデアがあったメラニー・パーキンスを紹介した。技術的な課題が大きかったので、アイデアを実現するためには適任のエンジニアを見つ

1　投資する際に、投資対象となる企業や投資先の価値やリスクなどを調査すること。

ける必要があった。しかし、技術的な知識のないメラニーがどうやって候補者を選定できたのだろうか？

　考慮することは多岐にわたる。正しいプログラミング言語を身につけているだろうか。あるいは、必要となる新しい言語を身につけることはできるだろうか。単なるプログラマーではなく、複雑なシステムをデザインできる設計者だろうか。成長するチームを管理する能力はあるか。どういう人がふさわしいのかわかるほど、メラニーにはテック系のキャリアがなかった。しかも、これは運命を左右する決断になる。

　幸いなことに、メラニーは機転がきいた。パースでのカンファレンスでシリコンバレーのベンチャー投資家、ビル・タイに会ったあと、メラニーは大胆にもカリフォルニア行きの飛行機に飛び乗った。2003年にマッピングツールの会社を共同で設立した、デンマーク出身の有名なエンジニアのラーズ・ラスムッセンをタイから紹介してもらったのだ。同社はグーグルに買収され、のちにグーグル・マップになった。メラニーが会ったころには、ラスムッセンはフェイスブックのリードエンジニアなっていた。

　メラニーがテック系の人材候補を選定するのに、ラスムッセンは力を貸してくれた（ラスムッセンはのちに投資家になった）。「私があげた候補者をひとり残らず落とすのに、結局まる1年かかった」とメラニーは言う。「私はリンクトインで見つけた候補者の履歴書をラスムッセンに送った。候補者を彼のオフィスまで連れていくこともあった」。それでも、誰も彼の基準には満たなかった。「私はもう計画に着手したかったけど、ラスムッセンは、私が選んだ候補者ではこれからおこなう高度な技術を必要とする巨大プロジェクトに対応できないと言いつづけた」。

　最終的にラスムッセンは、グーグルで同僚だったキャメロン・アダムズをメラニーに紹介した。彼はグーグル・ウェーブをつくった世界的デザイナーで、その当時は自分の会社を経営していた。数カ月かかったが、メラニーはようやくアダムズを口説き落とし、共同創業者と最高製

品責任者を兼任してもらった。

　ラスムッセンが相談に乗ってくれなかったら、アダムズは見つからなかっただろう。そして、アダムズ抜きでは、現在のように時価総額400億ドルのキャンバをつくりあげられなかったにちがいない。

平等に分配する

共同創業者が平等に株を受けとったほうがいい理由

　創業者のあいだで会社の持ち株（株式）をどう分けるかについて、おそらくネット上などで山ほど読むことになるだろう。人は「公平」なものを考え出すために、あらゆる種類の複雑な交換や入り組んだ戦略を提案する。

　単刀直入に言おう。かなり特殊な例を除き、みんなで平等に分ければいい。

　共同創業者同士の仲が悪いと、スタートアップは失敗する。分配する持ち株数を変えると、すぐに権力の力学が生まれ、誰かがほかの人より力をもつことになる。どうしてそんなことをするのだろうか？　デューデリジェンスをおこなったのだろう？　それなら、共同創業者として選んだ相手は全員すばらしい人物だ。彼・彼女らは会社を成功させるために、あなたと同じぐらい懸命に働くだろう。そうだとしたら、そこに上下関係はない。

　もし持ち株を多くほしいと主張する人がいたら、いつの日か恨みの藪

に成長する種をまくことになる。もめごとがあると、足を引っぱられる。そんなものをわざわざ引き寄せなくていい。そうなると、パートナー(たち)と足並みをそろえている組織ほどは成功できないだろう。ことわざにあるように、大きなパイの小さなひと切れのほうが、かなり小さなパイの大きなひと切れよりも、はるかに巨大である。

　あらゆるデューデリジェンスをおこなっても、結局うまくいかず、共同創業者が早々に会社を去ることになった場合、その人が持ち株をすべて所持しておくことはできない。所持しておけるのは権利が確定した分だけだ。たとえば、共同創業者が1年で辞めた場合、持ち株の25%しか権利が確定しない(通常、権利が確定する期間は4年)。そのため、残りの持ち株(この場合75%)を会社に返すことになる。

■ サンドボックス[2]にはたくさんの領域がある
責 任 を 分 担 す る 場 合

　速く進むつもりなら、それぞれの共同創業者が責任をもつ範囲を決めておく必要がある。お互いが同じところでつまずいてはいられない。そんなことをしたら遅れが生じる。トッドと私の役割分担はうまくいった。

　トッドは会社の展望、プロダクト開発を担った。私は営業、会社経営(財務、人事、法務など)を受けもった。トッドには展望があり、プロダクト開発の経験が豊富だった。私には営業と事業開発チームでの経験があった。ほかのことに関しては、なんとかなるとわかっていた。私には実行力があるので、その点は心配していなかった。

　もちろん、創業者には自分の担当以外にも会社全般について決断しなくてはならない場面が多々ある。トッドと私はたいてい意見が一致して

2　通常利用する領域から隔離され、保護された領域のこと。

いた。2人の意見が合わないことは少ししかなかった。そういうとき、私が自分の意見を論理的に、ひょっとすると「精力的に」すら語っても、その日の最後、トッドは自分の信じる方向へ進んだ。

　悔しかったかと聞かれれば、そのとおりだ。しかし、CEOはCEOである。ほかの会社と同じように、CEOが責任をとり、重大な決断を下さなければならない。投資家はその組織の編成を見て投資をしたのだ。インテルの伝説のCEO、アンディ・グローブの有名な言葉だが、チームは「賛成しなくても取り組まなくてはならない」。全員が賛成はできないかもしれないが、決断が下されたら、全員が協力しなくてはならない。

最初から包括的な
雇用戦略を立てる

最初の10人の雇用で、その後の雇用の方向性が決まる

　いままでのところ、シリコンバレーでは白人男性が圧倒的に多い。あなたのいる業界もおそらくそうだろう。シリコンバレーで権力のある人たちは長いあいだ、そのことを気に留めていなかった。そうした企業文化を、創業者と属性が異なる人たちはずっと歓迎していなかったが、近年、私のいる業界もそのあり方に注意を向けるようになってきている。

　最近ではどんな業界だろうと、雇用を開始した時点で、こうした問題について考えなくてはならない。「訴訟を起こされないようにしなくて

は」という守りの姿勢ではなく、聡明で才能豊かな求職者に敬遠されると、そうした人材を雇用できなくなるからだ。

ノースカロライナ州立大学の研究者が2001年から2014年までの上場企業3000社の業績を調べたところ、何がわかっただろうか？　従業員の構成に多様性があるよう明確に取り組んでいる会社——女性と有色人種の指導的役割への登用、（同性愛カップルへの手当など）LGBTQ＋の社員を支援する方針、障がい者の積極的な雇用などの指標で定義されている——は革新的で、市場に出すプロダクトが多かったことだ。

最初の10人の雇用がかなり重要になる。最初の10人が全員男性の場合、すばらしい女性の応募者が来ても、自分がこの会社に本当に求められているのか疑問に思うかもしれない。最初の10人が全員白人の場合、白人以外はこの会社で出世できるのかと思うだろう。さらに、次の100人を雇用するのに、最初の10人の人脈を利用することになるので、全員が似たような背景の持ち主だと、広く募ることができなくなる。

■「最初の10人」を多様にするためには以下の手順に従うこと

1　集まった応募者が本当に多様になるまで面接を開始しない
2　幅広いネットワーク集団（女性、有色人種、LGBTQ＋、障がい者など）に働きかけ、求人募集を知らせる
3　ウェブツールを活用して、ジョブディスクリプションに不用意なかたちで排他的な表現が入らないようにする
4　受領した履歴書から属性に関する情報をなくせるシステムを設置する。そうすれば、求職者の属性ではなく能力だけで判断できる

■ 忙しすぎて誰も雇えない、というのは間違った考え方

創業したてのころは、展開が速すぎて雇用に目を向けるのが難しい。すべてが自分の肩にかかっているからだ（しばらくは人事担当など

いないだろう）。そこで、次に誰かを雇う時期を見極めるかんたんなアドバイスをしよう。それは、ジョブディスクリプションも書けないほど忙しいときだ。かんたんに誰かに任せられるような決まりきった仕事に忙殺されはじめたら、新しく人材を雇うタイミングだ。もちろん、選考中は業務に遅れが生じるかもしれない。だがそれは一時的なものとして割り切り、未来の成功に向けて投資をする。

■「偉大なアスリート」を探せ
難しいものを極めた人でまわりを固める

　フロンティア・コミュニケーションズの元CEO、マギー・ウィルデロッターは常に「偉大なアスリート」を雇用するようにしたそうだ。これはスポーツにかぎった話ではない。採用されるために大学で野球をする必要はない（そういう人もいるだろうが）。

　彼女が言っているのは、心に決めた目標に向かって、あたりまえのように継続して学習し、練習を重ね、上達しようとする人という意味だ。そうした人をマギーは「勝負の探究者」と呼んだ。「彼らは常に自分の視野と限界を広げようとする」という。たいていの場合、かなりの負けず嫌いで、少なくとも大きな野心を抱いている。「そうした情熱を胸に秘めていなくてはならない」。

　マギーは就職の面接で、応募者に、自分を追いこんでかなり粘り強く取り組む必要があることをした経験があるかどうかをしっかり探った。「工芸でも趣味でもスポーツでも楽器でも、何か取り組んだものはありますか？　上達するために何時間もかけて練習したものはありますか？」と。

　また、これまで仕事でいちばん大変だったことを話し、それにどのように対処したかを最初から説明するよう求める。「成長企業に勤務する

のは、軍隊に所属するようなところがあります」とマギーは言う。「私たちは銃撃戦のなかに飛びこむことになります。私といっしょに塹壕に入る人を知りたいのです。私が後方支援するように、彼らが私の背中を守ってくれるのかを確認する必要があります」。

多くの応募者がこのタイプにあてはまらない。誰もが創業間もない時期の混乱、混沌、不確実性、過酷さに対応できるわけではない。スタートアップならではの要求をこなせない人を雇い入れるのは、(応募者にとっても会社にとっても)有益ではない。だが、「偉大なアスリート」は最後までがんばれる。

■ ジョブディスクリプションの再考

ティエン・ツォはセールスフォースで私の同僚だった。彼はごく最近、30億ドル規模の企業向けソフトウェアカンパニー、ズオラを設立した。同社は、企業がサブスクリプションサービスを運営するのを支援している。ほとんどの企業はジョブディスクリプションのなかで、責任についての概要を一覧で記載しているが、ズオラでは応募者に期待する成果が強調されている。そこには、来年度応募者に推進してもらいたい特定のプロジェクトや結果が載っている。

このほうが効果的だとティエンは言う。同じ肩書きでの職歴がわかっても、その人が自社で成功するか(やる気があるかさえ)はそれほどわからない。同じように、経験がないからといって、必ずしもその応募者が社内で何か新しいことができないともかぎらない。さらに、成果についての記載に対する反応で、応募者のことがかなりよくわかる。「ふさわしい応募者はたいてい前向きな反応を示す」とティエンは言う。「そういう人は『これから数年間、自分が取り組んでいるのが想像できる課題です』といったことを口にする」。

得意分野で雇う
コア・コンピテンシー
ほかのものは外注する

　新しい創業者はよく、会社のすべての業務のために人を雇う必要があると考えてしまうという失敗を犯す。もちろん、自社のコア・コンピテンシーは社内でおこなわなくてはならない。だが、多くの業務がアウトソーシングできる。

外注する業務	その理由
CFO （最高財務責任者）	スタートアップのような小規模な会社に対して、外部の財務専門家がCFOの機能（財務戦略と計画）を担当する業界ができている
会計	こうした業者は、小規模企業向けに簿記や会計などの業務を管理する
人事	社内で人事業務をおこなうには小規模すぎる企業向けに、給与計算や福利厚生など、コアの人事業務を担う第三者企業がたくさんある
法律顧問	特許申請が必要だが、年に数回しかおこなわない場合、知的財産権を専門とする法律家に外注する。アメリカの場合、ベイエリアやニューヨークではなく中西部で探すことを検討する。そのほうが圧倒的に費用が安いからだ
ブランディング	私たちは社名を考えるのにハンドレッド・モンキーズという会社を利用した。そこに頼んでよかったと思っている。同社はこうした業務のプロフェッショナルで、私たちが考えるよりはるかにいい名前を考案してくれた
マーケティング	ブランドのメッセージは定期的に見直す必要がある。メッセージとは、自社の展望や、自社のプロダクトと接したときにどのように感じるかを表すための言葉とイメージのことだ。展望はもちろん創業者から生まれるものだが、会社が大きく成長するまでは、それを洗練させるために外部のプロの手を借りたほうがいい

3　オクタとは気象用語で、空がどれくらい雲で覆われているかを表す（1オクタ＝空の8分の1が覆われている）。わが社には、雲で顧客を「覆う」という目的があるため、オクタになった。

■ 「責任者」をなくす

　会社が管理職を雇うとき、一般的な「マネージャー」「部長」「上級管理職」「取締役」などではなく、「責任者」という肩書きを与えることがある。「マーケティング責任者」「営業責任者」「人事責任者」などだ。こうしたことが起こるのはたいてい、起業したばかりでは、高い役職の人材を雇い入れないからだ（販売するものができるまで、10年の経験がある営業部長など必要ない）。

　だが、下の社員が入社してくると、管理職たちが各部門をまかされる。そうした地位のため、もっと上の肩書きを要求する応募者が多い。経歴からすると「シニアマネージャー」ぐらいなのだが、ある程度の人数を率いるので、「部長」などの肩書きをほしがる。そうした事情から、「責任者」という肩書きはちょうどいい妥協点に思える。

　しかし、ここに問題がある。会社の規模が大きくなり、会社が直面する課題が複雑になっていくと、もっと上の役職の人間を招き入れなくてはならなくなる。だが残念ながら、「責任者」の人間はそのようには考えない。彼らは自分たちで引き続き運営するものと考える。自分より上の人間が入ってくることを歓迎する人はほとんどいない。

　そのため、事前に厳しい話し合いをするのを避けて、問題を先延ばしにしないことだ。採用者には経験に見合った肩書きを強く求め、最初から適切なキャリアを歩ませるようにする。

応募者の裏をとる

少なくとも3人、推薦者リストに載っていない人から話を聞く

　従業員を雇うとき、レファレンス・チェックをする。するとご存じのとおり、応募者のよい面を伝えざるをえない推薦者のリストを受けとることになる。ほとんどの人事担当者はそこで終わってしまう。チェック欄に記入をして、雇用を進めてしまうのだ。

　だが、重要な管理職を採用する場合、そんなのんきなことをしていられない。安定した大企業とは違い、スタートアップでは全員が会社の成功を大きく左右する。いっぽう、ペースの遅い大企業にいる並の部長は、あなたのようにペースを速めたり、何もかも急いで考え出したりする必要もなく、楽々と仕事を進められる。

　スタートアップでは、最初のころの採用者、特に管理職は仕事のできる才能豊かな人材でなくてはならない。責任感と信頼が欠かせないのだ。起業したてでは失敗は避けられないが、うまく前に進めなくてはならない。理想としては、前職で閑職ではなく、その会社で最も重要な、中核となる構想に取り組んだ経歴があるといい。スタートアップでは、成長するにしたがって昇進し、責任ある大きな仕事をしてきた人材が求められることが多い。

　どうしたら応募者がそうした人材だとわかるだろうか？　もちろん、ただ質問しても仕方がない。面接でいい印象を与えるのは誰にでもできる。そして、応募者が提出する書類に記載された推薦者に話を聞くわけにもいかない。そうした人たちは応募者を褒めるよう仕込まれている。

　そうではなく、共同創業者のときと同じく、応募者の裏をとるのだ。これは「バックドア・レファレンス・チェック」と呼ばれたりする。応

募者と最近働いたことのある人のうち、応募者の人柄、まわりとの仕事の仕方、失敗への対処法、つまりはあなたの会社との相性について話せる人を最低でも3人見つける。

　あなたと応募者の人脈がうまく重なり、そのなかに応募者の直接の知り合いがいるかもしれない。その場合、その人たちと連絡をとる。たとえ、ある程度距離のある人しかいなくても、リンクトインなどのツールを使って、応募者の評価ができるような同僚を見つけよう。応募者ごとのバックドア・レファレンス・チェックに短くても30分、しっかり掘り下げるまで、応募者を面接まで進めないことだ。

スタートアップの採用の基本
どのようにして誰を採用するかについてのアドバイス

フレッド・ルディ（サービスナウ）

　起業したてのころは、超一流のエンジニアなど必要ない。必要なのは、とても献身的で、取り組んでいる課題をただひたすら愛してやまず、最後まで追求しようとする人材だ。

パティ・マッコード（ネットフリックス）

　最初のころは、難しい問題を解決するために人を雇います。あなたのとんでもないアイデアを理解し、磨き上げ、実際に顧客を見つけ、お金を稼ぐ人です。その後、会社が成長を始めたら、規模や複雑さのせいで生じる問題を解決する人材が必要になります。その時点では、そうした問題を扱った経歴がある人を採用しなくてはいけません。

エイミー・プレスマン (メダリア)

　私は履歴書をじっくり見て、どうして転職することにしたのかをたずねます。私が腹立たしく思うのは、「採用担当者から連絡があったから」という答えが返ってきたときです。起業したてのころに求められる創業者精神をもった人材は、採用担当者の連絡をのんびり待ったりしません。何か新しいことをするときだとみずから決断し、それが何なのか考え出そうとします。

マリアム・ナフィシー (ミンテッド)

　ある応募者に惚れ込んでしまう前に、早めにレファレンス・チェックをします。ある人材の採用を確信するまで待つと、率直な感想を聞けなくなります。また、履歴書に書かれたことに注意深く目を通します。悪い履歴書を送ろうとする人はいないので、バックドア・レファレンス・チェックもします。応募者から聞いた人ではないが、連絡のとれる人に話を聞くのです。相手が100％前向きな推薦はできないことを伝えたい場合、あいまいにか遠回しに意見をくれます。全面的に推薦するわけではないと聞かされた場合、それについてしっかり聞き入れます。誰かがほんのわずかでもネガティブなことをほのめかしたのに、私が採用を進めたときは、必ず悪い結果になります。

解雇の成功事例

解雇にはいいやり方と悪いやり方がある

　わが社も以前、その地位にふさわしくない幹部を解雇するのに1年かかったことがある。そんなに長くかかったなんて恥ずかしいかぎりだ。決断力があるのが私の最大の長所である。それなのに、この決断はどうだ？　私はただ先延ばしにしつづけた。その理由の1つは、誰かを解雇するのが本当に厳しい仕事だからだ。誰だって人間だ。従業員から生活の糧、場合によってはプライドや自意識まで奪うことを伝えたい人などいない。

　いまは解雇するのに適切なタイミングではないと、もっともらしい理由を並べ立てることはたやすい。その人物を必要とするプロダクトが発売されたり、イメージを一新したりする予定があるからだ。あるいは、四半期末が迫っていて、チームがばらばらになるかもしれないからだろう。もうすぐ休日があるので、解雇するのによくない時期かもしれない。私の場合、後任を探すあいだ、その重要な役職が空いてしまうのが心配だった。

　しかし結局、適切な人材を探すあいだ一時的にその役職が空いてしまうより、ふさわしくない人物をそのままにしておくほうが、はるかにわが社の損失だった。みなさんには私よりも勇気をもってほしい。それが、自分にとっても解雇される相手にとっても正しいことなのだ。

　相手も自分が役職にふさわしくないことを自覚していると判明する場合もあるので、実際は肩を叩かれることで肩の荷が下りるかもしれない。誰かを辞めさせるのはかんたんではないとはいえ、丸く収まるやり方もあれば、ひどいことになるやり方もある。

・まず、その人物の職務が本当に適切ではないかを考える。あなたの会社には合っているが、役職には合っていない場合、もっとふさわしい仕事はないだろうか?

・その人を辞めさせる決断をしたとしても、相手には青天の霹靂ではないはずだ。それまで定期的に仕事の出来がよくないことについて話していたので、彼・彼女らにも改善するチャンスはあったのだから。

・決断をしたら、自分の意見をくどくど語らない。もう勤務評価の段階ではない。うまくいかなかったことを掘り返しても、相手はただ気分が悪くなるだけだ。

・つらい仕事だが、ぐっと耐えて、迅速におこなう。決断に手間どっていると、会社に損害が生じる。

・解雇は必ず月曜日におこない、金曜日にはおこなわない。相手がその週を使って前進できるようにする。1週間の最後に解雇されると、相手は週末のあいだずっと思い悩んでしまう。

・適切な退職金を支給する。持ち株がある場合、きちんとその分の株式を与える。

■ 「話しあい」の仕方

シャシャンク・サクセナが手がけるVNDLYは、企業がさまざまな条件で労働者を管理できる、クラウドをベースにしたシステムだ（オクタも出資している）。シャシャンクがオハイオ州シンシナティで同社を起業したとき、最初に雇用した人材のうち、かなりの数が数カ月で離職した。

「テッククランチ[4]を読む人は、スタートアップは華やかで、一夜にして成功できると考える。そして、ここに来て、大変さに気づく」とシャシャンクは語る。ある人物がスタートアップのペースに合っていないと、はっきりわかったら、シャシャンクやマネージャーがその人物を呼び、率直な話しあいをする。

「まず、私たちは『これをあなたに求めています。これが現在のあなたです。この差を埋めないといけません。向上する気はありますか？』と伝える」。答えがノーの場合、シャシャンクは代案を伝える。妥当な退職手当と次の仕事のための前向きな推薦状のことだ。

「優秀だと思ったから、私たちはその人を採用した」とシャシャンクは語る。そのため、そのことを他社に誇らしげに語ってもらってもかまわない。「自分が足を踏み入れようとした世界がどんなところかわからず、向上できなくても、それでかまわない。私たちは今後の成功を祈っている」。

---

4 IT系のスタートアップやウェブに関するニュースを配信するアメリカのブログサイト。2022年に閉鎖。

第 4 章

資金調達

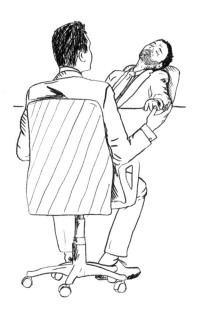

　自分のしていることはわかっているつもりだった。ビジネス書を何冊も読み、資金調達の売り込みに欠かせない「12枚の必須のスライド」も心得ていた。私たちの抱える問題、対応策、市場機会、競合他社についても詳細に語った。私はあの有名なサンドヒルロード[1]にあるベンチャー・キャピタルにいて、誠心誠意売り込んでいた。だが、デスクを挟んで対面にいる男性は居眠りをしていた。

　比喩ではない。彼は文字どおり、私のプレゼンの最中に眠っていたのだ。言うまでもないが、出資してもらえなかった。

　それは2009年の夏のことで、トッドと私はオクタの創業資金を集めようとしていた。だが、うまくいっていなかった。私たちは何十社ものベンチャー・キャピタルに売り込んだものの、どこも興味を示してくれなかったのだ。このつらさをわかってもらうためにつけくわえると、私たちは25社以上に出資を募ったのに、なしのつぶてだった。

　もちろん、当時は金融危機による不景気の真っただなかだった。しかし、それが問題ではなかった。投資家というものはたいてい、景気後退のときにチャンスを探している。問題は私たちにあった。私たちは入室し、握手を交わすと、プレゼンテーションを始めた。トッドと私は室内を行ったり来たりしながら、スライドの説明をした。ビジネス書に書いてあった形式に従ったのだ。しかし、どれもうまくいかなかった。

　そのとき私たちが売り込んでいた会社の時価総額は、いまでは400億ドルを超える。主要な各投資家

が、わが社の資金調達ラウンドの最初の4段階で、すべての資金を回収できたほど・・・・の成功である。自慢するつもりはない。私はただ、投資家からうつろな目で見られたからといって、自分のアイデアが悪いわけではないことを伝えたいだけだ。また、投資家が愚かだと言いたいわけでもない。むしろ、間違っていたのは私たちの売り込み方だった。

　夏が過ぎていき、私たちには選択肢がなくなっていった。そんなとき、起業したての新しいファームの話を耳にした。連絡してみると、会ってもらえることになった。最後のチャンスのように思えた。ミーティングに向かう途中（いまでもハイウェイ101のどこを走っていたかをはっきりとおぼえている）、心配したトッドが私に、まったく資金が集まらないかもしれない、と口にした。「そうしたらどうしようか？」。
　「きっとうまくいく」。私は楽観的にそう言った。私には考えがあった。「いつものプレゼンをやめて、ぶっつけ本番でやろう」。

　トッドは私をちらりと見ると、うなずいた。「たしかに、ほかのやり方を試さないといけない」。
　私たちはその新しいファームの入っているオフィスビルに車を停めた。ビルの入り口に紙が1枚テープで貼られ、そこにはファーム名が手書きで書かれていた。ベンチャー・キャピタルという大河の下流まで流れついた気がした。でも、私たちにはここしかない。
　会議室に通されると、そこにはコストコで売っているプラスチック製の折り畳みテーブルと、折り畳みのイスが数脚あった。壁にフラットスクリーン・モニターなどない。ノートパソコンとつなげるプロジェクターもない。私たちはいつもどおり握手を交わしたが、いつものように立ったままではなく着席した。トッドと私は顔を見あわせた。資料がないと落ちつかない。すると、トッドが深呼吸をしてから話しはじめた。

2　　ベンチャー投資家は、大学基金や年金基金などの大きな機関から資金、つまり大金を調達する。そして、その資金をスタートアップに投資する。彼・彼女らは、投資した会社がトータルで投資額の何倍も成長することを期待している。そのため私が、オクタは「すべての資金」を返済できたという場合、それは次のような意味になる。たとえば、ファンドに3億ドルの資金があり、そこから3000万ドルをわが社に投資したとすると、ファンドの清算期日までにその3000万ドルが3億ドルになるほど、わが社は成功したというわけだ。

「まず、わが社についてお話ししたほうがいいでしょう」とトッドは言った。

そうして口火を切ると、自分たちのアイデアに自信がある理由を説明した。私たちは細かいところまでしっかり理解していた（それまでに12枚のスライド資料を詳細に説明してきたおかげだ）。だが、これまでのミーティングで足りなかったもの、それは情熱だ。いままではわが社についての物語を語ってこなかった。それをわくわくするかたちで伝えるどころか、居眠りに誘うという正反対のことをしていた。

でも、このときは違った。ラストチャンスかもしれないと思っていたからでもあるが、私たちがロボットのように話さなかったのも功を奏した。私たちは自分たちの情熱をはっきりと表現した。そのおかげでがらりと変わったのだ。

ミーティングの最後に、そこにいたベンチャー投資家（ベン・ホロウィッツとマーク・アンドリーセン）は50万ドルの小切手を切ってくれた。それが私たちにとって初めての本格的な資金調達ラウンドだった。

◆

私たちの話は珍しいものではない。最初の売り込みで投資してもらえるほうが珍しい。だが、それぞれのミーティングは売り込みを改善するいい機会になる。私はそこから教訓を得るのにあまりに時間がかかったので、みなさんには私の味わった痛手を活かしてもらいたい。本章では、私のつらい経験だけではなく、成功した起業家が苦労して学んだ教訓もたくさん紹介する。

資金は、スタートアップのエンジンにとってガソリンだ。ガソリンなしでは車は走らない。起業してから10年ぐらいのあいだは、寝ているとき以外ずっと、どうやって資金を工面するかが頭から離れないだろう（たとえばオクタの場合、キャッシュフローがプラスになったのは上場してからだ）。新たな資金調達ラウンドに入って数週間はひと息つけるが、そのあと再び時計の針は回りはじめる。資金調達ラウンドは通常、だいたい1年半から最長でも2年で設計されている。本章では、広い範囲で資金調達する際、特に考えるべき重要な点をいくつか紹介する。

注意点として、ここではすべてベンチャー・キャピタルから資金調達をする、高成長のスタートアップを対象とする。キャッシュフロー経営の会社や自己資金による買収を目的とする会社の場合、これらの情報は必ずしもあてはまらない。

資金を調達する準備ができているか？

ベンチャー・キャピタルを探す前に、このチェックリストを吟味しよう

　自社が成長できる（時価総額が10年以内に現在の10倍になる）と思える段階になったら、ベンチャー・キャピタルからの資金調達を考えはじめたほうがいい。これはふつうでは達成できないような目標だ。では、どうしてそこまで高い目標を目指さないといけないのだろうか？

　それは、ベンチャー・キャピタルが投資する資金は、年金基金や大学基金などほかの機関や財団のものだからだ。こうした団体は、スタートアップへの投資はリスクが高いとわかっている。通常、その資産の約10％がいわゆる「代替資産」に割り当てられる。そこには未公開株式（この一部をベンチャー・キャピタルが扱う）も含まれている。スタートアップはリスクが高い（そのほとんどが失敗する）とわかっているのだが、ベンチャー・キャピタルが投資を失敗しても、数社の成功で得られる「桁外れの」リターンが相殺するという期待がある。そのため、ベンチャー・キャピタルは現在の2、3倍しか成長する可能性のない会社に興味を示さない。求めているのは、ポートフォリオにあるジューセロのような結果を補填し（詳しくは検索してほしい）、フェイスブックやテスラのような大成功を収める可能性がある、野心を秘めた会社なのだ。

　ここで、資金調達を始める準備が整っているかを見極めるチェックリストを紹介しよう。

☐ 獲得可能な最大市場規模（TAM）が非常に大きい（つまり、10億ドル規模）ので、すぐに自社を10倍に成長させ、できれば100倍も見込める、有望なアイデアがあるか？

□ 創設チームが全員そろっているか？　ある企業がそのチームを見て、「ああ、この人たちなら間違いなく実現できるだろう」と口にするだろうか？

□ 自分のアイデアがよいことを示す具体的な証拠はあるか？　すでに販売しているのなら、売上をけん引しているものを把握しておいたほうがいい。また、潜在顧客から熱心な感想がたくさん届いていることもある。

□ 自社がどんな会社で、どうして成功するのかについての物語はあるか？　それをすぐに説得力をもって語れるか？

□ 現実的なビジネスモデルがあるか？

□ これから10年、この仕事しかしないという覚悟があるか？　休暇もなく、週末もなく、誕生日も忘れ、眠れない夜がある覚悟はできているか？

　すべての質問の答えが「はい」だった方。おめでとう。あなたには資金調達を始める準備ができている。

■ 資金調達のロードマップ
売り込みの進め方

　資金調達の手順を進めるのに、私はとても明快な戦略をとることをお勧めする。自分が気に入るベンチャー・キャピタルのパートナー（組織ではなく人）を見極め、5社ずつのグループに分けてアプローチするのだ。

その際、リストのいちばん下から上位に向かって進めていく。

　たとえば、以下のような要領だ。

　1週目　11から15番目のファームに連絡し、アポイントをとる

　2週目　1週目の見直しをしてから、6から10番目のファームに同じようにおこなう

　3週目　さらに見直してから、1から5番目のファームに同じようにおこなう

　こうする理由は、ひどいと思うかもしれないが、11から15番目と6から10番目のファームを利用して、プレゼンを微調整するからである。11から15番目のファームとのミーティングによって、自分の売り込みでうまくいくこととうまくいかないことがわかる。それだけでなく、難しい質問に答える練習にもなる。こうした経験を活かし、自分の話術を洗練させる（スライドも修正する）。6から10番目のファームとのミーティングでは、あらゆる問題点が解決されたかどうかがわかるだろう。この機会を利用して60分のミーティングに磨きをかける。この10回のリハーサルを終えるまでに、あなたの売り込みは芸術の域に達していなくてはならない（言うまでもないが、最初のグループのファームに練習として利用したことが伝わってはいけない。ベンチャー・キャピタル業界は狭いので、うわさが広まってしまうからだ。さらに、もし1から5番目のファームに見送られた場合、6から15番目のうちの1社に主要な投資家になってもらうかもしれないからだ）。

　最後に1から5番目のファームとアポイントをとる。できるだけ各アポイントの日程が近くなるようにする。目標はそうしたプロセス（最初のミーティングから2番目の売り込み、その後のデューデリジェンス）をすばやく実行することだ。このプロセスの最終段階が「パートナー・ミーティング」になる。通常、これは月曜日におこなわれる。ここで、自分のスタートアップを売り込み、完全なパートナーシップに結びつける。あなたがその場を立ち去ったあと、相手は投資するかどうかをみんなで話しあう。

理想としては、1から5番目のファームとのミーティングを、それぞれ数日以内におこなうようにしたい。そうすれば、どのタームシート[3]もほぼ同時に届くだろう。最低でも同じ週に受けとれるようにする。1日か2日以内のほうがいい。そうすれば、できるだけいちばんよい条件で交渉できる（通常、条件概要書は48時間から72時間で、長くても「週末」で期限が切れる）。同時にたくさん届くほど、気に入ったファームに有利な条件で受諾してもらえる可能性が広がる。「ほかが興味をもっているかどうか」を確認するため、先方に翌週まで待ってもらうよう頼むことはできない（まして2週間待ってもらうなど問題外だ）。ベンチャー・キャピタルではお金を儲けるのが大事なのと同じぐらい、エゴが大きな役割を果たす。どこも二番手に甘んじる気はない。

■ TKAD（Time Kills All Deals）——時間をかけたら取引がだめになる

　営業の世界では「時間をかけたら取引がだめになる（TKAD）」といわれている。つまり、商談を長引かせ、顧客を躊躇させるのではなく、顧客の興味がいちばんあるうちに早く進めれば、契約を結べる可能性が上がるわけだ。

　同じことは資金調達にもあてはまる。そこには独自の営業プロセスのようなものがある。そのため、勢いが持続しないといけない。投資家と話しているあいだに、うまくいけば、あなたの会社への興味が高まっているのがわかる。1社また1社と売り込んでいくうちに、相手がほかの投資家からすでに自社の情報を聞いているのか、

3　タームシートとは、ベンチャー・キャピタルが投資の意向を示すときに送る「合意書」のようなものだ。あなたの会社をどれくらいの規模で、どのような条件で買いたいかが、そこに詳細に記されている。タームシートを受諾すると、その条件に同意したことになる。そうすると次に、双方の弁護士が実際の契約を締結する。

自社への関心の度合いが上がっているのかがわかるだろう。運がよければ、その勢いは資金調達のあいだも成長しつづける。そうして熱意が大きくなっていくと、投資家の食物連鎖の上へ進んでいき、うまくいけば、お気に入りのベンチャー・キャピタルの1つを射止められる。

　反対に、勢いが落ちているのを感じたら、6から15番目のファームからのタームシートを妥協して受け入れることを真剣に考えたほうがいい。勢いというのは儚いものだ。いったん消えはじめると、急速になくなっていく。そして、勢いはなくなってしまうと、もう戻ってはこない。創業者としてのいちばんの仕事は、常に会社をじゅうぶんな資金がある状態にしておくことだ。貧すれば鈍する。どんなベンチャー・キャピタルからの小切手でも、ないよりはましだ。音楽が止まったときに、座るイスがないのは避けよう。

投資家の吟味の仕方

単なるお金の問題ではない

　幸いにもたくさんのベンチャー・キャピタルからタームシートを受けとった場合、最も有名な会社か、いちばん高額な小切手や評価額を提示するファームを選ぶつもりではないだろうか？　だが、そうするのがい

いとはかぎらない。

　投資家とは長期にわたって人生の一部をともにすることをおぼえておいてほしい。自分のスタートアップに出資される資金は、ベンチャー・キャピタルから得る価値のほんの一部にすぎない。彼・彼女らはあなたの会社の役員になり、最も身近なアドバイザーになる（可能性が高い）。シリコンバレーには「配偶者とは別れられても、投資家とは別れられない」という言葉がある。さらに、自分の会社は自分の赤ん坊のようなものだ。うまくいけば、おそらくもう起業することはないだろう（いっぽう、ベンチャー・キャピタルは何十社、あるいは何百社ものスタートアップと関係をもつ）。そのため、投資家は賢明に選ぶことだ。

　投資家との会話で確認しておいたほうがいいことを次に紹介する。

・その投資家にあなたの業界での経験があるか？　経験があるなら、彼・彼女らはすぐに全力で取り組むことができる。彼・彼女らには、その業界がどう動いているか、どこにチャンスがあるか、どんなリスクについて考慮しておくべきかについて、貴重な洞察力がある。顧客を紹介してくれたり、すばらしい人材について助言してくれたり、あなたの利益になる広いネットワークがあったりするはずだ。そうした経験がなくても選ばない理由にはならないが、それでは理想的な相手とはいえない。

・その投資家は、自社と似たようなビジネスモデルの会社に投資したことがあるか？　そうした経験があるなら、自社のビジネスモデルを微調整したり、自分ではなかなか気がつけない問題を特定したりするのに力になってくれる。

・彼・彼女らの長所が自社の短所を補ってくれるか？　仮に自社がプロダクト開発に長けている場合、営業の経験がある投資家が望ましい。

マーケティングが得意な場合、エンジニアリングに造詣が深い人が好ましい。スポーツのチームを組むのと同じで、会社経営にはさまざまな能力が必要になる。全員が同じポジションではあまりうまくいかない。

　次に、投資家からは聞けない（少なくとも直接は語られない）情報をいくつか調べたほうがいい。投資家のポートフォリオに記載されているほかの創業者に連絡をとるのだ。できれば、経営に苦労している会社か、まったくうまくいかなかった会社がいい。その投資家が難しい状況にどう対処したかを調べよう。

・その投資家は協力してくれていたか？　それとも、状況が厳しくなると、創業者と連絡をとらなくなったか？

・支援する方法を見つけてくれたか？　それとも、投資家自身も答えを見つけるのに苦労していたか？

・創業者と厳しい話しあいになったとき、敬意をもって明快に話しあいをおこなったか？　それとも、叫び声をあげ、創業者を叱りつけたか？　互いの意思の疎通をはかろうとしているのに、それを理解してもらうことすら難しかったか？

・その投資家は、自分の役割が常にアドバイザーでなくてはならないことをわきまえていたか？　それとも、経営の実権を握り、みずから運営しようとしたか？

　こうした情報を手に入れてから初めてどのタームシートを受け入れるべきかを決める。

■ ベンチャー・キャピタル・ファンドは規模と同じく、創業年数も重要

　前にも述べたが、ベンチャー・キャピタルが投資する資金は、個別のファンドが出所になる。投資事業有限責任組合（ベンチャー・キャピタル用語で「LPS」という）が特定のファンドに出資し、そのファンドがスタートアップに投資する。同じ企業のファンドでもすばらしい結果を出すか、そこそこの業績になるかは、各ファンドが投資する企業しだいである。

　ファンドの寿命はざっと10年だ。ベンチャー・キャピタルはファンドの最初の3年で資金の半分をスタートアップに投資する（投資先となるスタートアップのリストをファンドの「ポートフォリオ」という）。次の3、4年で、ポートフォリオにあるスタートアップのなかでいちばん業績がいい企業に、残りの資金から倍賭けする。そして、ファンドの残り3年のあいだに、少なくともそのうちの1社で投資を大きく回収できることが期待される。ほとんどのファンドがここでリターンを得る。

　そこで、ベンチャー・キャピタルの候補を探す際、おぼえておいたほうがいい要素をさらに2つ紹介する。

1　ファンドの運用期間

　ファンドの「ビンテージ」とは、ファンドが設立された年のことだ。あなたの目標は、（前年ぐらいに設立されたような）最近できたファンドから支援を受けることだ。そうすると、ベンチャー・キャピタルが自社の初期の業績を評価して、中期となる3、4年のあいだにさらに投資してくれるだろう。前期の最後に支援を得ても、すばらしい業績を示す時間があまりないので、ベンチャー・キャピタルからの追加の投資（「倍賭け」の金）を得るチャンスを逃してしまう。

　資金調達したい金額に対して巨大すぎるファンドを避ける。たとえば、あるファンドに5億ドルの資金があり、あなたが300万ドルしか必要ではない場合、ファンドから大きな関心を払ってもらえない可能性が高い。成功するのに不可欠なファンドからのアドバイスと支援が得られないのだ。自社よりはるかに大きな企業がそのファンドの支援を求めている場合、あなたの会社は彼らが時間をかけるのに値しない規模になる。いっぽう、2億5000万ドルのファンドから1000万ドルを投資してもらった場合、あなたの会社は間違いなくそのファンドにとって重要な存在になり、継続して支援してもらえる可能性が高い。

■ 途中で乗りかえない
協働したいパートナーを知っておく

　創業者は、ベンチャー・キャピタルを一般企業のように幹部が交代するものとして考えるミスを犯すことが多い。あるパートナーに話をもちかけ（おそらく、その人物をあたたかく紹介されたのだろう）、自社の売り込みをかける。だが、その人物との関係ができたあと、本命である同じファームに在籍する別のパートナーを紹介してほしいと依頼してしまうことがある。しかし、こうしたことをしてはいけない。

　ベンチャー・キャピタルは会社ではない。全員が独自のポートフォリオをつくる個々のパートナーが集まっているだけだ。[4]彼・彼女らもたい

4　「ポートフォリオ」という言葉が誤解を招くのは、ベンチャー・キャピタル業界では、3つの違うものを表すからだ。1つは、特定のパートナーの支援を受けている会社。1つは、ベンチャー・キャピタルから支援を受けている会社。1つは、（ベンチャー・キャピタル内の）特定のファンドから投資を受けている会社である。

ていかなりエゴが強い。別の人を紹介してもらおうとするだけでは、いい関係を築くことはできないだろう。仮にあるパートナーといい関係にあるが、ほかのパートナーに興味があるとしたら、最初から本命の相手を紹介してくれるようすぐに頼むことだ。特に本命の相手が自社に適している合理的な理由を説明できるのであれば、相手があなたに時間を割く前にそうしよう。

　補足すると、できるだけ社内でいちばん上級のパートナーに投資してもらうと有益なことが多い。彼・彼女らは創業資金もその後の投資の見込みについても力をもっている。ほとんどのベンチャー・キャピタルでは、中心となるいくつかのグループが支援先を決めるわけではない。むしろ、パートナーたちは（有限の）資金をどこに投資するかを自分たちで話しあう。そのため、あるパートナーの序列が高ければ高いほど、意見を通せる可能性が高いことは想像にかたくない。

　実際、ミーティングの日にベンチャー・キャピタルの上級パートナーに嫌なことがあったというだけで、有望なスタートアップがシリーズB（資金調達ラウンドの第2段階）でチャンスを逃すのを目の当たりにしたことがある。そのスタートアップの担当パートナー（さらに、その委員会における主要な投資家）は社内の地位が低かった。

　シリーズBで投資するかどうかの判断は月曜日のパートナー・ミーティングでおこなわれた。残念なことに、その週末、上級パートナーの高級スポーツカーが大破してしまっていた。ミーティングに到着した彼は一触即発の状態だった。パートナーたちは、上級パートナーと地位の低いパートナーのポートフォリオから1社ずつ、合計2社についての投資決定をする予定だった。ミーティング開始から3分後、なんの前置きもなく、上級のパートナーが自分のポートフォリオの会社には投資するが、もう1社にはしないと告げた。それだけで、話しあいは終了した。

　ベンチャー・キャピタルのパートナーの気分のような気まぐれなもので、自社の運命が決まると考えるとぞっとするが、現実にそうなのだ。

この話の場合、そのスタートアップにとって、これが深刻な分かれ道になった。彼らはなんとかしてシリーズBの資金を調達しようとした。

　というのも、最初のラウンドでの主要な投資家が続くラウンドで投資をやめたら、ほかの投資家からこの企業はだめかもしれないと疑われるからだ。結局この会社は、主要ではないファンドと、はるかに短いラウンドを含むひどい条件で同意せざるをえなかった。ほどなくして、この会社は大企業に買いたたかれ、事実上、スタートアップとして終わりを迎えた。

冷静さを保つ

居心地の悪さに慣れる

　シリーズC（資金調達ラウンドの第3段階）に入ろうとしていたころ、トッドと私はシリコンバレーでも一流のベンチャー・キャピタルとの面会に訪れた。私たちは見たことがないほど長いテーブルがある巨大な会議室に通された。テーブルの向こう側には同社の20人が座っていて、ビジネス誌でしかお目にかかったことがない人もいた。いっぽう、こちらはというと……トッドと私しかいない。まさに蛇ににらまれた蛙だ。

　すると、同社で最上級のパートナーが入室した。彼はテック業界の伝説の人物で、シリコンバレーでも歴史に残る重要な投資をおこなってきた。彼はテーブルのあちら側に向かわず、私たちのところにやってきて

イスを引くと、すぐ隣に座った。気さくでくつろいでいて、いくつか
ジョークまで飛ばした。室内の空気がすっかり変わった。取り調べのよ
うな雰囲気が消え、対等な空気が吹き込んできた。

　売り込みをするミーティングはいつだって怖い。そうならないはずが
ない。高級車がずらりと並ぶビルを訪問し、頭を下げると、そこはたい
ていガラス張りの壁と羽目板の床でできた目を見張るようなオフィス
で、あなたは何億ドル（ときには何十億ドル）を自由に使える人にお金をく
ださいとお願いする。

　相手はあなたの人生をまばたき1つで変えられる。もちろん、しっか
り準備しておけば、緊張を抑えるのに役立つ。完璧になるまでピッチ
デックを練り直し、眠っていても答えられるまで、考えられるどんな質
問にも答えられるよう練習する。そのファーム（パートナーと社員、現在の
ポートフォリオ、投資筋など）について調べていたので、相手の心に響くポ
イントをまっすぐ突くこともできる。

　しかし、どれだけしっかり準備をしても、予想外のことは起こる。別
の売り込みのミーティングでの話だが、トッドと私が到着すると、上級
パートナー（私たちが口説き落とさなくてはいけない人物）が電話をかけにいく
とわかった。私たちの不安は天井を突き抜けるほど跳ね上がった。この
人は、私たちが伝えなくてはいけないことをすべて理解してくれるだろ
うか？　だが、そのミーティングはうまくいった。このパートナーは巧
みな手腕で離れたところからミーティングの指示を出し、私たちは重要
な点すべてに触れることができた。後日、彼は私たちを支援すると決め
てくれた。

　というわけで、予期せぬ事態に備えておこう。いざ、そうなったとき
にもうろたえず、受け入れることだ。そうすればきっと、思っているよ
りもうまくいくだろう。

ベンチャー・キャピタルの城を落とす鍵
投資家に話をもちかける前に必要な4つの準備

エレベーターピッチ[5]

　夢にまで見た投資家とエレベーターに乗りあわせる状況を想像してほしい。エレベーターに乗っている約30秒のあいだに売り込みの約束を取りつけるには、どう話せばいいだろうか?

　大げさにべらべら話すわけにはいかない。そのかわり、自社について少ない言葉で引きつける話をして、相手にもっと知りたいと思わせないといけない。その内容はおそらく、市場とアイデアについてだろう。あるいは、これまでの業績についてかもしれない。具体的な話にして、専門用語はなし。中学2年生でもわかるように話そう。

　エレベーターピッチを書きだして暗記しておくことだ。いつ投資家候補に遭遇するともかぎらないのだから。

エグゼクティブサマリー

　これは、自社に関する重要な情報をすべてまとめた文書(メールに添付できる1、2ページのPDFデータか、提出できる書類)か短い映像(長くても3分以内)のことである。そこには、大きな展望、取り組んでいる課題、開発中のプロダクト、創設チームのメンバーと重要な社員の名前と略歴、獲得可能な最大市場規模、自社のビジネスモデル、競合他社、有名なエンジェル投資家、資金調達したい金額を記載する。

　エグゼクティブサマリーの目的は、読んだ人の興味を引き、ミーティングのアポイントをとりたいと思わせることだ。必ず魅力的なかたちにしよう。旅行のパンフレットのように、読んだ人にもっと知りたいと思わせるのだ。

　ピッチデックはメールで送らないこと。投資家から頼まれたら、エグゼクティブサマリーを送るようにする。ピッチデックを送るようせがまれたら、

5　短時間で、自社や自分について説明すること。

間違いなく相手に興味をもたれている。相手がすべてを知りたいようだったら、実際に会うスケジュールを組むようにする。

ビジネスモデル

　社内のビジネスモデルは、これから2年間の自社の詳細な財務状況（支出、社員数、予想売上高、調達した資金がショートするまでの予想期間）が記載されたスプレッドシートだ。だが、投資家に渡すのは、それの簡易版になる。現金がいくらあるか、月次（あるいは四半期）の資金回転率、現在の社員数、四半期ごと2年分の予想顧客数（定期購買者数、売上高など重要な指標ならなんでもかまわない）を列挙する。

　自社のビジネスのイメージや成長しそうな規模を投資家に伝えるために、3年から5年というおおまかな範囲での社員数、収益、フリーキャッシュフローなどを自由に追加してかまわない。これは詳細にする必要はない。こうした情報は厳密には知ることができないと、投資家もわかっている。とはいえ、そうした数値になった経緯は説明できるようにしておくことだ。

ピッチデック

　たいていのピッチデックは標準的なかたちをとる。そこには、展望、課題、市場規模と市場機会、プロダクト、ビジネスモデル、牽引力（そのほかの検証内容）、チーム、競合他社、財務、資金調達額のスライドが含まれる。ただし、簡潔にまとめておくことだ。スライドは最大でも12枚までにする。スライドが30枚もあるピッチデックなど誰も最後まで聞いてくれない。

　さらに重要なのが、（トッドと私がベンとアンドリーセンに売り込んだときのように）ピッチデックなしで自分たちの話をできるようにしておくことだ。これはいくら強調してもしすぎではない。投資家の集団の前に立つときは、物語を語れなくてはならない。みずからのビジョンを示して、相手を魅了しなくてはならない。これがすばらしい機会だと説得し、どうして自分たちだけがこの仕事に取り組んでいるのかをわかってもらうために、自社の方向性を伝えるのだ。物語を語る名人になると、ピッチデックのスライドはあなたの話の背景にすぎなくなる。

　最後に、あなたのすばらしい話をおぼえておいてもらうために、ピッチデックをまとめた書類を持参して渡すといいだろう。

■ オクタの最初のエレベーターピッチ

ビジネス・ソフトウェアはクラウドに移行しています。そして企業には、社員がシステムへログインするのをすべて管理する方法が必要になるでしょう。

これはすでに大きな問題になっていますが、企業がオンライン上のツールを使って運営するようになると、もっと大きな問題になっていきます。

オクタはこれまでにないオンライン集中型の「ID管理」システムを開発しました。トッドと私は、セールスフォースの立ち上げから株式公開まで携わりました。私たちはこうしたオンラインのインフラストラクチャー開発の方法を心得ています。

さらに、わが社はエンジェル投資家からすでに100万ドルの創業資金を調達しました。社員数は12人、顧客数は10社、年間収益は10万ドルで、100万ドルへの道筋は見えています。

自社の物語の名人になる

「何も伝えられないのなら、何も売れません」

「ストーリーがすべてです」。これは、GEの元副会長で、GEビジネス・イノベーションズを経営していたベス・コムストックの言葉だ。「何も伝えられないのなら、何も売れません」。

ベスは一流のマーケターだ。彼女はまず公共ラジオの物語作家としてキャリアをスタートし、その後、テレビの仕事をするようになった。GEに入ったあと、すぐに最高マーケティング責任者に出世した。

ベスはGEビジネス・イノベーションズで、投資家たちが自社とローンチしたいプログラムについて話す際に、よくある失敗を犯すのを目にした。ベスは言う。「創業者やリーダーが自分たちのテクノロジーの『あっと驚く』部分ばかり話す姿をよく目にしました。彼らは、相手に興味をもってもらわなくてはいけないということを見失ってしまうのです」。

自分の物語の名人になることは、資金調達に欠かせないが、ほかのことでも重要になってくる。その物語を、初めて面接する社員にも伝えなくてはならない。顧客にも、特に実績のない会社にお金を出すリスクをとってくれた初期の顧客にも話す。メディアに向かって、カンファレンスで、パートナー候補や自分の家族にも話す。

ここで、グダーの創業者、ジャスミン・クロウによる魅力的な起業の話を紹介しよう。アトランタを拠点とするBコーポレーション[6]のグダーは、食品ロスの削減と飢餓の根絶を目指している。私はベスに頼んで

6　環境や社会に配慮した事業をおこない、透明性や説明責任などの厳しい基準をクリアした企業。

ジャスミンの話を聞いてもらい、どうしてそんなに印象的なのか判断してもらった。

◆

ジャスミンの物語

　2013年、私は自宅の外にいるお腹を空かせたホームレスのために炊き出しを始めました。私はお金持ちではなかったけれど、料理はできたから。フェイスブックに「次の日曜日、ダウンタウンの通りで炊き出しをします。よかったら参加してください」と投稿した。20人ぐらいのボランティアが集まってくれた。スパゲッティをつくって、持参したビーツピルのスピーカーでジャクソン5やアレサ・フランクリンやジェームス・ブラウンの曲をかけた。古きよき日曜日のディナーという感じで。テーブルとイスとテーブルクロスも借りてきて、レストランみたいにした（①）。

　そのころ、食品ロスについて調べはじめて、本当に驚いた。私が5ドルの寄付金を集めて、さらに自腹を切り、500人分の炊き出しをしているのに、廃棄されている食品の量を知って信じられなかった。それと同時に、フードデリバリーのアプリが登場しはじめた。私はドアダッシュ、ウーバーイーツ、ポストメイツ用の紹介コードを取得した。そして、「レストランで余った食品を必要な人に届けるのに、こうしたものが必要ではないか」と思いはじめた。

　それから、高学歴で、映画会社で働いていた大学時代の友人が、いまは失業中でお腹を空かせて困っているのを知った。それが転機になって、私はこのアプリをつくらなくてはいけないと決心した（②）。

　私はグーグル・フォー・スタートアップがジョージア工科大学でおこなったハッカソン[7]に参加した。このアプリのイメージを小さな画面で見

7　プログラマーが集まって、集中してプログラムを開発するイベント。

せていき、エンジニアと開発に取り組みはじめた。

　すると、アトランタ空港が廃棄物ゼロの施設を目指すイノベーションプログラムを始め、それを達成するために新規契約の募集をかけた。私は次のように言って売り込んだ。「ここは世界でも有数の利用客の多い空港で、115軒を超えるレストランがあります。一日が終わると、地域の人に提供できる食品廃棄が出ます」と。空港はジョージア州カレッジパークにあり、ここでは約65％の子どもが貧困にあえいでいる。「空港のまわりには、こうしたお腹を空かせた子どもやその家族がいるのに、ここから食品廃棄を出す理由はどこにもありません」（③）。

　私たちに協力してくれたレストランは寄付金控除を受けられただけではない。私たちから食品廃棄量のデータももらえた。すると、彼・彼女らは食品の生産量を減らすことができ、コストの削減につながった。私たちはまず、25軒のレストランを展開する事業者とともに取り組みはじめた。次の事業者ミーティングで、彼・彼女らはほかの事業者に「こうしたことに気づいてから、3カ月で8万ドルも節約できた」と言った。それが呼び水となって、ほかの事業者も加入しはじめた（④）。

■　①〜④に対するベスの意見

①創業者は物語の一部です。ジャスミンが日曜日に活動を始め、ジャクソン5の曲を流し、スパゲッティをつくったこと――私は、ジャスミンに関わるこうした事実や彼女の熱意を忘れないでしょう。これだけですでに、彼女について伝わってきます。
②物語には個人に関する信ぴょう性が欠かせません。ジャスミンの物語を聞くと、彼女が有言実行だと信じられます。
③物語には願望がなくてはいけません。まだ実現していなくてもかまいません。創業者はこうしたことに神経質になることがあります。というのも、ビジョンを描くとは同時に、「力を貸してほしい」

と伝えることだからです。心を開き、目標はあるがまだ志半ばであることを伝えると、人はその誠実さに心が動かされます。

④ジャスミンはビジョンを打ち出しました。自分の物語と行動が「ここが私たちの向かう先だ」と伝えることです。ジャスミンは炊き出しに関心を向けるだけでなく、企業にとって生産に関する解決策も提示しました。みなさんはこう思いはじめるでしょう。「わお、ジャスミンなら未来を築ける」と。

■ 口説き落とす秘訣
投資家から1000万ドルを調達した創業者の教訓

　ゴールドマンサックスとベンチャー・キャピタルのベンロックで働いた経験をもつイリヤ・レフトフは2014年、機械学習によって生成する知能を顧客に向けてつくるためにクラフトを設立した。資金調達はかんたんではなかった。「100人に売り込んでようやく1人がうなずいてくれた」とイリヤは述懐する。だが最終的に、シリーズA（資金調達ラウンドの第1段階）で1000万ドルの資金調達に成功した。どうやったのだろうか？

　自説を順序だてて説明することに関して、彼が身につけた重要な3つのことを紹介する。

■ この先に待ち受けるすばらしい未来（大きなリターン）を描く

　「ベンチャー・キャピタル時代に学んだのだが、契約を結ぶ大きな決め手になるのは、すごい結果になるかもしれないという考え方だ。大きいではなく、かなり大きいでもない。驚くほどの大成功だ」とイリヤは言う。ベンチャー・キャピタルには、自分たちの出資者に必要なリターンを出すために、そうした大きな成功が欠かせない。「ベンチャー・キャピタル時代の上司であるトニー・サンが、訪問したスタートアップに問

いただしていた質問がある。それは『偉大なる輝きはなんだ？』というものだ」。その意味をイリヤが説明する。創業者は、収益が5億ドルで、時価総額100億ドルの上場企業を、投資家がはるか未来に見据えるよう売り込む。売り込みをまとめるとともに、地平線の先にある「偉大なる輝き」を伝える方法を見つけよう。

■ 類比を使う

　投資家であっても、創業者の頭のなかのイメージを思い浮かべるのは大変だ。「現在は存在しないが実現できること、さらにはいつの日かそれが現れること、それらの理由について主張を立てるといい」とイリヤは語る。それには類似したものをあげるのがいい。スタートアップから「……のためのウーバー」や「……のエアビーアンドビー」という説明をよく耳にするのはこうした理由からだ。イリヤの場合、クラフトをジローとトゥルーリアにたとえたが、それはファームに対する説明だった。「私は『ご覧ください。こうした分野ではすでにうまくいっています。同じようなものが私の分野でもうまくいくか、それを私はやろうとしているのです』と言った」。

■ 情熱的になる

「人はポジティブなエネルギーを好む」とイリヤは指摘する。「熱意にあてられると、人はわくわくして、思わず『この人が話していることはまったくわからないが、もう一度会って詳しく知りたい』と言ってしまう」。もちろん、正確な分析や説得力のある主張も欠かせない。それから、自分の感情を偽ってはいけない。もともと陽気なタイプではないのなら、そんなふりをしないことだ。自分にとって自然に感じる方法で、興奮を伝えよう。

　つづけて、私の経験からもう2つ追加する。

■ はやりの言葉ではなく自分の言葉を使う

　自分のアイデアを熟知している印象を与えたり、顧客のニーズや抱えている悩み、あなただけが提供する魅力、今後の大きなチャンスについてはっきり説明できたりすると、投資家の反応はよくなる。積極的に売り込む姿勢ではなく、本物であることに意識を向ける。

■ 顧客こそ最大の支援者であることを認識する

　投資家に顧客の連絡先を伝えても、一流のベンチャー・キャピタルはそこに記載されていない人と密かに話をする。これは実際にあった話だが、起業したてのころ、私たちを支援するというベンチャー・キャピタルの担当から、まず顧客の連絡先を1ダースほどたずねられた。後日、どうだったかとたずねると、彼は「悪くなかった」と言って続けた。「でも、本当に価値があったのは、私が独自に探した別のオクタの顧客32社でした」。

クズと信念は隣りあわせ

不屈の技法

　資金調達について、私のお気に入りはボックスのアーロン・レヴィの話だ。レヴィは南カリフォルニア大学の学生だったころ、高校時代の友人のディラン・スミスと、あるビジネスのアイデアを思いついた。それ

は、オンライン上でファイルを保存し、共有できるようにするというものだった。いまではあたりまえになっているが、これは2000年代初めではまったく新しいアイデアだった。

レヴィとスミスは、ファイル交換に使っているシステムがスムースではなくてイライラしていた。そこで夏に、シアトルにあるディランの実家の屋根裏部屋に閉じこもって、ざっと計画を立てた。(マイクロソフトのおかげでたくさんいた) 地元の投資家に連絡をとったが、レヴィの言葉を借りると、「実のところ、全員に断られた」という。投資家候補たちを責めるわけにはいかない。レヴィとスミスはまだ20歳で、見た目は12歳ぐらいだったのだ。「どんなプロの投資家も安全策をとった」という。

あるとき、彼らはマイクロソフトの共同創業者、ポール・アレンの自宅の住所を見つけだした。そして、自分たちのビジネスプランを印刷し、アレンの家の玄関に置いておいた。だが、なんの返事もなかった。今度は、マイクロソフトの代表ファックス番号 (そう、2000年代初期にはファックスがまだふつうに使われていた) を調べ、ビル・ゲイツ宛てに計画書を送った。音沙汰はなかった。

あきらめずにいたら、マーク・キューバンのメールアドレスを見つけることができた。当時はまだシャークタンクの審査員ではなかったが、スタートアップについて多くのブログ記事を書いている有名な起業家だった。彼らが自分たちのビジネスプランを送ってみたところ、驚いたことに35万ドルの小切手が返ってきた。

いともかんたんに。

この話で私の好きなところは、創業者はどうしようもない人間でなくてはならない点だ。多くの人にとって、レヴィとディランには何十万ドルも要求するだけのビジネスはない。しかし、そんなことでは彼らは立ち止まらなかった。

自分たちにはすばらしいアイデアがあり、代表番号でビル・ゲイツ宛てにファックスするような愚かな人間に見えても気にしなかった。そし

て、どうなっただろうか。彼らは大学を中退し、起業するだけの資金を手に入れた。それから16年後、ボックスの時価総額は40億ドルになった。

売り込みをする創業者は、私たちがビジネスチャンスを査定していると考える。そのとおりだが、私たちは創業者自身も評価している。私たちを説得する能力がわかれば、誰かに何かを売る能力があるかどうかもわかる。あなたは自分のために働いてくれるよう相手を説得できるだろうか？　自分のプロダクトを使うよう顧客を説得できるだろうか？　私たちだけでなく、信じてもらえるようみんなを説得できるだろうか？
──マーク・アンドリーセン（アンドリーセン・ホロウィッツ）

第 4 章 | 資金調達

共謀は実際に起こるが、証明するのは難しい

ベンチャー・キャピタルにはほかの交渉相手を絶対に明かさないこと

アメリカでは価格協定は違法だ。会社が協力して、特定のプロダクトやサービスの価格を共同で決定することは禁止されている。これはベンチャー・キャピタルにも同じように適用される。ベンチャー・キャピタ

ルのあいだで、会社の価値をいくらにするか、その一部にどれくらい出資するかを決めることはできない。

でも、実際にはおこなわれているのでは？　私の口からは言えないが、そうしているといううわさが聞こえてくるとだけ言っておこう。

創業者としての目標は、自社が損害をこうむるという明白な理由があるので、ベンチャー・キャピタルにそうされるのを防ぐことだ。では、どうやって防げばいいだろうか？　それは、自分が交渉している相手を投資家に明かさないことだ。それ以外に、投資家があなたの会社の会談相手を知るすべはない。

もちろん、2、3人の投資家から、自社の交渉相手についてたずねられることはある。何気ない会話の体裁で聞かれると、ごまかすのも気が引けてしまうだろう。そこで、そうしたときに使う魔法の言葉をお伝えする。それは「ご想像のとおり、すばらしい会社からお声がけをいただいています」だ。これには気まずい空気にならずにすむ以上の効果がある。質問した相手に、駆け引きに気づいているとほのめかすことができるのだ。おそらくそれ以上は追究されないだろう。

この発言のせいでチャンスを逃しても気にしなくていい。実際には、事情をわかっているあなたに対して、相手の見る目が変わるだろう。さらに、もし相手があなたの会社に本当に興味があるのなら、どちらにしても投資してくれるだろう。

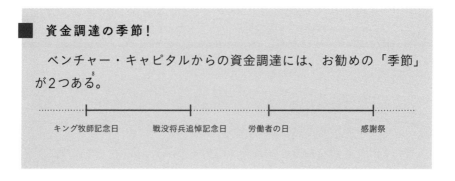

■ 資金調達の季節！

ベンチャー・キャピタルからの資金調達には、お勧めの「季節」が2つある。

| キング牧師記念日 | 戦没将兵追悼記念日 | 労働者の日 | 感謝祭 |

1月中旬（キング牧師記念日の前後）か9月上旬（労働者の日のあと）のどちらかにファンドを探しはじめよう。夏は休暇に入るので、新規の取引を結ぶ交渉の席につくパートナーを見つけにくくなる。同じように年末も、休暇の前後は勢いがなくなる。もちろん、ここで推奨することは絶対ではない。いつ始めてもかまわない。ただ、柔軟性があるのなら、こうした日付を参考にしてほしい。

■ 100万通りの断り方

　投資をしないと決めたベンチャー・キャピタルは、思わせぶりなデート相手のようなものだ。はっきり断る投資家はほとんどいない。売り込みに対して「資金調達の最中です」という返事があるかもしれない（たとえ、あなたの売り込みの話を聞いて、デューデリジェンスを始めていたとしても、それはふつう資金があるときにだけおこなわれる）。

「もう少し時間がかかります」と言われることもある。「いろいろ相談しないといけない」「いまはほかの取引で忙しい」と返答があるかもしれない。「今日は火曜日で雨が降っているので」と言われる可能性もある。いずれにしても、それは要するに「ノー」という同じ返答なのだ。

　かばうわけではないが、ベンチャー・キャピタル側も放置するつもりはないのだ。あからさまな拒絶を避けるのは人間のさがだ。だがそれ以上に、ベンチャー・キャピタルはあとに引けなくなるのを恐れる。彼・彼女らはFOMOのなかを生きている。あなたの会社が急に注目を浴び

8　　キング牧師記念日は1月の第3日曜日。戦没将兵追悼記念日は5月の最終月曜日。労働者の日は9月の第1月曜日。感謝祭は11月の第4木曜日。

9　　fear of missing out の略。チャンスを逃すことへの不安のこと。

た場合、現在のラウンドか次のラウンドで参加できるよう可能性を残しておきたいのだ。

　そのため、前にも述べたが、時間が最も貴重な資産であることをおぼえておいてほしい。自社が気に入られているかを気にして時間を無駄にしてはいけない。デートと同じように、結果はいずれわかる。何度かミーティングを求められたら、最終的にパートナーたちに売り込むことになる。

　だが、とらえどころのない回答やあたりさわりのない返答はあってもその後の動きがない場合、その相手は後まわしにして次に進もう。

過小評価される創業者が不利な状況をくつがえすには

暗黙の偏見にあらがう5つの方法

　資金調達は楽ではないが、調査によると、全体的に女性や有色人種のほうが大変だという。私にもこれはよくわかる。トッドと私が資金調達をしているあいだ、私たちが白人で、スタンフォード大学やMIT、カリフォルニア工科大学といった学校に通っていたことは、(まずは話を聞いてもらえるなど) 無数のかたちで、間違いなく売り込みを楽にしてくれた。

　ベンチャー業界における認知バイアスと、それが投資先にどう影響するかは、これまでにもたくさん語られてきた。多くのベンチャー投資家は、意識しているとはかぎらないが、リスク感覚を軽減するために2つ

の要素を頼りにしている。

　それは、あたたかい紹介とパターン認識である。この2つがリスク回避型で原初的な、人間の「は虫類脳」に訴えかける。知人から紹介された人には「社会的証明」がある。接点がまったくない人は未知数だ。そのため、きちんとした人脈のない人にはかなり不公平ではあるが、あたたかい紹介はかなり有効になる。

「パターン認識」とは、未来予測するために過去の知識を使うことを指す。たとえば、運転について考えてみよう。初めて路上に出たとき、あらゆるものに注意を払っただろう。しばらくすると、パターン認識のおかげで、意識しなくても安全に処理できるもの（ふつうの交通の流れ）と、対処できるよう意識しなくてはいけないこと（道路に飛び出してきた子ども）を脳が学習する。

　創業者が入室したとき、ほかの成功した創業者と似たような感じがすると、ベンチャー投資家は売り込みに対して心を開きやすい。創業者がまったく見慣れない場合、ベンチャー投資家は疑問を抱きやすくなることがある。

　ベンチャー投資家の投資の多くは直感によるものだ。投資家はたくさん計算するが、結局のところ、株式市場と同じように、誰が成功しそうなのかを経験を踏まえて予測しているにすぎない。無意識の偏見という強固な壁を乗り越えるためには、次のテクニックを頭に入れておこう。

■　相手について調べる

　共通の話題を生む方法を探る。ひょっとすると、売り込みをかける投資家とは、大学や大学院が同じだったかもしれない。地元が同じではないだろうか。共通の趣味や関心があるかもしれない（ソーシャルメディアでヒントを探そう）。こうした要素があると、「未知数」の存在から親しみやすい人に近づける。

■ 信用に値する属性を強調する

　学位、勤務先、役職、受賞歴など、仕事でも学校でもスポーツでもかまわないので、信頼性をはっきり示せるものを前面に押し出す。そして最後に、あなたの人脈のなかで売り込み相手が信用できる人や、あなたの身元を保証する人を強調する。

■ 口コミに頼る

　あなたより先に資金調達をした女性の創業者、黒人やラテンアメリカ系の創業者は、過小評価されがちな創業者をフラットに見る実績があるファームはどこか、どのファームとはアポイントをとる意味がないかを心得ている。そうしたネットワークに入れば、時間を節約できる。

■ 相手の疑問を予想し、満点の回答をする

　調査によると、投資家は、男性の創業者に対しては利益を得るチャンスについて質問し、女性の創業者に対しては損失を回避する方法についてたずねる傾向があるという。こうした考え方の違いのせいで、女性には最初から悪い運命が影を落としかねない。損失を出すかもしれないと思う相手にお金を預けたい投資家がいるだろうか？　だが、これを回避する方法がある。調査によると、話題を変え、利益を得る機会について話をすると、最終的にもっと多くの資金を調達できるそうだ。

■ ボディランゲージをマスターする

　投資家との経験がすばらしいものだけだといいが、おそらく何度か嫌な思いをしたことがあるだろう。投資家のなかには好戦的になり、売り込みや創業者を攻撃するのが仕事だと思っている人がいる。こうしたことに揺さぶられない方法を身につけよう。常に自信、熱意、不屈のエネルギーを見せるのだ。投資家は意識していなくても、ボディランゲージ

や表情や声のトーンといった非言語的サインに気がつく。投資家は、創業者から覇気のなさを嗅ぎとると、起業したばかりの厳しい状況に対処できるのか疑問を抱くが、顔色1つ変えずにやられている姿を見ると、感心することも少なくない。

なんとなく資金調達をしない

身を守るためにもしない

ベンチャー・キャピタルとは戦略的な資金である。手持ちの貯金では達成できないような特定の目標を成し遂げるために、将来見込まれる収益と結びつけて資金を調達する。

たとえば、新しい市場に参入したいとする。あるいは、いまはまだ需要がないが、数年以内に需要が生まれる新プロダクトに取り組む時期がきたと判断したとする。これらは投資を求める正当な理由になる。こうした計画によって自社が強化され、強固になるからだ。

では、ベンチャー・キャピタルから資金調達をすべきではないケースを紹介する。それは、うまくいっていないとき、自社のビジネスモデルが

10　投資家のなかには、そうしたふるまいを正当化する人もいる。創業者というのは仕事柄、嫌なやつに遭遇することがあるので、それに対処できるのか試しているというわけだ。もちろん、当の投資家が嫌なやつという場合もあるが。

わかっていないとき、成果が出る前に資金が枯渇しそうなとき、である。

　会社経営がうまくいっていない場合、ベンチャー・キャピタルは助けにならない。ただ問題を先延ばしにするだけになる。それでは、財務に関して健全な判断を下せていない人に金を与えるようなものだ。そのお金があっても、間違った選択を続けられるだけだろう。つまり、お金では自社の問題を解消できない。お金はただ、すでにあるものを増幅するだけだ。

　もし万事快調で、順調に進んでいて、運営もうまくいっているのなら、外部から資金を注入すると成長が加速するだろう。

　仮に、万事不調で、組織は機能せず、根本的な問題を特定していないとしたら、お金が入ってきても問題から逃げつづけるだけだ。問題は解決されず、ただ悪化するだろう。そのため、さらに資金が必要だと考えはじめたら、状況を分析しよう。対処していない本質的な問題がある場合、まずはそれを解決することだ。

■ 自己資本での経営を守るために
必ずしもベンチャー・キャピタルで解決できるわけではないから

　エイミー・プレスマンとその夫であり共同創業者のボルゲ・ハルドは、2001年に2人が創設したメダリアを自己資本で経営するつもりはなかった。ドットコムブーム後期の活況にわくなかで起業したほとんどの会社のように、2人もベンチャー・キャピタルから資金を調達することを考えた。

　だが、アメリカ同時多発テロ事件が起きた。メダリアは顧客の体験をリアルタイムに落とし込むために生まれ、接客業を対象産業の1つとしていた。だが、テロ事件によって、その業界はほとんどがだめになり、ベンチャー市場も壊滅的な打撃を受けた。「9.11でインターネットバブルの空気は吹きとばされた」とエイミーは言う。

　無駄をなくす迅速な対応を迫られた。「家を売り、貯金を崩して生活

した」とエイミーは言い足した。何もかも規模を縮小しなくてはならなかった。プロダクトの数もスタッフの数も運営コストも減らした。

　めちゃくちゃな状況を強いられたが、やがて明るい兆しが見えてきた。メダリアは自己資本で10年間存続するほど顧客から支持されたのだ。エイミーはその過程で、スタートアップの世界ではあまり知られていないことに気がついた。それは、顧客に販売するには、投資家に売り込むのと同じだけ時間がかかるということだ。そうするとその後、創業時と同じように会社を所有できる。ベンチャー・キャピタルから資金を調達していたら、そんなことはありえない。

　メダリアは2011年にようやく資本市場に目を向けた。ソーシャルメディアが台頭し、メダリアのプロダクトもすぐに新しい方向に拡大しなくてはならなかったからだ。そのころには経営も順調で、売り込みをかけた6社のうち5社からタームシートを受けとった。これが、有利な条件を得るうえでかなり後押しになった。2021年、同社は64億ドルで売却された。

■ エイミーから学ぶ自己資本で経営するための5つの秘訣

1　自社のプロダクトに惚れ込んでくれる潜在顧客を見つける。「これができないと、おそらく別のビジネスを探すことになる」。

2　顧客の要望だけではなく、顧客が喜んで支払うものを知るために、顧客との距離を近くする。「顧客が渋々支払うようなプロダクトに長い時間をかけてはいけない」。

3　海外の開発業者を使うとコストを下げられることを知っておいたほうがいい。このことは、その土地について知っていれば役に立つ。メダリアはノルウェー（ボルゲの出身地）とアルゼンチン（エンジニアの責任者の出身地）のチームと仕事をした。

4　海外に発注するときには、特にグーグルやフェイスブックといった巨大企業との競合も視野に入れておく。費用の面では大企業に太刀打ちできないが、提示する仕事の質では張り合うことができる。大企業の仕事では、海外の開発者におもしろいプロジェクトがまわってくることは少ない。しかし、あなたの会社では、彼・彼女らは主要となる業務に欠かせないだろう。

5　現地採用するときには工夫をする。メダリアは、出産後に復職する女性、退役軍人、大学院留学生の配偶者（就労許可が与えられることが多い）のなかからすばらしい人材を発掘した。[11]

エンジェル投資家を忘れるべからず

成長しても切り捨てない

　エンジェル投資家とは、スタートアップが軌道に乗るのを助けてくれる個人の富裕層のことだ。[12]初めて起業するときは、おそらくエンジェル

11　ほかとは違うところから人材を発掘するために、エイミー・プレスマンは、ジョージ・アンダースの『The Rare Find: How Great Talent Stands Out』（未邦訳）をおすすめしている。

12　あなたのいる都市名と「angel network」を入力してグーグルで検索し、近くにいるエンジェル投資家を探そう。

投資家に頼る必要があるだろう。

ベンチャー・キャピタルに売り込むように、エンジェル投資家という肩肘張らない相手に売り込むと、彼・彼女らはあなたの会社について知り、投資に値するかを判断する。だが、ベンチャー・キャピタルとは違い、エンジェル投資家の決断は個人によって下される。全員を説得しなくてもかまわない。自分に必要な人数だけでいい。

スタートアップが大きくなるにつれて、エンジェル投資家をないがしろにする創業者が出てくる。幸いにもシリーズA、Bとうまくいった場合、富を分配したくないベンチャー投資家に対処しなくてはならなくなる。こうした投資家は、すべてのラウンドを独占しておきたがるのだ。

その気持ちはわかる。あなたの会社を支援する判断は、同社に対する一定の保有率を維持するという社内目標（ラウンドとファームにもよるが、多くの場合10から25％）にもとづいているのだろう。彼・彼女らはその株式をほかの人に分け与えたくないのだ。

それでも、本当に稼げるのはもっとあとのラウンドになる。エンジェル投資家は初期に転換社債（後日、株式に転換される債権の一種）を発行して投資をしているかもしれないが、初期の株式の価値は、資金調達ラウンドが進むたびに希薄化される。

あなたの会社の将来性が高くなるにつれて、同社の持ち株比率を維持する方法として（「比例配分」という）、続くラウンドで追加の投資をしたがるエンジェル投資家も出てくるかもしれない。これはつまり、同社がイグジットに成功したら、さらに大きなリターンを得るということだ。

ここで、目先の利益にこだわって、エンジェル投資家をおざなりにする過ちを犯す創業者がいる。新たなベンチャー投資家にあらがい、エンジェル投資家を擁護できないほどおじけづいてしまうのかもしれない。あるいは、新しいものに目がくらみ、誰も相手にしてくれなかったころ、「友人や家族」のように投資してくれた歯科医や不動産デベロッパーよ

りも、新たなベンチャー投資家に目が向いてしまうのかもしれない。

　役目を果たしたエンジェル投資家はもう用済みというわけだ。このとき、エンジェル投資家たちは創業者に連絡し、新しいラウンドにも参加したいと伝えるが、ただ冷たくあしらわれてしまう。

　しかし、創業者が見落としてしまうことがここにある。エンジェル投資家は、ただあなたが軌道に乗るように投資してくれただけではない。彼・彼女らはほかの投資家を紹介もしてくれたのだ。アドバイスを求められたら応え、潜在顧客を紹介し、優れた人材について助言をくれた。それなのに、儲かったとたん、切り捨ててしまうのだろうか？

　私は起業家やその仲間に「これはいうなればビジネスであって、仲よしごっこではない」と口をすっぱくして言うが、それでもあなたの会社がうまくいったのはエンジェル投資家のおかげだということを忘れてはいけない。

　あなたに賭けてくれたのはこうした人たちなのだ。あなたを信じてくれたのは彼・彼女らなのだ。**シリコンバレーには、「人生は長く、シリコンバレーは狭い」という言葉がある。こうした狭い世界では、人を大事にするという評判を得たい。**

　そのため、新しいラウンドが近づいてきたら、エンジェル投資家にきちんと連絡し、参加したいエンジェル投資家を支援するようにする。彼・彼女らの投資額などあなたのベンチャー・キャピタルからすると誤差として切り捨てられるほど微々たるものかもしれないし、そうすると反感を買うかもしれないが、一流のベンチャー投資家は理解を示し、大半が受け入れてくれるだろう。

資金がじゅうぶんある。次はどうする？
節約しよう。ただし、次の5つは除く

　ラウンドが終わると、銀行口座にはお金がある。おめでとう！　だが、まだ道半ばなので、そのお金は有効活用しなくてはならない。都市を一望できるオフィスを借りる！　高級家具を購入する！　ケータリングを頼む！　ヨガインストラクターを招く！　自社株をふるまう！　そうだろう？？？

　違う！

　人は巨額の残高に目がくらみやすいので、スタートアップは上記のように浪費してしまう。だが、勘違いしてはいけない。出かけて物色する前に、その資金にはこれからの2年間でたくさんの使い道がある。無駄を省いて、倹約を心がけることだ。夢中になるのは次の5つだけにしよう。

1　優秀な採用担当を正社員として雇用

　会社とはまさにそこにいる社員にほかならない。一流の人事担当の社員（モチベーションを上げるためにストックオプションつき）がいると、その人件費は何倍にもなって返ってくる。

2　ばかみたいに高級なエスプレッソマシーン（まじめな話だ）

　これでスタッフが近所のカフェに出かけて生産性が落ちることはない。さらに、休憩スペースでは会話が弾み、スタッフ同士も打ち解け、画期的なアイデアが浮かびやすい。

3　本当にすばらしいアーロンチェア[13]（希望者にはフットレストも）

　人は快適な状態だと、集中できる（さらに、手根管症候群[14]の予防にもなる）。

13　人間工学にもとづいたハーマンミラー社のオフィスチェア。

14　手の指にしびれ、痛み、運動障害を起こす病気。

4　開発者と同じ品質のコンピューターとモニター

　適切な設備が整っていると、スタッフの効率も気分も上がり、パフォーマンスが向上する。

5　自宅で仕事をする人のための優れた設備

　すばらしいイスとモニターだけでなく、従業員が持っていない場合は、デスク、照明、チェアマットも購入する。仕事中にチームのメンバーが快適でうれしくなるほど、仕事にもやる気と工夫が生まれる。

営業

2012年には、オクタの状況は好転していた。悪循環から脱し、かなりの数の契約を獲得しはじめていた。私たちはようやく市場にフィットするプロダクトを売り出したのだ。本当に存続できるかもしれない、と私の気分も上向いた。

そのため、再び事態が悪化すると、私は困惑した。

私はある会社に最後の売り込みをかけに飛行機でルイジアナに飛んだ。売り込みはとてもうまくいき、その取引でわが社はさらに前進するはずだった。私たちが有利だと思ったので、私は、競合相手はどこかとたずねた。その答えを聞いて、私はしたり顔で笑みを浮かべた。

「それはいいですね」と私は言った。「そこと競合するのは望むところです。毎回わが社が打ち負かしますから」。2週間後に連絡があり、その会社が競合相手と契約を結んだと知らされた。

「電話番号をお間違えになっているのでは？」と私は当惑しながら言った。「伝える相手を間違っているのでしょう」。

「いいえ。電話番号は合っています」と相手の重役はきっぱりと言った。胃が締めつけられる感じがして、私は電話を切った。わが社が負けたなんて信じられなかった。

翌日、相手に電話をかけ直した。考え直してもらおうとしたわけではない（というのは冗談で、もちろん、私はそのつもりだった！）。だが同時に、競合相手を選んだ理由も知りたかった。「あなた方はあまりに横柄でした」と率直に言われた。「これは新しいテクノロジーなので、実施にあたり、契約する会社としっかり協力して取り組む必要があります。あなた方はパートナーにふさわしくないと考えたのです」。つ

まり、私たちの態度が好ましくなかったのだ。

　耳の痛い話だったが、私だけでなくチーム全体で聞き入れなくてはならなかった。**積極的な姿勢をとるのはいい。だが、残念ながら、私たちは聞く耳をもっていないという印象を与えてしまっていた。この敗北をきっかけにして、私は営業グループの姿勢を改めた。**大げさな売り文句ではなく、パートナーシップに意識を向けなくてはならない。それにはしばらく時間がかかったが、この新しい方向に向かうと、わが社の売上はぐっと伸びていった。

◆

　営業は複雑なテーマなので、それだけを扱う本がたくさんある。本章では、エンタープライズ営業──企業や公的機関（巨大組織のことが多い）への営業──に焦点をあてる。これは消費者への販売とはかなり異なるが、私がいちばんよく知っている分野だ。

　私がほかの組織への営業について学んだなかから、最も重要なことをいくつか扱う。たとえばそれは、人と人とが関わるビジネスであること、関係性を構築することに何よりも意識を向けなくてはならないこと、などだ。創業者が営業チームと緊密でなくてはならない理由も説明する。契約の結び方のコツや、最初の顧客で大成功をおさめるために、どのようにして期待を大きく上まわるかの秘訣もいくつか伝えよう。

　営業を初めて経験する人もいるだろう。営業するのが気まずい人もいるかもしれないし、嫌な気分になる人もいるはずだ。しかし創業者にとって、営業は生活の一部にならなくてはならない。本章を読み終えたとき、「私にもできる」という気持ちになってもらいたい。

　ただし、胃がきりきり痛むようなら注意しよう。営業はあなたの会社の基礎になる。「イントロダクション」の章でも触れたように、**「売れるまでは何も起こらない」**のだ。誰かにプロダクトを買ってもらわなければ、それはビジネスではない。それでは、アイデアに取り組むこともできないし、成長することもできない。上場など夢のまた夢なのだ。

人は人からものを買う

関係性が重要なことを示す一例

　だめになった取引については先ほど述べたが、それには後日談がある。そのすぐあとボストンのある企業とうまくいき、わが社の顧客にできた。取引額はルイジアナの会社よりかなり低く、約3万ドルにすぎない。

　大きな金額ではなかったが、私ははるばる飛行機に乗って、実際にプロダクトを検証しに行った。有料のテスト運営に同意してもらい、テストはとてもうまくいった。その後、私はもう一度ボストンに行き、どんな具合かをチェックした。しばらくして連絡があり、わが社と契約を結ぶと伝えられた。

　かなりあとになって、その会社の経営幹部の1人から知らされたのだが、この案件は私たちと同じサンフランシスコの会社との競合だったという。その人は「御社のプロダクトはよかったのですが、他社のプロダクトもよかったです」と言った。

　では、どうしてオクタに決めたのだろうか？　「それは、あなたが直接足を運んでくれたからです。しかも2回も」。

　営業は人間関係がすべてだ。人は人からものを買う。鉛筆だろうとダクトテープだろうと、日用品を買うときは、単なるやりとりで人間味などない。顧客は自分が必要なものをわかっている。それを売っている人を見つけ、注文し、購入するだけで、人との関わりはない。

　しかし、エンタープライズ営業は違う。それにはかなり時間がかかる。何時間、何日、何カ月とかけ、自社のプロダクトが潜在顧客の求めるものであり、信頼に値すると説得をする。

1人の担当者だけに働きかければいい会社もあるが、フォーチュン500に名を連ねるような巨大組織になると、2人から3人、あるいは10人も説得することになるかもしれない。

組織内には話を進めるのを助けてくれる支持派もいれば、反対派もいるだろう。あなたのプロダクトによって管轄する仕事の一部が脅かされるというだけで反対する人もいる。たとえ頼りになる人がいなくても、時間をかけて反対勢を抑え、営業を成功させなくてはならない。当然のことながら、反対する人たちとも、支持してくれる人と同じように関係を築く必要がある。

そうした関係をどのように育み、どう対処するかで、契約の成否が決まることが少なくない。ひいては、これが契約の規模や成長速度とも関係する。ボストンの会社のチームがわが社からの購入を決めたのは、私に会って、私を信頼してくれたからだ。

人間関係を築く最後の理由は、いま購入してくれる経営幹部が他社に移るからだ。そうした人たちとうまく関係を築き、相手の進化する需要に耳を傾け、それに見事に応えられることをくり返し示せば、彼・彼女らが所属する次、その次、さらにその次の会社でも引き続き購入してもらえるだろう。

■ 希少性の話で煽る
顧客の本気度を確かめるもう1つの試金石

はじめての大きな取引は、それで会社の成功が左右されるように感じるだろう。ある程度はそのとおりだ。取引を成功させるためにはあらゆること——価格を下げ、追加のプロダクトを提供し、1カ月間相手の自宅まで足を運び、靴を磨く——をしようと思うだろう。

だが、そうした衝動に負けてはいけない。むしろ、正反対のことをす

るのだ。まず、下調べをする。潜在顧客が真剣かどうかを確かめ、実際に対面し、プロダクトのデモンストレーションをして、どのように使用するかを話しあい、実施計画の初期概要を示したあと、希少性の話を始める。

　VMウェアの従業員数を200人から2万人に、売上を4000万ドルから100倍となる40億ドルまで伸ばしたカール・エッシェンバッハの言葉を紹介する。「顧客には説得力と自信をもって、『いいですか、いまは実施するリソースがそれほどたくさんはありません。これに関心を示す顧客がかなりたくさんいるので、いちばん重要なところにしか提供できないのです。もし真剣にお考えでないようでしたら、それでかまいません。後日またおたずねします』と伝える」。

　これは自宅のリフォームを頼む業者を押さえるのとそれほど変わらない。よい業者に頼みたければ、相手のスケジュールに合わせて動かなくてはならない。

　カールの話の場合、逆の心理が働く。あなたは顧客に、いますぐなら取りかかれるが、たくさんの人が契約を結ぼうとしていることを考えると、1カ月後には対応できないかもしれないと伝える。カールの言葉を信じよう。彼はいまセコイア・キャピタルのベンチャー投資家として成功し、ズーム、ワークデイ、パロアルトネットワークス、スノーフレークといった会社の役員である。彼は言う。「私はこの方法が成功するのを何度も見てきました」。

■ 必読の2冊

どんなものを売るにしても、彼らの言葉はおぼえておこう。

『人を動かす』（KADOKAWA、2016年）
デール・カーネギー

　たしかに、この本が執筆されたのは1世紀近く前だが、1930年代と同じく現代でも役に立つ。営業で成功するとは根本的にどういうことなのか、カーネギーよりうまく説明している人はいない。

　大事なのはあなたが売りたいことではない。大事なのは誰かが買いたいことなのだ。

『営業の赤本』（日経BP社、2006年）
ジェフリー・ギトマー

　特に起業したてのころに知っておくべき、営業についての一流の原則が取りあげられている。最近のオクタの年間収益は10億ドルを超え、世界じゅうに営業担当者が何百人もいる。

　だが、それほど大きな組織になっても、いまだに私は、わが社のプロダクトの利用を検討しているCEOやCIOと電話で話したり、ミーティングをおこなったりしている。営業活動をやめるなどありえない。

営業の準備
顧客候補を特定し、口説き落とすための基本原則

1 「数撃ちゃ当たる」は当たらない

　企業向けプロダクトは通常、さまざまな業界にまたがる大企業向けになっているが、賢いスタートアップは2、3の分野に絞って始める。特定の需要や使用事例は、業界によってあまりに多岐にわたるため、すぐにすべてに精通するのは難しい。それだけでなく、自社のプロダクトにぴったりの業界があるはずだ。

　自社のプロダクトがいちばんフィットしそうだったり、いちばん可能性がありそうだったりする業界を選ぶことから始めよう。その分野の顧客を追い求め、（できることなら）上位3社から5社に絞る。これを「灯台となる得意先」という。

　そうした会社を勝ちとれると、その業界全体を獲得できることが多い。購入するプロダクトを含めて、どんな業界でも小規模な企業はよく大企業に追随する。その業界で足がかりを築けたら（自社のシステムがうまく働く事例がたくさんそろったら）、新しい業界へ広げていく。

2 味方を探す

　大企業は複雑な組織だ。社内であなたを推してくれる支持者がいないと、契約までこぎつけられない。その人物が大企業内部であなたの代弁者となり、契約に関してサインしてもらう関係者に、あなたの会社について詳しく説明する。

　彼・彼女らは社内政治や派閥にうまく対処するすべを心得ている。あなたのプロダクトから恩恵を受ける社内のおもな計画も肌でわかる可能性が高い。そして、外部の人間にはない高い信頼性がある。

　ワークデイの共同創業者、アニール・ブースリは、どうやってチキータブランドのCIOと関係をもつことができたかについて話している。オクタと同じくワークデイも、企業向けクラウドサービスの走りだった。[1] アニールが起業したとき、多くの企業がクラウドに半信半疑で、オンプレミスのツールに

こだわっていた。

だが、チキータのCIOは世の中の流れを理解した。ベイエリアでのステーキディナーの席で、彼はアニールとそのチームに話した。「この方向が正しいのはわかります。あなたたちに賭けましょう」。これが、ワークデイがこのCIOと結んだ最初（だが最後ではない）の大きな取引だった。彼はその後、2社（そのうちの1社は、消費者向けプロダクトを扱う数十億ドル規模の会社）に移ったが、各社にワークデイを導入してくれた。

ただし注意すべきは、ただの「事情通」ではなく、必ず本物の味方を見つけることだ。事情通というのは、その会社で話を進める方法について助言してくれる人のことだ。味方とは権限（と関心）があり、あなたがいないときに代わりに支持してくれる人だ。

ルイジアナの取引で私はこのミスを犯した。この取引が大丈夫だと思ってしまった理由の一端は、担当者を味方だと思ったからだ。実際のところ、彼は事情通に近かった。その担当者は喜んで手を貸してくれたが、私たちのために全力で取り組むような役職ではなかった。ほかのグループにいるもっと上の役職の同僚が、私たちはパートナーにふさわしくないと判断したとき、事情通の彼には私たちを勝利に導くだけの力がなかった。

3　自社プロダクトではできないことまで約束しない

顧客から、自社のシステムに特定の機能があるかとたずねられると、つい「あります」と答えてしまい、急いで戻ってどうやって実現しようかと考える。しかし、これはよくない。

まず、とても単純な機能でないかぎり、マーフィーの法則の餌食になる。次に、顧客候補が、参考にあげていたほかの顧客に連絡をしたら、すぐに嘘が発覚する。最後に、これがいちばん重要だが、できることとできないことについて誠実に対応すると、実は顧客から高い信頼を得られる。

サービスナウのフレッド・ルディは、国際的なメガバンクと取引しようとしたとき、彼のソフトウェアであることができるかをたずねられた。ルディ

1　こうした会社は「Software as a Service（サービスとしてのソフトウェア）」を略して「SaaS」企業と呼ばれることがある。それは、サブスクリプションを利用したビジネスモデルで運営されているからだ。

は「ただできませんと言うだけでなく、そのための方法もわかりませんと答えた」そうだ。

　そのように誠実なのはリスクがある。間違いなくいくつかの取引は結べないだろう。だが、そこで得られるのはもっと大事なものだ。それは信用と信頼である。「そうしたことがあると、相手はこう言う。『あなたのことをおぼえておきます。次に何か必要になったら、あなたは誠実に対応してくれるでしょうから』と」。

4　とはいえ、成長させてくれる顧客と働こう

　アニールが初めてフォーチュン500に名を連ねる国際的な電子機器メーカーと契約を結んだときの顛末を話してくれた。同社は35カ国で80種類の人事システムを使用していた。それをすべて単一のシステムに整理統合したいという。

　問題は、同社にはユーザーが20万人いて、当時のワークデイが扱ったことのあるユーザー数は最大で1万人だったことだ。幸い、CIOは比較的若くて新しい考えの持ち主だった。彼は古いオンプレミスのやり方に固執せず、時間をかけて移行するつもりだった。

　そうした大規模な移行に対応できるようにするにはどれくらい時間がかかるか、アニールのチームは計画の概要をまとめた。実際にそのシステムを運用できるまでにはしばらく時間がかかるが、顧客は計画を進めることにした。

　それだけでなく、ワークデイが顧客のプロダクトを設計・開発できるよう支援することにも同意した。「そのCIOは、フォーチュン500に名を連ねる企業にふさわしいものを開発する必要があることについて、すばらしいアドバイスをくれた」とアニールは語る。ある意味では、彼はワークデイにとって事情通であり味方でもあった。ワークデイが現在のような巨大組織に成長するのを後押ししてくれたのだ。

パイロット版を無料にしない

無料がいい印象を与えない理由

エンタープライズ営業では通常パイロット版の運用がおこなわれる。大企業にとって、新プロダクトの導入は複雑な試みである。何かの採用に同意する前に、うまくいくことを確認する必要があるので、何度となく調査と承認をおこなう。このことが、起業したてのスタートアップを不利な立場に追いやる。支払ってくれる顧客がいないと、自社のプロダクトが本当に機能することを証明できないからだ。しかし、大企業はかんたんにはあなたに賭けるわけにはいかない。あなたが失敗すると、彼・彼女らのビジネスも混乱するだろう。そこで、このジレンマにどう対処すればいいだろうか？　その答えがパイロット版だ。

パイロット版の運用では、企業向けソフトウェアの一部が試験運用に同意した個別のグループや部署でどう動くかを短期間で評価する。パイロット版の運用をすると、企業はそのソフトウェアを実行するとどんなことがあり、どう使うのが最適かわかる。試験運用がうまくいくと、社内におけるあなたの味方の意見の後押しになる。

スタートアップはパイロット版の運用をおこないたいため、無料での提供を申し出ることが多い。しかし、これをしてはいけない。パイロット版は必ず有料にすることだ。

その理由は、パイロット版の運用が正味では自社の負担になるからだ。そして、顧客が無料でプロダクトを手に入れるとおかしなことが起こる。彼・彼女らはだらだらと時間をかけるようになるのだ。あなたのパイロット版はもっと急ぎのプロジェクトの脇に追いやられる。これは痛手だ。実際の売上が立つまでの時間が延びるわけだが、痛いのはそれだけでは

第5章　営業

ない。パイロット版の運用は、プロダクトを実際の顧客の手に届け、機能することとしないことを確かめるリサーチの機会でもある。顧客が使っていないと、フィードバックが得られない。

　だが、パイロット版を有料にすると、顧客は使いはじめる。発注書にサインした人物があなたへの支払いの責任を負う。彼・彼女らは上司にはっきりした結果を示さないとならない。その契約書があなたに有利に働く導火線に火をつける。

　最後に、顧客に有料だと伝えると、その会社が本気であなたに依頼する気があるのかどうかがわかる。実際には計画を進める気（予算）がない場合でも、ミーティングをおこなう経営幹部は多い。あなたと話すだけでも、変化する市場で時代についていく役に立つ。

　相手には時間をかける余裕があるが、あなたにはない。有料にすることが試金石になる。本気ではない顧客は意見を撤回しはじめるだろう。「弊社には時期がよくない」「弊社にとって、現在の最優先事項かわからない」と言われるかもしれない。そうしたら、もっと有望な相手を探すあいだ、その会社は後回しにできるとわかるだろう。

　ヒントを1つ。顧客から自社のプロダクトに支払う準備ができていないと言われたら、他の何に対して支払うのかをたずねよう。そうすると、相手の最大の痛手となる点と最優先事項がはっきりする。トッドと私はこれで、オクタの最初のアイデアがだめだとわかった。ITの責任者にいちばん必要なものについてたずねたところ、その答えはID管理だった。多くの人の答えが同じだったので、私たちは路線を変え、現在のオクタのような会社をつくりはじめた。

　そもそもパイロット版を有料にするのは気が引けるものだ。自社のプロダクトのテストに協力してもらう気がするからだ。しかし、自社のプロダクトを心から信じているのなら、顧客の問題解決に役に立っているのは自社だと信じなくてはならない。ハブスポットのブライアン・ハリガンの例をあげよう。2006年、ハリガンとダルメシュ・シャーは同社

を共同で設立し（現在の時価総額は約400億ドル）、オンラインのマーケティングツールを開発した。起業したてのころ、ハリガンは支払いをしてもらうために、旧式のクレジットカード用インプリンター（クレジットカードの複写を作成するもの）を持参して顧客のオフィスまで出向いた。顧客たちは、まるで料金をとるべきではないと言わんばかりに、システムのバグ（新しいソフトウェアの初期のバージョンではよく起こる）について文句を言った。ハリガンは引き下がっただろうか？　いや、ただ解約のオプションをつけただけだった。キャンセルする顧客はほとんどいなかった。バグがあってもなくても、そのプロダクトは従来のやり方から改善されていたので、大半の顧客はそっとクレジットカードを差し出した。

■ キツネのように耳をすます

　営業パーソンは、アリゲーターではなくフェネックギツネのように行動せよ。これは、私がいつも使っている比喩だ。フェネックギツネはサハラ砂漠に生息する哺乳類で、大きな耳と小さな口をしている。ご存じのとおり、アリゲーターは小さな耳と大きな口をしている。一流の営業パーソンはフェネックギツネのようにふるまう。つまり、人の話をよく聞いて、口数が少ない。

　顧客の話を引き出せれば、相手のニーズがわかり、顧客の目的を達成するのに自社のプロダクトが役立つ理由をしっかり伝えられる。だがアリゲーターのようだと、会社を辞めることになるだろう。一般的には、営業パーソンは口がうまいイメージだが、現実ではそうした人物は成功しない。

「お断り」を押しのける方法
ちょっとした図太さがかなり役に立つ

　私が聞いたなかでも最も驚いたのは、VMウェアのカール・エッシェンバッハの営業にまつわる話だ。創業間もない時期、カールが営業チームを編成していたころ、同社は大手製薬会社のサーバー仮想化技術を手がけて勢いが出ていた。東海岸にあるその会社は、ユーザーライセンスを30近く追加したので、利用を増やそうとしているのは明らかだった。カールは新しい取引を提案することに決めた。それは、今後のあらゆるユーザー利用のニーズに応える提案だった。前払いしてもらえるなら、VMウェアは大幅な値下げに応じるつもりだった。カールがこの取引を結べたら、当時のVMウェアとしては最大のものになる。

　カールと営業担当の部下は東海岸に向かい、決定権のある人物とミーティングをおこなった。「そこで、価格のことで責められた」とカールは語る。「私たちが日の浅いスタートアップだということで散々な言いようだった。私たちに本当にまかせられるのか、提案する取引を裏づけるリソースがあるのかをたずねられた」。

　実際にプロダクトを使いたがっていることはカールにもわかったが、相手は値引きにこだわっていた。カールは譲歩するつもりはなかった。「私たちは実際にプロダクトの価値とコスト削減について提示していた」。顧客は納得しなかった。「結局、ただ『申しわけないが、取引はできない。価格が適正ではない』と言われた」。

　同社の重役がそろって部屋から出ていくと、カールは座ったまま静かに打ちひしがれた。自分の戦略に疑いはなかったが、結果はこのざまだった。そのとき、カールはすばらしいことをひらめいた。「ここに座っていよう」と部下に伝えた。最終的には当然、会議室を退室するよう言われるだろうが、それまでのあいだ、仕事を仕上げるふりをしながらた

だ居残って、どうなるか確かめてもいいじゃないか、とカールは思った。

15分後、カールがおもに連絡をとっていた担当者がやってきてたずねた。「お帰りにならないのですか?」。カールがもう少しだけ残ってもかまいませんかとたずねると、了承を得られた。

さらに15分後、同じ人が戻ってきて、もういいかとたずねた。

カールは私にその後の顛末を話してくれた。「いつもは、話を切り出したら負け、という交渉のルールにのっとっているのだが、この場合はもう負けているので、私はその人にこう言った。『この件について少しだけお時間をいただけませんか?』と」。取引とは関係なく、カールは相手が引っかかっているところを知りたかったのだ。大事なのは価格ではないと担当者は説明した。実のところ、価格そのものは無関係だった。問題になっていたのは割引率だった。その会社はただもっと高い割引率に慣れていたのだ。それによって、同社は「勝った」気分になれた。VMウェアはそれに協力しなかったので、断られたわけだ。

話を聞いたあと、カールは、自分たちがどのように契約をまとめたいかを伝えた。割引するのは難しいが、無料でプロダクトを追加することなら喜んでおこなうと言った。話を聞いた担当者はチームに相談すると言った。しばらくして戻ってくると、彼は取引をすると言った。

私がこの話を好きないくつかの理由を述べていこう。

■ 断られたときは必ずその理由を探る

顧客から断られた理由がわからないと、相手の気持ちを変えられない。たとえ相手の下した結論を変えられなくても、少なくとも次に活かせる何かを学ぶことができる。

■ プライドというのは思いのほか大きいものだ

バイヤーによっては、駆け引きが本当に重要なことがある。顧客はいい取引をしたと感じたい。そのため、自分の望む契約を結ぶと同時に、

どうすれば相手に「勝った」と感じさせることができるかを考える。

■ 図太さは何にも代えがたい

よその会社の会議室に居座って居心地がよい人はそれほどいない。ましてや、大きな取引を断られた会社ならなおさらだ。だが、引きさがってもどうにもならない。もちろんばかな真似はしてはいけないが、落ちつかない状況に慣れよう。取引の大部分がそれにかかっている。

■ どんなよい取引でも５回はだめになる

最終的に締結されるまでに、ほとんどの取引は何回か暗礁に乗り上げる。一度だめでもそれで終わりだと思ってはいけない。そういうときはたいてい、顧客にとって何かうまくいっていないところがある。そこを特定しよう。契約書内のある法的条項かもしれないし、支払い条件かもしれない。あるいは、ほかのことかもしれない。こうしたことはほとんどが調整できるか、まるごと破棄できる。

■ 先人の教え

潜在顧客には必ず、あなたの（プロダクトの）ロードマップと、それをどれくらい調整できるかについてたずねられるだろう。とても対応できないほど緊急の要望があるかもしれない。大事なのは、あなたに支援してもらえるという確信を相手に抱かせることだ。だが同時に、できることとできないことを包み隠さず明かし、誠実でなくてはならない。自信過剰だったり不誠実だったりすると顧客には見抜かれる。彼・彼女らはいつもそれに気づき、その結果、どのような問題が起こるかもわかっている。顧客の信頼を失うのはそういうときなのだ。

――パーカー・ハリス（セールスフォース）

了承を得られたあと

契約を結ぶ3つの手順

　おめでとう！　顧客はあなたのプロダクトを試してみることに決めた。まだ途中ではあるが、その了承が契約締結の最初の一歩である。まだまだやることがたくさんあるので、次の重要な手順を紹介する。

■　1　MAP（相互行動計画）の作成

　MAPは2つ作成する。1つは契約締結のため、もう1つは顧客を軌道に乗せるためだ。

　MAPとは、要するにあなたと顧客が共同事業者になるプロジェクトの企画書である。最初のMAPの目的は契約の締結になる。これは、顧客が了承したときではない。契約を結び、発注書が作成されたときだ。了承を得られたら、どの部署がどの順序でサインすればいいかを把握する必要がある。誰が署名するのか？　先方が契約を検討するにはどのような過程があるのか？　何を提出するのか？　できれば、先方と取引したことがある他社の人に相談し、通常はどのような過程をへて、どこで中断することがあるのかを教えてもらおう。

　次のMAPでは、潜在顧客がシステムを運用させることに焦点をあてる。これはスムースに進むと思うだろうが、顧客側は混乱しやすい。ロードマップを作成し、双方からの明快な同意が得られていないと、実装がうまくいかないこともある。

　このMAPで顧客側の進行が鈍るようなら、何か重要なものと関連づけると顧客のモチベーションが上がる。たとえば、顧客が年内に新しく立ち上げるアプリにはあなたのプロダクトが寄与すること。あるいは、

現在統合を検討している会社の買収にもかかわってくること。または、直近の○期に○%のコスト削減に貢献するといった伝え方もある。いずれにせよ、このMAPの立案を終えなくてはならないことを、そうした大きな目的と結びつける。

■ 2 「裏側を見せる」スケジュールを組む

次に、約束どおりの価値を実際に獲得していることを表す顧客データを示す。その価値を追跡するためのシステムを立ち上げ、方法を提示し、半年から1年ごとに、このミーティングの予定を組む。カール・エッシェンバッハはVMウェアでこの方法を好んでいる。「こうすると、信頼と関係が強化される」。さらには、「次の営業に向けた態勢が整う」という。

■ 3 初期の顧客に「必要なこと」に参加してもらう

初期の顧客との契約にはすべて、以下の条項のうち少なくとも1つは盛り込んだほうがいい。これはこの先、マーケティングや資金調達をするうえで必要になる。その優先順位は以下になる。

・ケーススタディや証言動画への参加
　顧客のケーススタディや、システムがどれくらいうまく機能したかの証言動画の作成を許可してもらう。

・ほかの顧客からの問い合わせ対応（3社から5社）
　顧客はあなたのプロダクトの導入を検討している他社からの連絡を受けることになる。

・報道各社や投資家からの問い合わせ対応（3社から5社）
　顧客はメディア各社や今後のラウンドでの投資を検討している投資家

からの連絡を受けることになる。

　ここに含まれていることが役立つのは明白だ。あなたには、自社のプロダクトのすばらしさを証明してくれる顧客、喜んでいる顧客が欠かせない。これにより、さらに大きな顧客を引きつけることができるので、顧客へのどんな値引きにも勝る見返りがある。

　多くの顧客がこうした要望に慣れているのは、ほかの企業からも同じことを依頼されるからだ。さらに、あなたを支援することは顧客のためにもなる。顧客があなたのプロダクトを気に入っているのなら、あなたの会社に存続してもらいたいはずだからだ。

　あなたの顧客が増えるほど、あなたの会社の支払い能力も上がる。こうしたお願いをするのをためらう人もいるかもしれない。自社のプロダクトを気に入ってもらえなかったらどうしようか？　もし顧客がプロダクトを推奨できないと感じているとしたら、協力を強制しないと確約しよう。

■「不自然な行為」に取り組む
なんとしても初期の顧客で成功する方法

　トッドがオクタで打ち立て、うまくいったベストプラクティスは、最低でも5社で成功するまでは、新しいプロダクトを完全に立ち上げたと見なさないというものだ。この決まりに従うと、最初のいくつかの顧客で、そのプロダクトと実装戦略のあらゆる課題が発見できる。できれば、大きな問題はないほうがいい。実際にプロダクトが使用されないと、なかなかわからない小規模から中規模の欠陥が望ましい。

　とはいえ、このような不備があっても、初期の顧客には満足してもら

いたいだろう。こうした顧客がリファレンス・カスタマー（代表的な顧客）になるからだ。そのため、この最初の5件の顧客に対しては、全力を尽くし、最大限の人員、時間、創造性を割き、あらゆる問題を解決する必要がある。そうすれば、できるかぎり顧客がトラブルに遭わずにすむだろう。こうした努力を「不自然な行為」という。これはビジネス界の専門用語で、最初の顧客に対する最上の努力を指す（反対に「自然な行為」とは、極端な努力を強いられない、予定どおりのものを指す）。

オクタの創業当初、顧客がバグに遭遇すると、できるだけ迅速に解決するために、直接プログラマーに電話対応をさせた。言うまでもないが、わが社のプロダクトが成熟すると、これは中止した。顧客が1万社以上いる規模だと、単純に不可能だ（同時にそんな必要もない。成熟したプロダクトでは、バグはすでに発見され修正されている）。それでも、わが社は新しいプロダクトを立ち上げるたびにこの原則に従っている。5社できちんと作動し、あらゆる重要な問題に対処したら、そのときようやく、そのプロダクトをより広く公開する準備ができたと判断する。

最初のころの「不自然な行為」の別の例は、カスタマーサポートの電話を直接個人の電話で受けていたことだ。当初、わが社にはサポートチームがあまりいなかった。それでも、私は顧客の抱える問題をきちんと把握しておきたかった（これは無理もないことだが、残念ながら、あとには不機嫌な私の妻が残された。日本を拠点とする初期の顧客から、現地の営業日に頻繁に連絡があり、深夜にも電話が鳴ったのだ。これで起業を決めるとき、配偶者に賛同してもらう必要性がまた1つ増えた）。

不自然な行為は疲弊させられるので、長期間は続けられない。だが、これはただのカスタマーサービスよりはるかに大きなものだ。これは調査と設計のプロセスの最終段階のようなものだ。あなたも不自然な行為を計画しておいたほうがいい。そうすれば、必要になったときのために人員と帯域幅を確保しておける。

営業チームの雇用と管理方法

たいせつなルールから始めよう

　プロフェッショナルの営業チームを組んだことがなければ、投資家の1人やアドバイザーなど経験者の力を借りることだ。応募者の履歴書を検討し、率直な印象を教えてくれるだろう。ここでの失敗は高くつく。営業パーソンの雇用とインセンティブについて、私が学んだ最も重要な教訓をいくつか紹介する。

営業パーソンは3人1組で雇う

　営業パーソンはもともと負けず嫌いだ。全員が勝者になりたがる。いちばんになるために、各自が初日から全力で取り組む。クラウドベースの財務・会計企業、ブラックライン（現在は上場し、時価総額は70億ドル以上）の創業者のテリース・タッカーは、彼女が雇った1人目の営業パーソンの話をしてくれた。その男は面接の最中から大きなことを言っていた（営業パーソンは売り込みの訓練を積んでいるので、これは驚くことではない）。だが採用されると、結局、まったく仕事をとってこなかった。タッカーはその男を解雇するしかなかった。そこで、別の営業パーソンをその男の後任に据えた。彼は事態を好転させ、ほかにも3人雇った。自己資本で経営していたため、当初、タッカーはチームの規模にしり込みした。しかし、すぐに彼女はチーム内競争の好影響を目の当たりにした。

各営業パーソンのやり方を研究する

　起業したてのころは、ただ営業しようとするわけではない。同時に、社内のやり方も開発している。そうすれば、いずれ何十、何百人という営業パーソンが利用できるような基準ができるからだ。初期の営業パーソンはそれぞれ自分のやり方をもっているので、何人かを同時に働かせることで、どのアプローチが効果的で、どれが効果的ではないかを判断できる。

目標には融通をきかせる

　営業パーソンはノルマ、つまり目標に対して働く。これは、ドル換算の売上高、予定しているデモ版の回数のように数値化できる。合理的な目標を算

出することは、一部分が科学で、大半は技術である。1人の営業パーソンが所定の期間内におこなうデモ版の回数は5回なのか25回なのか？　取引をまとめられる年間収益は50万ドルか150万ドルか？　仕事のスピードを上げるのにかかる期間は3カ月か半年か？　チーム内に営業パーソンが複数人いると、実現可能なことがわかり、適当な目標が立てられる。

営業パーソンに売上以外のノルマを課す

　最初のころは、まだ現実の取引をまとめていないので、営業チームにノルマを課せないだろう。そのかわりにほかのかたちでノルマを課す。たとえば、デモ版の売り込み、コンセプト実証の予約、有料のパイロット版の約束などだ。こうしたノルマの期間は、まる1年ではなく、これから半年など短めに設定しておく。あなたの会社は急速に成長するので、それにともない、迅速に目標を調整できなくてはならない。

最近の損失についてたずねる

　私は面接で、ここ数年でチャンスを求めて逃した取引と、そこから何を学んだかを質問するのが好きだ。何も思い出せないと返ってきたら、相手はほぼ間違いなく嘘をついている。営業パーソンは大きな損失を忘れない。大成功したときより詳細におぼえていることが多い。相手が損失を出したことなどないと答えたら、確実に嘘をついている。

フォーチュン誌に名を連ねるような会社を狙うために、経験豊富な営業パーソンを連れてくる

　フォーチュン1000や2000に名を連ねる会社に営業する場合、こうした会社への営業経験がある人材が役立つ。そうした経験のある営業パーソンには、あなたが交渉する必要がある経営幹部クラスの人に引きあわせる人脈がある。彼・彼女らはまた、そうした会社でまだ公になっていない大きなプロジェクトが進行中かどうかなど、自社のプロダクトを売り込むための詳細な情報を知っている。こうした人材は必ずしも正社員として雇う必要はない。引退したりセミリタイアしたりした人のなかには、コンサルタント料やちょっとした数の株式という報酬で、最初の調査を喜んで請け負ってくれる元経営幹部がたくさんいる。

第 6 章

企業文化

あのひどい2011年7月から、状況は悪化の一途を
たどった。開発の上級責任者の1人から辞めると告
げられた。彼は欠かせない社員だった。バックエン
ド・エンジニアチームを管理する、経験豊富な企業
向けソフトウェア開発者だったのだ。

その開発者がいなくなるといううわさが広まりだし
た。トッドと私は会社をどう立て直すかに必死で、社
内の状況をチームと共有していなかった。情報がな
いせいで、みんなは実際より悪い想像をしたが、そ
れほど的外れなわけでもなかった。この状況から抜
け出す方法を見つけなければ、わが社はおしまいだ。

トッドと私はいままでやってこなかったことを試
した。包み隠さずきちんと伝えるのだ。現在の状況
をしっかり説明する。取締役会に数字をあげる。問
題を詳しく説明する。損失の大きさを明かす。失う
ものなどない。スタートアップの社員には、会社が
沈んでいることを察知する不思議な力が備わってい
る。全員がそろって逃げ出す前に、みんなを問題に
引き入れ、解決しなくてはならない。

次の全員参加のミーティングで、私たちはスラ
イドで、見事な売上予想と壊滅的な現況を伝えた。
2011年の第2四半期に予測を70％も下まわったとい
う話をおぼえているだろうか？　みなさんが社員の
1人で、初めてその乖離した状況を知ったと想像し
てほしい。

その場はしんと静まりかえった。不安なのは明ら
かだった。社員たちは短期的なお金をあきらめ（ほ
かの会社に行けば、もっと高い給料がもらえる）、スタート

「トッドと私はいままでやってこ
なかったことを試した。包み
隠さずきちんと伝えるのだ」

1　利用者には見えない内部の処理に関係した部分をおもに担うエンジニア。

アップが成功した場合のアップサイド[2]の可能性に賭けたのだ。みんなはいま、その明るい可能性（アップサイド）が真っ暗なのを知った。

　しかしここで、聡明で、モチベーションが高い、クリエイティブな人材に問題をまかせると何が起こるかをお伝えしよう。彼・彼女らは課題に取り組みだした。営業とマーケティングのチームは、営業ルートから短期間で売上が立つ会社を特定した。その間、エンジニアチームは、そのルートの先で契約を結ぶために、開発する必要がある機能の一覧を出した。うまくいっていない部分を修正しようとみんなが協力した。

　オクタを創業したとき、私は企業文化についてそれほど考えていなかった。優秀な人材を雇用し、やるべき仕事を説明したら、あとはイスに座って大成功するのを見ていればいいと思っていた。どうして企業文化というものが私の頭をよぎらなかったのだろうか。

　私は人生を通じてスポーツをやってきた。チームの成績の大部分を監督が担っていることは明らかなはずだった。チームがどう動き、どんな価値にこだわり、どんな雰囲気をつくるかは監督しだいだ。だが、ひどい状況に陥り、そこから抜け出すためにチームの力に頼らなければならなくなって、はじめてそうしたことが頭に浮かんできた。

　現在、私は新規の創業者に、企業文化について最初から考えておかないといけないと伝えている。どんな価値を促進し、どんな習慣を強調したいのか、しっかり時間をかけて考えておく必要がある。

　「企業文化」とは漠然としたものだ。その本当の意味を明確にしようと、多くの人が苦労する。ここで、1つの考え方を紹介する。自分が生まれ育った家庭、それから、幼少期に親しかった友だちの家庭を3つ思い描く。

　おそらく家庭ごとに違うふうに営まれていただろう。厳しい両親もいれば、穏やかな両親もいた。お金に価値をおく家もあれば、経験を、学びを、達成を重要視する家もあっただろう。ある家で眉をひそめられる行動も、ほかの家では許されたり、

2　「アップサイド」とは、シリコンバレーでは、自社株の価値が上がった際に受けとる利益を指す。アップサイドの可能性があるからこそ、それに誘われて安定した職や高い給与を捨てる人がいるのだ。仮に社員として1株1ドルの持ち株を5000株与えられるとする。持ち株の価値が10ドルに上がると、そのアップサイド（税引き前）は4万5000ドル（9ドル×5000株＝4万5000ドル）になる。

奨励されていたりした。

　各家庭の営まれ方は、あなたや友人のふるまいに影響を与え、それは家庭を離れても変わらない。その結果、親しい友人グループのなかでも、宿題をしっかりやる人もいれば、社交的な人もいるし、放課後にアルバイトをする人もいれば、部活動に励む人もいた。

　もちろん、会社は家庭ではなく、むしろチームに近い。だが、ある企業の価値観は、家庭のように、究極的には行動の良否、各社員に求められること、課される責任を規定する。**自社の企業文化は、特に上司がいないときに社員に求められるふるまい方になる。**会社がまだ小さいうちに、早い段階でこれに磨きをかけることが重要だ。その後、会社が成長するにつれて、企業文化は自然と伝播していく。いい時期に企業文化を確立することが欠かせない。それが悪いときに救ってくれる鍵となるからだ。

　成功している企業は、営業やエンジニアリングの目標と同じぐらい企業文化についてもしっかり考えている（そして、それを業績の中心に据えている）。企業文化はあとづけではないし、人事にまかせる仕事でもない。企業文化はトップから生まれ、トップによって養われ、磨かれる。

自社の運営システム
コアバリューを策定するときの注意事項

　最近の企業の大半がコアバリューを策定する。これは通常、企業が目指す3つから6つの価値観を表す。どんなことを掲げてもかまわないが、それらは会社の業績と社内環境づくりのための原則でなくてはならない。

しかし、最も重要なのは、あなたと共同創業者が有言実行しなくてはならないことだ。「実践しないことを書きだしてはいけない」とネットフリックスの元最高人事責任者、パティ・マッコードは言う。社員はあなたの掲げたことではなく、あなたの行動を見ている。「コアバリューの1つに『誠実』を掲げているのに、幹部が嘘つきだったら、それがたとえ小さな嘘だとしても、社員はその皮肉に気がつくでしょう。そういうことに社員の鼻は利くのです」。

高齢者医療事業のスタートアップ、パパの創業者、アルフレッド・バアモンデは、営業や業務と同じぐらい意識的に企業文化をチェックする5人からなる委員会を設立した。これにはほかの3人の委員とともに同社の共同創業者が2人とも出席する。毎月、社員からランダムに2名を選出し、議論に加わってもらう。「将来わが社をどうしたいか、わが社の企業文化がどのように成長していると思うかについて話しあう」とアルフレッドは語る。

パパでは毎月、1つのコアバリューを称えて企業文化を強化する。たとえば、健康とフィットネスの強化月間では、最初に合計80キロ走った社員にフィットビットが贈られた。「毎月あるコアバリューの話題が口にのぼるようになると、企業文化は、壁に貼られたポスターの文句以上のものになる」とアルフレッドは言う。「誰もが意識するものになる」。

最後に、企業文化をつくるうえでは、コアバリューと矛盾するふるまいを見た人が誰でも気軽に声をあげられるようにする。条件ごとに労働力を管理できるプラットフォーム企業のVNDLYでは、企業文化の声明文（VNDLYのやり方）で次のように締めくくっている。「VNDLYの全社員には、わが社の価値と反する行為に異を唱える力がある」。実際に彼らはそうしている。創業者のシャシャンク・サクセナは言う。「全員参加の会議やプライベートのときに、私が何回非難されたか数えきれないほどだ。でも、それがとても大事なんだ」。

企業文化によってどのように企業が守られるか？

働きがいのある会社研究所の調査（働いている会社にどれくらい満足しているかを測る）によると、イベントブライトは90％の評価を得ている（アメリカを拠点とする会社の平均はこれより30％も低く、わずか59％）。イベントブライトでは、10人中9人以上の社員が、同僚である"ブライトリング"たちが互いを思いやっていると信じている。

さらに、同じぐらいの割合の人が、経営幹部は正直で倫理的だと思っているという。これは驚異的な数字で、このことがすばらしい業績と結びついている。2006年に創業したイベントブライトは、2018年に上場し、現在の時価総額は約20億ドルである。

すばらしい企業文化は偶然には生まれない。これは共同創業者、ジュリア・ハーツの意識的な努力の賜物だ。2009年に彼女は、イベントブライトと同時期に創設した何社かが社内で問題を抱えていることに気がついた。「こうした会社の多くは売上が増え、規模が大きくなってはじめて、企業文化を見直し、修正しなくてはならなかった」とジュリアは言う。

イベントブライトの成長はもっとゆっくりだった。当時、社員は30人しかいなかった。まだ、先を見越して企業文化をつくり出す時間はあったが、それほどの余裕はない。同社は翌年に規模を3倍にする予定だった。そこでジュリアは、同社の社員が100人、200人、1000人になっても、小さな会社だったころと同じようにうまくいくように、社員であるブライトリングの資質を定めることにした。

ブライトリングは革新的であることもさることながら、献身的でなくてはならない。本物でなくてはならない。同様に、自分の仕事に秀でているだけでなく、ほかの人に権限を与えなくてはならない。人事担当者

は、イベントブライトが積極的な雇用に乗りだすと、応募者の職務能力や経歴と同じように人間性も詳しく調べた。

ほかにも、同社は外部講師の優先順位を下げた。そのかわりに、「ブライト・キャンプ」を創設した。ここで社員は同僚に伝えたいことはなんでも自由にクラスを開けるのだ。そして、社員数が100人を超え、コミュニケーションに関する不安が忍び寄ってくると、ジュリアと共同創業者（彼女の夫）であるケヴィン・ハーツは、毎週対面での質疑応答のセッションを設けた（"ハーツに心を開いて"とはうまいネーミングだ）。

こうしたプログラムによって、信頼と透明性という企業文化が生まれた結果、働きがいのある会社研究所の評価につながったのだ。それどころか、同社は強固な企業文化を打ち立てるのに成功したため、調査結果を公表する働きがいのある会社研究所の責任者が、同社の最高人事責任者として転職してきたほどだ。

イベントブライトの企業文化が本当に試されたのは、新型コロナウイルス感染拡大が始まった2020年初めである。「2週間で、1カ月3000万ドルだった純収益がマイナス700万ドルまで転落した。最悪のシナリオを超えていた」とジュリアは語る。

イベントブライトがここ10年以上かけて築き上げた透明性と信頼（それだけでなく、野心的で献身的な社員から生まれた「実現する」という文化）がいま実を結んだ。ロックダウンが始まってから1週間以内に、50人のブライトリングからなるチームが、新しい戦略を立てた。その後の数週間で、年間の運営予算から100万ドルを削減する方法を考え出した。また、新しいラウンドで資金調達もおこない、ランウェイ[3]を6年延長した。

「ふり返ってみると、『いったいどうやってやったのかしら？』という感じ」とジュリアは言う。「わかってる。すべては私たちが人に投資し

3　企業がキャッシュ不足に陥るまでの残存期間。

たものが10倍になって返ってきただけ」。

■ **オクタのコアバリュー**

顧客を愛する
革新を止めない
誠意をもって行動する
透明性をもつ
部下に権限を与える

ジュリアから学ぶ5つの企業文化のつくり方
1 企業文化は生き物でなくてはならない。「ハンドブックをつくり、壁にコアバリューを貼って、終わった気になるのが大嫌い」とジュリアは言う。

2 コアバリューの作成と維持を人事部にまかせない。それは創業者から生まれなくてはならない。

3 有言実行する。創業者にとって最も欠かせないことは、会社のコアバリューを日々体現し、模範となることだ。「みんなが実践しなくなるのは、社員にはこうしろと言うのに、幹部のやっていることが違うといううわさがあるからだ」という。

4 企業文化に合った人を雇う。希望者の能力や経歴をしっかり調べたら、その人物の価値観、考え方、ふるまいが自社に合っているかを査定する。「わが社はろくでなしを雇わない」とジュリアは警告する。「破壊的なエゴは迅速に根こそぎ排除される」。

5　社員に企業文化をゆだねる。創業者が関与しなくても、社員は目の前の問題を特定し、それに取り組むだけでなく、企業文化を足場にして築き上げていく。

■ カウボーイではなくロデオになる
一丸となった勝利（と敗北）の価値

　私の偉大なメンターの1人、ロジャー・グラートは、セールスフォースが上場期間中、同社の最初の提携責任者（"戦略的パートナーシップ"といわれることもある）だった。そのころ、私は同社の若き経営幹部だった（ロジャーはオクタと2社のソフトウェア会社が上場期間中、同じように責任者になった）。

　彼はある考え方を何度もくり返し伝え、私はそれをオクタにも持ち込んだ。それは「私たちはチームとして勝利するので、独りで負けてはいけない」だ。かんたんに言うと、困っているときは助けを求めよう、となる。

　会社でよく見かける「ナンバーワンを探せ」という文化では、こうした傾向は打ち消される。つけ込まれたくないので弱みを誰にも見せたがらない。しかし、ロジャーはすぐに考え直すように言った。「カウボーイになりたがる人はなんでも自分でやりたがるが、そうした人物は生き残れないだろう。ヒーローになろうとして何もかも自分でやると、チームに影響を与えられない」。

　スタートアップが成功するには、全員が一丸となって同じ方向を向かなくてはならない。しかし、これには2つの側面があり、ときに誰もが協力するのをいとわず、ときに助けてもらうのをいとわないことが必要になる。

　オクタで私は、ロジャーへ敬意を表する意味もあり「ワンチーム」という考えを育てた。これは呼びかけにもなった。私は全員参加のミー

ティングのとき「ワンチーム！」と言う。廊下を歩いている同僚にも「ワンチーム！」。顧客がうまくいった報告のメールを書くときにも「ワンチーム！」。私がそう言うのは、互いが助け合うことだけでなく、必要なときには助けを求めることを思い出してもらうためだ。

「ボールベアリング賞」を授与する

仕事を円滑にする人を称える

オクタで「ワンチーム」という考えを推進する方法の1つとして、四半期ごとに「ボールベアリング賞」を授与している。ボールベアリングとは機械の摩擦を減らし、なめらかな作動を維持する金属の部品だ。

どんな会社も多くのこうした人で成り立っている。彼らは100万ドルの契約をとるスター営業パーソンではない。その営業パーソンをサポートするためにチームを組織するプロジェクトマネージャーだ。すばらしいソフトウェアを設計する一流の設計者ではない。サーバーを構築し維持する技術運用エンジニアだ。巧みなコストカット戦略を考案するCFOではなく、社員やベンダーに期日どおり支払いがおこなわれるようにする経理担当者だ。

オクタでは、派手な人物や騒ぎ立てる人物が脚光を浴びる企業文化は求められていない。私たちが強調したいのは、理想の組織とは実際にうまくいっている組織だということだ。それがうまくいくのは、誰もが組

織での自分の役割をきちんと果たしている場合だけである。そこで、四半期ごとに会社全体で、自分の所属するチームから選ばれ、祝福されたすばらしいひと握りの社員にボールベアリング賞を授与している。

■　昇進より目標を重視

　オーストラリア人のメラニー・パーキンスが創設したクラウドベースのデザインソフトウェア企業、キャンバには、「ワンチーム」精神に似た考えがある。キャンバでは、個人の業績より成功と画期的な出来事に注目しようとしている。

「会社は往々にして間違いを犯す」とメラニーは言う。「肩書きや昇進といったものに注目が集まってしまう。私の会社は目標に向かって努力するようにしたい」。そのため、キャンバではチームが画期的なことを成し遂げると、盛大にお祝いする。

　キャンバがはじめて有料プロダクトを立ち上げたとき、鳩を空に放った。初めてスペイン語版をリリースしたときは、スペインのトマト祭り（大掛かりで楽しいトマトの投げ合いで有名）の小規模バージョンをおこなった。アンドロイド用のアプリを立ち上げたとき、ドローン用の障害物競走のコースを設け、社員たちは自分の操作技術を腕試しした。ほかのプロジェクトでは、ギリシャの皿をたくさん購入し、ギリシャでの習慣にならい、床に叩きつけて「オパ！」と叫んだ。「私たちはプロジェクトの願いや抱負を皿に書いて叩き割った」という。

　誰かが努力したことに対してお祝いする、とメラニーは言う。昇進を声高に叫べば、みんなが出世を目指そうとするだけだ。チームの功績を称えれば、みんなは団結する。「目標とチームワークをいちばん目に見えるかたちにすると、企業文化に大きな影響があった」という。「それによって、みんなに協力する意欲がわく」。

最初から社会的影響を組み込む

それがよい戦略であり適切なこと

　オクタは上場するとき、慈善部門であるオクタ・フォー・グッド用に
30万株を確保するというかなり異例の措置をとった。そのためには新規
株を発行しなくてはならず、それによって、上場の際、株式の価値が（わ
ずかに）希薄化した。株式公開の一環としてそうすることで、オクタとい
う会社が、株主の利益だけでなく社会的影響を生むことにも取り組んで
いる、というメッセージをウォール街に発信したのだ。（恒例となっている）
寄付金ではなく株式のかたちをとったのは、株なら、会社の成長ととも
に、オクタ・フォー・グッドの保有する株式の価値も上がるからだ。

　これが慈善事業への初めての試みというわけではなかった。2011年
のひどい状況から抜け出しつつあった2012年、オクタの株をSFギブス
（テック業界による貧困への取り組み）のために確保したいと伝えた。

　その考えを役員たちは鼻であしらい、まず利益をあげることに集中
したほうがいいのではないかと言った。楽な話しあいではなかったが、
トッドと私は一歩も引かなかった。サンフランシスコを拠点とする多数
の重要な企業がSFギブスの誓約書に署名をし、その取り組みはサンフ
ランシスコにおける貧困撲滅に大きな影響を与えた。私たちは社会に還
元する取り組みに参加することを誇りに思っていた。

　スタートアップを経営するのは大変なので、身のまわりの出来事に目
を向けなくなりやすい。しかし、ほかの企業同様、テック企業も共同体
の一員である。私たちの業界や拠点とする場所（北カリフォルニア）では、
格差がどんどん広がっている。

　冒頭でも触れたが、私が本書で扱う情報を読者と共有したいと思った

のは、経済の未来が起業家にかかっているからだ。起業家たちはほかの領域より多くの新規雇用を生み出している。だが、雇用の創出だけが共同体を支援する方法ではない。富（自社株）の分配もできる。そうすることで、会社がうまくいくと、隣人もうまくいくようになる。

　みなさんはまだ起業したてで、自己資本で運営し、なんとか家賃を支払っていて、余分な現金もほとんどない状況かもしれない。しかし、今後のために社会に影響を与える計画を立てておくのはたいせつである。幸運にも成功したら、どういうところに影響を与えたいだろうか？　みなさんの会社はどんな問題に関心があるだろうか？　どんな活動に関わるつもりだろうか？　さらに、そうした目標のために自社株の一部をどのように割り当てるかも考えておこう。

　こうするのは正しいだけでなく、賢いことでもある。ただ金儲けしている会社よりもそうした取り組みをしている会社のほうが、ますますたくさんの人が働きたいと思うだろう。社会的影響に配慮した会社になると、社会への還元につながるだけではない。一流の人材を引きつけ、確保しておける。

■　昇進する人物こそが企業文化

　「企業文化やコアバリューについてどんなことでも言えますが、実際のところ企業文化は、会社が報酬を与える姿勢で決まります」とミンテッドの創業者、マリアム・ナフィシーは言う。つまり、会社が実際に価値を置いていることは、雇用したり昇進させたり（解雇したり）する人物を通してメッセージが社内に伝わる。

　ミンテッドが最高幹部に選ぶのは、総合的な職務能力のある人材だ。「これによって、従業員にわが社の基準が高いことを伝えています」とマリアムは語る。また、高い知性があるものの自己中心的ではない人物も評価する。「聡明でも利己的な人物は好みません」という。

ミンテッドでは、話しあいと信頼できるデータによって決定が下される。「テーブルをいちばん強く叩いた人が決めるわけではありません」。

マリアムのこうした考えは、ネットフリックスの有名なカルチャーデックから影響を受けている。これは、一部をパティ・マッコードが書いた125枚のパワーポイントのスライドで、2009年に初めて公開された。そこには、従業員の無制限有給休暇など、画期的な考えが数多く記されている。パティが私に話してくれたのだが、2000年代に大規模な不正事実が発覚して経営破綻した巨大エネルギー企業、エンロンでは、最も重要なコアバリューの1つが「誠意」だったそうだ。どう考えても、同社で幹部まで出世した人物たちがその価値を体現していたとは思えない。同社のほかの社員たちも間違いなくそれに気づいていたのに、彼らに追随したのだ。

■ 「拡張的知能観」と「固定的知能観」
前者をもつ人を先に雇い、後者をもつ人をあとに雇う

スタンフォード大学心理学部教授、キャロル・ドゥエックの著作、『マインドセット 「やればできる!」の研究』（草思社、2016年）には「固定的知能観」と「拡張的知能観」に関する画期的な研究のすべてが詰まっている。固定的知能観をもった人は、才能や能力を固定したものと考える。つまり、あるかなしかで考えるのだ。拡張的知能観のある人は、それらを学習し向上できると考える。

もっている知能観によって、ある特定の分野でどれだけうまくやれるかに直接影響が及ぶことをドゥエックは発見した。固定的知能観をもつ人は、うまくやることと適切におこなうことを気にする。失敗を恐れる

4　企業哲学や経営理念などを社員に向けてまとめた書類。

ので馴染みのない領域のことをやろうとしない。障害にぶつかるとやめてしまう傾向があり、ネガティブな意見を避けたがる。他人の成功に脅かされることさえある。

いっぽうで拡張的知能観の人は、新しいことに挑戦する傾向があり、解決して乗り越えるものとして障害を捉える。挫折を味わってもあきらめない可能性が高い。努力を重ね、批判から学び、他人の成功に触発される。

起業したてのころは、拡張的知能観の持ち主を雇う必要がある。そのための質問を作成し、面接でたずねることで、固定的知能観の人材を除外できる。固定的知能観の社員は就業規則やできあがったロードマップがないと力を発揮できないからだ。もっと悪いことに、彼らの不満がほかの社員の足を引っぱり、まわりの反感を買う。

その後、自社プロダクトを考案し、運営もうまくいき、会社が大きくなって、できあがったものをただ運用するだけの人材が必要になると、固定的知能観の人を雇ってもかまわない。革新と想像力より堅実さと遂行力が重要な役割なら、それでも問題はない。

悪いおこないは公に非難する

だが、特定の個人をおとしめないように

企業文化とはただ公言すればいいわけではない。それは創業者や社員の日々のふるまいである。たびたび引用されるアリストテレスの言葉を

ご存じだろうか。「われわれとは繰り返しおこなう行為である。そのため、美徳とは行為ではなく習慣である」[5]。これはまさに企業文化である。企業文化とは、日々起こり、強化されることなのだ。

　チームの一員が自社の企業文化に反するふるまいをしているのを見つけたとき、ただちに取り除かなくてはならない。それが習慣化し、社内全体に広がる前に芽を摘むのだ。根づいてしまったネガティブな企業文化にあとから対処するのはほとんど不可能だ。有害な企業文化が広く知れ渡ってしまい、現在軌道修正している有名テック企業が何社か思い浮かぶだろう。そうした企業は、CEOを入れかえ、新たな戦略を立てても、払拭するまでに何年もかかる長く険しい道のりを歩んでいる。

　悪い習慣を抑えることは、繊細さが必要とされるデリケートな課題だ。というのも、知らしめたいのが特定の個人ではなく行為だからだ（少なくとも公の場で指摘してはいけない。個々の問題行動には必ずひっそりと対処する）。最初のころ、私はよくない方向に向かっているのに気づくと、いつも全員参加の会議で話すようにした。以前、マネージャーが同僚に怒鳴っていたので、全体会議のとき、怒鳴りつけることがオクタのやり方ではないという話をした。みんなはそのメッセージを受けとった（当該の人物とは裏で話した）。

　別のケースでは、私がみずから悪い見本となった。あるとき、別の組織からきた2人のリーダーの連携がとれていないせいで、急激にロードマップから外れてしまった。そこで、私は全体会議の席で立ちあがり、私がコミュニケーションで失敗したやり方、それが問題だった理由、推奨される別のやり方について話した。このときも、みんなはメッセージを受けとってくれたが、誰もおとしめられなかった。

5　正確を期すために、この言葉の初出はアメリカの歴史家、ウィリアム・ダラントの著作であることを付記する。ダラントはアリストテレスの実際の言葉を次のように言いかえた。「人の美徳は行動によってかたちづくられる」（*The Story of Philosophy: The Lives and Opinions of the Greater Philosophers*, New York: Simon & Schuster, 1926）。

積極的になるが、攻撃的にはならない
競 合 相 手 が 向 か っ て く る 。 迎 え 撃 つ 準 備 を し よ う

　しばらくは大丈夫だろうが、いずれ競合相手ができる。ほかの人に先んじたとしても、自社のアイデアが優れているのなら、いつまでも独占はできない。結局は、顧客の争奪戦をすることになる。そうなると、戦う準備をしておかないとならない。

　オンラインのマーケティングとウェブ解析を手がける会社、オムニチュアの創業者であるユタ州の起業家、ジョシュ・ジェームズは、同社を上場させ、アドビに売却した。次に、ビジネスインテリジェンス・ソフトウェア企業、ドーモを創業した。同社の現在の時価総額は30億ドル近い。

　オムニチュア創業当初、ジョシュには、ウェブサイドストーリーとコアメトリクスという2社のおもな競合がいた。2007年、オムニチュアはウェブサイドストーリー（当時の社名はビジュアルサイエンス）を買収した。ジョシュは同社のテクノロジーよりも顧客に関心があった。この買収によって、オムニチュアは市場のシェアを増やした。

　そこで想像してほしい。もう1つの競合相手、コアメトリクスの営業パーソンがウェブサイドストーリーの顧客に向かって、オムニチュアから乗りかえた場合、1年間無料で使用できると営業をかけているのを知ったら、ジョシュはどういう反応をするだろうか?

　さらに、オムニチュアの本社近くのハイウェイに巨大な広告を出され、そこに「ゴリラ（オムニチュアのこと）に食べろと言われても、食べなくてもいい」とあったらどうだろうか。ジョシュの電話が鳴りはじめた。「（競合相手の新規顧客を獲得するという）買収の論理的根拠が崩れている、と告げる電話が投資家からたくさんかかってきた」とジョシュは言う。

　ジョシュは引き下がらなかった。翌日、ジョシュはコアメトリクスの

駐車場に、コアメトリクスからオムニチュアに乗りかえた企業の巨大な
ロゴを載せた宣伝車を送った。「最後の1社は、その日に契約した大手
ホームセンターのもので、そのことをコアメトリクスはまだ知る由もな
かった」とジョシュは言う。

　また、人を雇って猿の着ぐるみを着せ、出勤してきたコアメトリクス
の社員にバナナチップの袋を配った。袋には「他社と同じように巨大な
ゴリラの仲間に加わろう」と書いてあった。「人によっては少しやりす
ぎだと思うだろう。でも、食うか食われるかの世界で生き残らなければ
ならない」。

　ジョシュは2つの意味で正しい。ジョシュが人目を引くためにとった
行動には、間違いなく攻めの姿勢がある。そして、彼の言うとおり、こ
れは競争の激しい世界なのだ。ビジネスがゼロサムゲームではないのな
らいいのだが、そういうこともある。ジョシュの場合、あのホームセン
ターと契約し、その売上を計上しなければ、競合相手がそうするだろ
う。

　必ずしもこうした好戦的なやり方を取り入れなくてもいい。ありのま
まを貫くのがいちばんだ。しかし、内なる闘争心を見出し、顧客獲得に
向けて可能なかぎり尽力する準備はしなくてはならない。勝利を勝ちと
るためには、法的であれ倫理的であれ、どんなことでもするのだ。

正しいリスクをとること
リスクテイクを促進する方法

　本質的に、スタートアップとはリスクをとる組織のことだ。資金が豊富で安定した巨大企業に挑み、業界をひっくり返す。絶対確実な道を進んでいても、そんなことは起こらない。未知の領域に飛びこんでこそ起こるのだ。

　不確かなものに慣れる必要があるのは創業者だけではない。起業したてのころは、社内の全員がリスクを負う覚悟ができていないといけない。それは、スタートアップの一員になるという最初の決断にかぎったことではない。特にどんなプロダクトにして、どうすればそのビジネスモデルがうまくいくのかを考案しているとき、リスクをとる仕事のやり方に慣れなくてはならない。もし自社の企業文化が計算されたリスクをとること（実証されていない機能の試行、画期的なマーケティング戦略、前例のない価格設定のアイデアなど）を推奨しなかったら、これから取り組んでいく短期間で自社を10倍に成長させることなどできない。リスクテイクの企業文化を築くのに役立つ6つのことを紹介する。

1　起業家精神のある人を雇う（少なくとも社員が100人ぐらいまでのとき）

　最初の10人の社員で起業文化が決まるとしたら、次の90人がそれを固める。もちろん、会社が大きくなるほど、心理的に保守的な社員が多くなっていく。だが、最初の100人でつくりあげた企業文化は、社員数が500人、1000人、それ以上に増えても生きつづける。最初のメンバーが起業家的であるほど、その気風は企業文化に溶けこんでいく。

2　プロジェクトにリスクがともなうことをみんなに知らせる

　ある年、ミンテッドはユーザーの好みに合わせたハンドバッグを中心とする新規事業を立ち上げた。「私はみんなに『これが成功するかはわからないけれど、楽しんでやってみましょう』と伝えました」とマリアム・ナフィシーは言う。この事業が期待どおりにはいかないかもしれないと上司でさえわかっている。そう知りつつも、社員たちは自信をもって取り組んだ。そのおかげで、事業を推し進める勇気が出たのだ。「『ああ、もう、完璧でないと

いけないからこのチームにはいたくない』などとは誰も言いませんでした」。

3　楽しくする
「楽しい」とは、遊び心があり、開放的で、冒険心にあふれていることだ。調査によると、遊び心があるほど、クリエイティブな発見があるそうだ。新しい仕事をまかせるときは、特定の結果を出すことより、探究と発見を強調したほうがいい。

4　仕事で失敗した社員を「処罰」しない
　失敗に罰則を科す企業文化だと、創業者の仕事が大変になる。悪いことがあると、自己保身という妥当な理由から隠蔽されるようになるからだ。チームが何か失敗を犯しても、「あまり厳しく叱責しないことだ」とボックスのアーロン・レヴィは言う。そして、次にどんな仕事をまかせるかに注意を払う。「失敗した」チームに閑職を与えると、危険なメッセージが伝わる。「そうすると、みんなが、成功が約束された、リスクの低い、目立つ仕事だけをやろうと考えはじめる」という。すると、しだいに「その会社では、革新的でおもしろいことがおこなわれなくなる」。

5　防護柵を設ける
　とるリスクはふさわしいものにしなくてはならない。プロジェクトの規模は社員やチームの経験値にあっている必要がある。裏山に登ったことのない人に、エベレストに登るよう言ってはいけない。プロジェクトや予算の規模、期日に合わせた防護柵を設けよう。進捗状況や気づいたことを報告する目安を立てる。そしてプロジェクトを断念する状況も定めておく。

6　反省会をおこない、学ぶことを推奨する
　何がうまくいき、何がうまくいかなかったのかを学習するまで（そこからほかの社員が学べるような洞察が得られるまで）、「失敗した」プロジェクトは終わらない。それがすんだらシャンパンを開ける。これがグーグルX（セバスチャン・スランがユーダシティ、キティホークを創設する前に立ち上げた）でおこなわれていたことだ。スランは言う。「私たちは、失敗でたいせつなのは学ぶことだ、といつも伝えたかった。重要な何かに気がつくことができたらそれはすばらしい」。

第 7 章

リーダーシップ

　売上の見通しが立たずにいた2011年、私たちに驚くような救いの手が差しのべられた。フォーチュン500に名を連ねる企業がわが社のソフトウェアを購入したいというのだ。これは何百万ドルもの取引になり、これまでのどんな契約より100倍は大きい規模だろう。しかもわが社には、倒産の危機がそこまで迫ってきていた。最高のタイミングだった。

　あるいは、最悪のタイミングだった。どちらかはこの取引の捉え方による。その顧客候補からは、要望に合わせてプロダクトを完全にカスタマイズしてほしいと言われた。そうすると、わが社のプロダクトは、誰もが使える解決策からたった1社にしか使えないものになってしまう。それはわが社のビジネスモデルとは相反する。私たちは多くの顧客が使えるものをつくりたいと思っていた。

　そのいっぽうで、オクタには約30人の社員がいた。彼・彼女らの生活はわが社にかかっている。オクタが前進する道を見つけられなかったら、全員が路頭に迷うことになる。

　あなたならどうするだろうか？　たとえ夢をあきらめることになっても、会社を守るために取引を結ぶだろうか？　それとも、最初に描いたビジョンに忠実になり、会社を失うリスクをとるか？

　トッドと私は自分に正直でいることを選んだ。これほど難しい決断を下したことはない。私たちはプロフェッショナルのサービス企業になること、つまり、顧客に合わせたソフトウェアをつくることに興味などなかった。そのビジネスモデルのほうが実は長期的にはリスクが高い。いつも新しい顧客を探さなくてはならなくなるからだ。サブスクリプションモデルのプラットフォーム（私たちのもともとのアイデ

ァ）のほうが、実現できたら持続可能だ。役員たちは私たちに同意してくれた。私たちの予測については同じぐらい心配していたが、それでもオファーを断る許可を出してくれた。

　幸運なことに、この決断はうまくいった。最終的に、あの1社に売るよりはるかにたくさんの企業にプロダクトを売ることができた。とはいえ、あの瞬間、私たちは試されていたのだ。

◆

　リーダーになると、絶えず火中に放りこまれる。必要な情報のほんの一部しかなくても常に決断を下さなくてはならない。社内で対立が広がったら、火種が大きくならないように、すぐに対処しなくてはならない。自分ではなく相手にとって最良のかたちで幅広い人とコミュニケーションをとれるようになり、それを実践しなくてはならない。

　自社の運命は会社を率いる手腕にかかっている。学生時代にスポーツの経験があるなら、偉大なコーチが生み出す違い（とひどいコーチによる悪影響）がわかるだろう。優れたコーチは誰もがうまくやれるようにチームを動かす。悪いコーチは……うむ、悪いコーチにはさまざまなかたちがある。集中力を欠き、混乱したコーチもいれば、技術やプレーに気をとられ、チームに自信や一体感を植えつけるのをおろそかにするコーチもいる。団結することより自分のことばかり考える口うるさい役立たずもいれば、優秀なのに難しい選択をしたがらないで失敗するコーチもいる。

　世の中にはリーダーシップに関する優れた本がたくさんある。私が個人的に好んでいるのは、1人のリーダーのキャリアを追ったものだ。たとえば、ディズニーの会長、ロバート・アイガーの『ディズニーCEOが実践する10の原則』（早川書房、2020年）、フォード・モーター社を好転させようとするアラン・ムラーリーの挑戦を扱った、ブライス・ホフマンの『American Icon』（未邦訳）だ（シリコンバレーでは必読である、ベン・ホロウィッツの『HARD THINGS—答えがない難問と困難にきみはどう立ち向かうか』（日経BP社、2015年）も私の愛読書だが、これはもうご存じだろう）。だが本章では、ほかの創業者が役立つと感じた、重要な戦術的アドバイスをいろいろ紹介する。

　とはいえ、まずはある考え方をお伝えする。皮肉なことに、スタートアップのリーダーは、2つの矛盾したことを信じなくてはならない。考えられるかぎり到底

起こりそうにないこと（10倍に成長するスタートアップ）を信じるほど強い自負心がなくてはならない。だが同時に、その自負心をいつも問題に組み込まなくてはならないのだ。会社が成長するためには権限や責任を手放さなくてはならないし、社員の要望のために自分の要望の優先順位を下げることも必要になる。さらにいちばん重要なのは、同僚、顧客、投資家、メンターたちの言葉に耳を傾けるようにならなくてはならないことだ。そうすることで、重要な決断を下すためにできるだけたくさんの洞察を得ることができる。これは繊細なバランスだ。

優先順位をつける基本

ドワイト・D・アイゼンハワーの助けを借りる

　セールスフォースでの私の同僚であり、ズオラの創業者のティエン・ツォが、フォーチュン500に名を連ねる大企業で働いたあとに起業した友人の話をしてくれた。その友人は、大勢の社員を監督し、50件もの"最"優先事項を個別に追うのに何日もかけていた。彼は「でも、私も起業して、50件の仕事をすべてこなすのは無理だとわかった」とティエンに言った。そこで、最も重要な10件にリストを絞り込んだ。

　しばらくして、その10件すら仕事を進めるのは彼の手に余ると気がついた。彼の処理能力では2件（たったの2件）しか集中できないとわかったのだ。「3から10番目の仕事を手放すのはかなり大変だった。その仕事がうまくいかないとわかっていたからだ」と彼は言った。システムが作動しなくなり、顧客に激怒されるだろう。「だが、それはスタート

アップにとって避けられないことだ。創業者は、A地点からB地点に進むことに意識を向けなくてはならない」。

ティエンの友人は正しい。スタートアップでは創業者のもとにたくさんのことが降りかかってくるので、すぐに気が散ってしまう。そして、創業者の気が散ると、社員たちも散漫になる。そうなると、まさに悪循環だ。そのため、「重要なものを重要にして」おかなくてはならない。優先順位には非情になる必要がある。ここで、私が優先順位をはっきりさせておくために実践していることと、その原則を紹介する。

■ アイゼンハワーの意思決定マトリクスを使用する

これにはさまざまな名前があるが、その由来は、第二次大戦中、ヨーロッパ戦線のアメリカ最高司令官だったドワイト・D・アイゼンハワーである（第24代アメリカ合衆国大統領に就任する前）。アイゼンハワーは、プレッシャーがかかるなかで決断を下すのがどういうことかを熟知していた。彼のシステムはとてもシンプルだ（図1）。

・重要でも緊急でもないものは、破棄する
・重要ではないが緊急のものは、誰かにまかせる
・重要だが緊急ではないものは、あとでやるリストに載せる

図1 アイゼンハワーの意思決定マトリクス

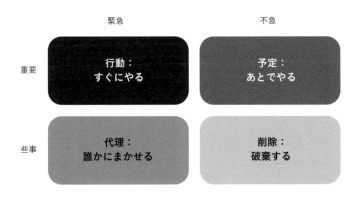

・重要かつ緊急のもの。これこそが意識を向ける対象であり、「最優先」するものだ。決断を下すか、少なくともそれに着手する。

■ やることリストを管理しつづける

私はエバーノートやノーションを使い、コンピューター、スマートフォン、タブレットなどすべてのデバイスと同期させている。1日に何度もリストを書きかえるのは、常に状況が変わるからだ。ボックスノート、ドロップボックス・ペーパー、グーグル・キープも使う。

■ かんたんには予定を入れない。予定を惜しむ

あらゆる会議の依頼に懐疑的になる。この会議は本当に必要か？と自問する。必要だとしても、私が出席しなくてはならないか？ 出席する場合、1時間も必要か？ 30分ですべて議論できないか？ 何度もおこなわれる会議には特に気をつける。おそらく、その大半に出席する必要がない（ひと月からひと月半ごとに、私は予定に目を通し、ほかの社員から出席するよう頼まれた、何度もおこなわれている会議を削除する）。それから、私が出席しないと知った社員の何人からもう一度誘われるかを待つ（答えを明かすと、ほとんど誘われない）。

■ メールをコントロールする。メールに支配されない

メールとは、誰かがあなたにやってもらいたいことである。その大半を無視してかまわない。多くのメールが参考情報にすぎない。優秀な人材を雇ったら、詳細に情報を追わなくてもいい。フロンティア・コミュニケーションズの元CEO、マギー・ウィルデロッターが話してくれたのだが、彼女は「宛先」が2つ以上あるメールだけでなく、自分がCCに入っているメールもすべて消すという。「それでも浮かび上がってくるものこそ、私が本当に重要な決断をしたり、前に進ませたり、軌道修正したりする必要があるものです。そうでなければ、社員を信頼してまかせます」。別の方法は、メール用のカレンダーに午前と午後に1回ず

つ合計2回、1時間ほど遮断する時間をつくることだ。受信箱でどんな問題が持ち上がっていたにしても、私がメールを見るころにはたいていすでに解決している。

■ 社員を集中させる

　チームのメンバーがやってくると、5つの違う話を始めるだろう。そこで、最も重要な2つを決めさせて、それについて話をさせるようにする。私のチームが迷いはじめたら、私は彼・彼女らを連れ戻してこう言う。「最優先事項はなんだ？」と。

1対1の面談をやめる

　たいていのマネージャーは直属の部下と定例報告会議を開く（1対1の面談あるいは省略して「1:1」と呼ばれることが多い）。だが、ズオラのティエン・ツォはこれをしないそうだ。絶対にしない。くり返そう。時価総額30億ドルの企業の創業者兼CEOは、上級管理職との1対1の定例面談をおこなわない。

　そうしたミーティングをおこなうと、すぐに週の80％の時間が埋まってしまうが、それは誰にとっても有意義な時間の使い方ではない。ティエンはそう判断した。「私は幹部たちに『私の力を借りたいなら電話をするように。私もそうするから』とだけ伝えた」。これは実に理にかなっている。すばらしい人材を雇ったら、彼・彼女らがグループをしっかり運営してくれると信頼すればいい。さらに、ティエンが言うには、このやり方のおかげでズオラはずっと効率的になったという。1対1で面談するシステムだと、結局いわゆる「ハブ・アンド・スポーク」方式で問題の解決にあたることにな

1　中心拠点に貨物を集約させ、拠点ごとに仕分けて運搬する輸送方式のこと。

る。そうすると、「リーダーたちが自分で問題に取り組まず、すべてを創業者に持ちこむようになる」とティエンは言う。

■ 全員に手短にするよう指示する
経営幹部にはTL;DR[2]で伝える

　創業者が社員を教育して、要点を手短に伝えるようにさせるのは意味がある。私はとりとめのない長文メールなど読まない。そんな時間はない。そうしたメールは、長距離のフライトなど、何時間か邪魔が入らないときのためにチェックをしておく。言うまでもなく、チェックするのはたいてい数週間後になる。感じの悪い対応をするつもりはないが、私のスケジュールは過密なのだ。どんな経営幹部でもそうだろう。

　私はちょっとした合間にメールを見て、はっきりと「お願い」と書かれた件名をざっと探す。そうしたメールが見つかると、対応する。そうしなければ、そのメールは埋もれてしまう。

　ここで、私がチームのメンバーに指導している効果的なコミュニケーション法をお伝えしよう。

■ メール

　メールは現代版のメモ帳なので、標準的な形式をとらなくてはならない。

・件名は幹部に何を求めているのかを正確に書く。参考までに送っているのなら、そのように書いておく（「ご参考までに。XYZミーティングの要点」など）。仮にそのメールが何度もやりとりされたもので、件名が「Re：Re：Re：Re：火曜日のミーティング」となっていたら、件名を書き

2　Too Long; Didn't Read. の略。「長すぎるという人に向けた要約」という意味。

かえること。そうすれば、幹部の目にも留まるだろう。

・メールの書きだしは何を求めているのかが正確にわかるように「お願い」する。「Xのための費用を許可してください」「Yの予算案に意見をいただけますでしょうか」など。

・幹部が知っておくべき重要なことを箇条書きで2つから4つのリストにする。

・最後に、「詳細を知りたいようでしたら、以下に記しておきます。また、ファイルも添付しておきます」といったことを書き添える。

・こうしたうえで、好きなだけ書く。

■ プレゼンテーション

　上層部に向けたプレゼンテーションは通常、何かを決めるためにおこなわれる。そのため、ミーティングはそのことに焦点をあてなくてはならない。重要なものを重要にしておくこと。

・スライドのヘッダーは、要点を簡潔にまとめる。プレゼンのスライドのヘッダーだけを見て、何を伝えようとしているのかを幹部が理解できるようにしなくてはならない。

・プレゼンターはミーティングがわき道にそれないようにする。どういうわけか、参加者が本質的ではないことにこだわることがある。プレゼンターはその参加者に、それについてはあとで知らせると伝え、重要事項に焦点を戻す必要がある。

■ ミーティング／電話

　私のチームからミーティングを開いたり、電話をしたりしてほしいと頼まれることが多々ある。たとえばアカウントマネージャーからは定期的に顧客と話をしてほしいと頼まれる。あるいはインベスター・リレーションズ[3]のチームから、法人株主と話してほしいと依頼される。担当者は、ミーティングに向けて私にきちんと準備してもらう必要がある。そうしないと、私が現れない場合よりもっとひどいことになるからだ。

　オクタでは、私がさまざまな電話やミーティングに向けた準備ができるよう、テンプレートがたくさんあり、私のチームはそれを利用している。このテンプレートでは、顧客にどのような連絡をするかによって、関連情報を埋めなくてはならない。オクタがその顧客にどのように紹介されたか、顧客の従業員数、年間売上、ミーティングで聞きたいこと、顧客への電話のために理解しておかなくてはならない重要な点などが、テンプレートでたずねられている。私のチームはあらかじめその書類をきちんと埋めておかなくてはならないとわかっているので、展開がスピーディーになる（自社の各幹部は独自のテンプレートをつくり社員がそれを使うよう指導したほうがいい）。

　私は顧客の訪問の際にその準備書類を持参する。目の前のテーブルにそのままその書類を置いてしまう。そうすれば、顧客からのどんな質問にも迅速に答えられる。こうするのにはほかにも目的がある。その書類に気づいた顧客から、それは何かとたずねられることがたびたびある。私は、それが顧客のニーズと、わが社が求められていることをまとめたものだと説明する。たいてい、顧客から書類を見せてもらえないかと言われる。こうすると、私たちの予測が的外れな場合、顧客から教えてもらえるのが利点だ。ミーティングの本題に踏み込んで、顧客が何を求め、私たちがどうやってそれを提供できるかを知ることができる。

3　企業が株主や投資家に対して財務状況など投資の判断に必要な情報を提供していく活動のこと。

情報が乏しいなかでの意思決定の基本

常に勘を頼りにしなくてはならないから

　創業者にとって過酷な現実とは、ほんのわずかな情報だけで絶えず重要な意思決定をしなくてはならないことだ。トップの人間にはすべての情報がそろっていると思われるが、実際はそんなことはない。大半の人よりは多くの情報をもっている（私はこれを「不完全というほどではない」情報と言いたい）。

　だが通常、ほしい情報からするとほんのわずかだ。こうなるのは、展開が速すぎて必要な情報を集められないからだけではなく、上層部まで上がってこない情報が多いからだ（悪い知らせを上司に伝えたい人はいないので、進捗が停滞していると特にそうなる）。

　だが、創業者は意思決定をしなくてはならない。忘れてはならないのは、資金にはタイムリミットがあるということだ。時間をかけてなどいられない。さらに悪いことに、状況は楽にはならない。というのも、正しい決断をすると、どうなるだろうか？　ビジネスが続くのだ！

　そして、会社が大きくなればなるほど、複雑で運まかせの決断になっていく。では、どうすれば不十分な情報で重要な決断をうまくおこなえるだろうか？　いくつか経験則を紹介する。

パターン認識の罠に陥らないようにする

　このようにして企業がトラブルに陥ることが多い。意思決定にあたりCEOにはわずかな情報しかないので、過去から似たような状況を思い出す。あなたは前回の決断がうまくいったので、同じ決定をしようと考える。

　それでよいだろうか？　だめだ。現在の状況は以前の状況とはかなり違っているかもしれない。自社がかなり大きく（小さく）なっているかもしれない。使えるリソースが以前とは違う可能性がある。生み出そうとしている具体的な成果が違っているかもしれない、などなど。そこで、前回の状況は考慮に入れるだけにとどめよう。前回の教訓を多くの情報の1つとして利用するのだ。しかし、それだけに頼ってはいけない。

現場との連絡を絶やさない

　顧客担当や営業パーソンは顧客にいちばん近いところにいて、顧客のニーズやその変化について熟知している。マギー・ウィルデロッターの「ライオンの狩り」（詳細については本章でのちほど述べる）を利用しよう。独自の方法を考え出してもかまわない。ただし、いつでも現場の人間に話を聞ける状態にしておくことだ。

意思決定をおこなえる幹部を雇う

　これをうまく実践できているかどうかを確かめるのに、私が使っている基準がある。出張から帰ってきてオフィスに入ったとき、私の答えや決定を待つ人の列がデスクの前にできていたら、うまくいっていないとわかる。

　この場合、私が情報をきちんと伝えられていない（そのせいで社員が必要なデータをもっていない）か、きちんと意思決定をおこなえない不適切な人材を採用したかのどちらかだろう。いずれにせよ、このことから、速やかに解決しなくてはならないことがあるとわかる。

チームを指導して、彼・彼女らが捨てた選択肢について説明をさせる

　このやり方はトッドに教わった。ある方向に仕事を進めたり、あるプロジェクトに取り組んだりすると決めたという報告に、決定した内容しか書かれていないことがよくある。そこには、彼・彼女らが検討した別の選択肢も、それを選ばなかった理由も書いていない。しかし、そういった内容も書くように社員を教育しなくてはならない。

　創業者は、大きな展望について、社員よりたくさんの情報をもっている。どんな優先順位が出てくるのか、どんな提携や買収が控えているのか、どんな新規雇用や組織の再編が待ち受けているか、創業者にはわかっている。彼・彼女らが捨てた情報があれば、あらゆる可能性を綿密に見積もり、検討中の仕事を適切なかたちにしておける。

自分のコピーをつくる必要はない

だが、自分の仕事を手放す必要はある

　私はチームのメンバーに独自の目標を掲げさせるのが大好きだ。自社にはロードマップがあるだろう。そこで、直属の部下には次の四半期の目標を決めさせる。聡明で、野心があり、モチベーションが高い適切な人材を雇っていたら、彼らはたいてい、創業者が考えるよりも積極的な目標を立てるだろう。

　そして、みずから目標を立てたので、実現に向けて熱心に取り組んでくれる。たとえ目標の95％しか達成できなくて、あと一歩届かなかったとしても、上から命令された場合よりはるかに前進するだろう。

　もちろん、創業者が目標を吟味することになる。目標は、会社の方向性に合っていなくてはならない。しかし、部下に自分でやらせよう。定期的にチェックする以外は好きにさせる。私のチームの場合、2週間から4週間ごとにチェックをおこなう。部下にミーティングを仕切らせ、予定を立てさせる。

　私が把握しておく必要がある場合（たとえば人員などは常に求人をおこない、チームがうまく回るようにしなくてはならない）、みんなが準備できるよう私が注意喚起をする。ほかの点は、チームのメンバーが議題を決める。

　これこそまさに、自分のコピーをつくらずにリーダーシップを委譲する方法だ。会社が大きくなるほど、創業者自身が高いレベルの仕事をたくさん引き受けなくてはならない。それはつまり、創業者はいつも責任の軽い仕事を分担させなくてはならないということだ。部下に権限を与えるほど、彼・彼女らは成長し、もっと仕事をまかせられるようになる。その分、創業者がやることが減り、会社にとって最も重要な戦略事

189

項に集中する時間がとれるようになる。これこそが最終的な目標だ。

■ 小さなチームを最大限活用する
大きくするためには、小さくはじめなくてはならない

　セバスチャン・スランは自主性を重んじる。ユーダシティを共同で設立したスランは、最近、キティホークで空飛ぶ車をつくっている。スランはそこに、オーナーシップ、権限、信頼、説明責任という原則を中心に組織された「ミニ会社」を設けた。「私はそれほど賢くないので、すべてを決めることはできない」とスランは言う。彼のミニ会社にはどれもバンやバスに乗りきれる数の人員しかいない。スランはゴールとマイルストーンを与える。「そうしたら、基本的には私の手を離れる。私のおもな仕事はみんなを鼓舞し、障害物を取り除くことだけだ」。

　2019年、メラニー・パーキンスがキャンバで似たような取り組みをおこなった。800人の社員を抱え、巨大組織になってきたと感じたパーキンスは、組織を17のグループに分けて、それを「ミニスタートアップ」と名づけた。

　各グループにはキャンバの対象産業の1つに対して責任があり、それぞれがスタートアップのような働きを求められた。グループごとに独自の「ピッチデック」を作成し、展望や戦略をまとめた。広報活動の支援を受けて、グループ内の人材の新人研修をおこなった。「私が全体のビジョンを掲げ、あらゆることを詳細に思い描くより、各グループで自分たちのビジョンを抱くようになった」とメラニーは言う。「私はもう、チェスのすべての駒の配置や動かし方を把握しなくてもいい」。

　この取り組みは、頻繁に会社を停滞させる社内政治の影響力を弱めるのにも役立つ。「ほとんどの会社には決まった数のパイ（昇進のための権力と機会のこと）しかないように見える。そして、誰もが自分のいる小さな

集団で争わなくてはならない」とメラニーは言う。だが、「急成長する
スタートアップでは、パイが大きくなることでみんなが成功できる」。
メラニーは、このグループの数が、キャンバがしたように増えるのを期
待している。「出世のためにお互いを踏みつける方法を探すのではなく、
会社全体をどうやって大きくするかに集中する」。

■ 先人の教え

創業者は首を突っ込みたいところにたくさん気がつき、「私がや
る。私が全部手伝ってやる。私にもやらせろ。私が知っている。私
が説明しよう」とやりたがる。そうしていると、各社員に自分の担
当があり、各自がオーナーシップと権限をもつ企業文化を構築する
のとは正反対だと、やがて学ぶことになる。私の目標は、私なりの
やり方で視点を加えられる分野で貢献することでなくてはならな
い。しかも、すばらしい仕事をしている人から意欲を奪うことな
く、そうするのだ。

――アーロン・レヴィ（ボックス）

■ 常にリスクを見積もる
リスクが高い場合、手綱を緩め、リスクが低いときにスピードを上げる

やるべきことがあまりに多いため、短期間ですばやく決断したい
衝動に頻繁に駆られるだろう。多くの場合は、リスクが低いのでそ
れでもかまわない。社員が10人しかいないときにどんなオフィス
に引っ越すかなど、どうでもいい。1年以内にまた引っ越すことに
なる。自社の商標は？　ブランドのアイデンティティによって採用
が促進される消費者向けプロダクトを扱っていないかぎり、それほ
ど大きなことではない。いずれにしても、何度か修正することにな

るのだから。

　しかし、短期間での決断によって、大きな影響が波及していくことがある。採用と昇進がそれにあてはまる。典型的な例をあげよう。起業して2年目に入り、そろそろエンジニアの責任者を雇おうとしている。1年半前に入社したエンジニアのディレクターは自分がその役割を担うと思っている。

　だがこのケースでは、そのディレクターは役職に適していない。自社のディレクターよりも複雑で大きな仕事をしたことがあり、大企業で管理職の経験をしっかり積んだ人物がふさわしい。そのいっぽうで、昇進させなければ自社のディレクターに転職される恐れがある。エンジニアのグループ内に地位に関してこれほど大きな見解の相違があっては困る。では、どうしたらいいだろうか？

　まず、立ち止まって深呼吸をする。ついその人物に肩書きを与えたくなってしまう。社内にいる彼らにはその資格がある。そうしてもいいのではないか？　だめな理由を説明しよう。

　肩書きに値しない人物を昇進させるたびに、チームのほかのメンバーには気づかれる。すると彼・彼女らも、それだけの資格がないのに同じように昇進を期待する。同じように昇進させられない場合、自社の企業文化に疑問をもたれてしまう。大事なのは本当に能力なのだろうか？　えこひいきのようなものがあるのではないだろうか？　困ったあげく、結局、彼・彼女らも昇進させてしまうかもしれない。そうすれば、辞められずにすむからだ。気がついたときには、凡庸な上級管理職のいるチームができあがる。

　こうした短期的な決断は外部にも波及する。並の人材にポストを与えると、一流の人材を雇用できなくなる。優れた人材は凡庸な人の下で働きたくないからだ（ましてや三流の上司などもってのほかだ）。さえない人物にポストを与えると、本質的に組織全体をだめにしてしまう。

それによって資金調達にも支障が出る。資金調達の資料には、経営幹部のリストも含まれている。そのリストに凡庸な人材がいると危険だ。投資家はチームに投資するので、投資を見おくられてしまうかもしれない。

そのため、あらゆる決定の際には、それがすぐにできるリスクが低い決断か、その結果が長期にわたるリスクの高い決断かどうか、時間をかけて判断する。具体的には、次のように自問する。この決断がチームによいメッセージをもたらすか、それとも悪いメッセージをもたらすか？　この決断の影響がどんなところに及び、その状況はリスクが高いだろうか？　低いだろうか？　1年半から2年後に、この決断がどれほど重要になるだろうか？　こうした自問をしてから、決断をしよう。

勝敗を決めるシュートを打つ

生死を分ける瞬間を見極め、意識を向ける

創業者はいろんな要求に忙殺される。ミーティングへの出席依頼、署名が必要な決定事項、返信しなくてはならないメールなどだ。そうしたすべてにうまく対処しなくてはならない。それでもそうした要求のなかには、本当に重要なミーティングやプレゼンテーションが、年間に20

件ぐらいはある。

　これに成功するか失敗するかで、会社にとてつもなく大きな影響が出る。たとえば、大きな顧客に対するプレゼンテーションの場合、成功すれば収益が50％上がるだろう。あるいは、投資家に向けた売り込みでは、大成功をおさめれば、自社のランウェイがあと2年延びる。これらは人生が変わる出来事だ。

　創業者の仕事とは、やることリストのどの仕事が重要なものかを見極め、それに全力を傾けることだ。たとえばオクタは上場しているので、金融業界への四半期ごとの業績発表を成功させなくてはならない。質疑応答で少しでも失敗したら、時価総額が何十億ドルも乱高下するかもしれない。

　そのため、その発表に向けて準備万端にしておく。当然のことながら、私は膨大な準備をする。しかし、私のアシスタントもスケジュールをすっかり空けておかないといけないとわかっているので、私はその仕事に集中できる。誰かが私に用事があるとやって来てドアを叩いても、身内の命に関わる緊急の要件以外、待たされることになる。たとえ彼らを待たせることで何万ドルの取引がふいになったり、優秀な中堅社員の採用機会を逃したりしてもそうする。そうした損失など、業績発表で失敗してオクタに与える損害とは比べものにならない。

　起業したてのころ、私は1ドル単位でお金を気にしていた。以前、重要な営業会議に出席するために直前の夜行便を予約しなくてはならなかったとき、飛行機で仮眠できるようにと、ビジネスクラスの席をとるのに150ドル余計に払うのをためらった。

　トッドの意見を聞こうと電話をかけると、おまえはばかかと言われた。「払うに決まってるだろ、あほ。取引を結ぶために必要なことはなんでもしろ」と言われた。みなさんも同じことをしなくてはならない。

　最初のころは資金繰りが厳しいだろう。しかし、飛行機に乗って前乗りし、ホテルに1泊余分に泊まる費用をかければ、重要な売り込みのた

めにしっかり休めるのなら、そうするべきだ。静かな部屋をとるのに追加の費用がかかるとしたら？　払えばいい。投資家会議の準備に時間がかかるとしたら？　たとえその間にリスクの低いミスが起こるとしても、スタッフに電話をかけて、翌週まで待ってもらう。

立ちあがって、歩きまわる

現場に足を運ぶ価値

　フロンティア・コミュニケーションズが成長しはじめると、マギー・ウィルデロッターは意識的によく社内を歩きまわり、社員と雑談を交わした。「親しみやすくしたのです。社員を集めて質問に答えたり、進捗状況について話したりしました」とマギーは語る。何もかもがうちとけた雰囲気だった。

　マギーは社員にどんな仕事をどのように取り組んでいるのかをたずねた。家族やプライベートについても質問した。マギーは大胆にも、どんなうわさを流してほしいか、あるいは、どんなうわさを耳にしているか、誠意をもってたずねた。「CEOとして人と接することに慣れる必要があります」。

　この習慣はとても重要だったので、マギーは一週間の予定に組み込んだ。この行為を「ライオンの狩り」と呼んだ。というのも、ライオン（マギー）が、「何が起こっているのかを見ながらうろうろ歩きまわる」

からだ。「最前線の現場こそがあなたの会社です。そこでは一日も欠かさず毎日顧客と関わります。本当は何が起こっているのかを教えてくれる人たちと近い距離を保ち、彼・彼女らと関係を築くことは私にとってたいせつでした」。

この結びつきによって、否定的な反応を気にせず悪い情報を知らせてくれるという自信がもてた。「私は常に、最前線の現場の人間が、彼らの上司に知らせる前に私に教えてくれる企業文化を築いています」。それによって今度は、中間管理職が鼓舞された。何が起こっているのかを確かめるために、マギーはそうした問題を彼・彼女らの上司と話した。もちろん、上司たちはふいにそんなことを聞かされていい顔はしなかった。「でも、彼らは態度を改めた。私に伝わっても驚くことがないようにしたのです」。

■ **先人の教え**

生まれつきCEOの人などいない。CEOに求められる能力や資質はかなり奇妙で、不自然なものだ。大事なのはみんなに（厳しい）意見を伝えることである。しかし、人としては、私たちは誰かに好かれたい。CEOには誰にも好まれない発言をしたり、行動をとったり、誰にも望まれていない方向に会社を導いたりするのをいとわないことが必要だ。そんなことをするために生まれてくる人などいない。

——ベン・ホロウィッツ（ラウンドクラウド、アンドリーセン・ホロウィッツ）

2006年のイーグルスではなく、2008年のスティーラーズになる

フィラデルフィアのファンには申しわけないが

　ジェレミー・ブルームは2010年にマーケティングプラットフォーム企業、インテグレートを創設した。だが、その前に彼は、パントリターナーとキックリターナーとして、NFLでプレーしていた（さらにそれ以前には、フリースタイルのスキー選手としてオリンピックに出場した）。ジェレミーは2006年にドラフトでフィラデルフィア・イーグルスに指名され、2007年にピッツバーグ・スティーラーズと契約を交わした。

　この2チームはまったく違うかたちで運営されていた。「イーグルスは、細かいところまで管理するトップダウン型の組織で、恐怖にもとづく体質ができていた」とジェレミーは述懐した。「コーチからは一貫して、言うとおりにやらなければクビだ、と言われた。『おまえのかわりなどいくらでもいるんだから』と」。

　脅しをするこの体質から、各選手はチームメイトをサポートする方法を探すのではなく、ただ自分のプレーエリアから離れないことになった。「選手たちはいつも自分の持ち場を守っていた。そういうのは、フットボールチームにあるべき一致団結した感じの体質ではなかった」。

　スティーラーズでは話がまったく違い、選手が主導権を握るボトムアップ型の体質だった。「ヘッドコーチは優れたモチベーターだった。指示どおりにやれとは決して口にせず、いつも目的を達成する方法について意見を出してくれた」という。「ロッカールームでは1つの家族のように感じた」。

　2009年、スティーラーズは「イーグルスと比べて戦力が劣っているのに」勝ち進み、スーパーボウルで優勝した。インテグレートを創設し

たとき、ジェレミーはこの教訓を心に刻んだ。彼が自社に持ちこんだ「スティーラーズのやり方」を3つ紹介しよう。

■ 社員に権限を与える

インテグレートでは、社員は全員「自分の仕事のCEO」と見なされる。「いつも自分たちより聡明な人材を採用し、どうしたらいいか教えを乞う」とジェレミーは語る。社員は自分の職務を自由に進められる。たとえそれで大失敗することがあるとしてもかまわない。「失敗してもいいんだ」なぜなら、それはリーダーを育てる過程の一部だからだ。

■ 社員に質問をして、問題を解決できるようにする

ある社員が苦労している仕事のやり方を知っていたとしても、まずは質問することからはじめたほうがいい。教えてもらうよりもみずから思いついた場合、社員はそのやり方に全力で取り組む。さらに、上司が提案しようとしていた方法より優れた方法を思いつくこともある。

■ このやり方で管理できるマネージャーや幹部を採用する

「これがおもな採用の基準になる」とジェレミーは言う。「応募者があまりに尊大だったり、かなり細かいことまで管理しそうだったりする感じがしたら、採用を見送る」。

■ 社員に自分の失敗を見せる

「恥ずかしいことをたくさんしてきたよ」と、オムニチュアとドーモの創業者、ジョシュ・ジェームズは話す。「たとえば、『Everything You Ever Wanted to Know About Online Marketing』（未邦訳）を1000部印刷し、潜在顧客1000人に送った」。その本には何も書いていなかった。全ページが白紙だったのだ。これはわざとだ。ジョ

シュが言うには、「みんなはページを開くと、『なんだ、これは?』となって、僕らのところに電話をかけてくる。そこで、僕らは本物を送る」というアイデアだった。これは思ったほどうまくいかなかった。「たくさんの人がただ腹を立てた。どうして紙を無駄にしたんだって質問された。穴があったら入りたい気分だった」。

それでもジョシュは、社員の前で大失敗しても気にしない。「実は、失敗は役に立つ。チームのメンバーに、ばかな失敗をしてもいいんだって伝わる。すばらしいアイデアは試行錯誤する過程で生まれるんだから」。

セバスチャン・スランはグーグルX、ユーダシティ、キティホークでも同じ取り組みをした。「失敗を認めると、まわりからどれほど助けてもらえるかがわかって、驚くかもしれない。あなたはすぐに前より感じがよくなる。失敗したことを認めると、まわりに人が集まってくる」。

社員は機械ではなく人間
柔軟性がすべて

セールスフォースで働きはじめたころ、私はまだ25歳とかなり若く、「木曜の夜から週末が始まる」ような行動をとることもあった。ロジャー・グラートは私を事業開発マネージャーとして採用した。中心となるチームは毎週金曜日の朝に集まったのだが、私はときどき「少し疲れた顔」や「青い顔をして」[4]出席した。

これは誇らしいことではないが、事実は事実である。どう考えても、私はベストな状態でミーティングにのぞんでいなかった。そこで、ロ

4　ええ、大丈夫、私は二日酔いだったのだ。

ジャーはどのように対処しただろうか？　まず、彼が**やらなかった**こと
をお伝えする。ロジャーは私を彼のオフィスまで引きずっていき、叱り
つけたりしなかった。それから、ミーティングで非難することも絶対に
しなかった。そのかわりに、ロジャーはミーティングを木曜日に変え
た。

　先日、ロジャーがこの判断について説明してくれた。私のようなわが
ままな若者のために経験豊富な幹部がそんなことをするなんて、信じら
れないように思えた。彼はこう言っていた。「私はチームの能力を高め
るためにその場にいて、そうするのはかんたんなことだった」。

　一般的な管理職であれば私を厳しく叱責しただろう。そして、私はそ
れに従ったにちがいない。私はセールスフォースを気に入っていて、こ
の仕事を続けたかったからだ。だが、それはチーム全体に対して賢明な
やり方だっただろうか？　もちろん、みんなが好き勝手にする野放図な
状態にするわけにはいかない。しかし、ちょっとした、取るに足らない
変更ならどうだろうか？

　そうするに決まっている、とロジャーは言った。「管理職は社員に賭
けているので、社員がうまくやれるようにするためにはなんでもする。
障害物を一掃し、リソースを与え、手を差しのべる」。

　このようにできる管理職は多くない。彼・彼女らは自分の管轄する領
域があり、誰もが自分の意志に従うべきであるかのように行動する。し
かし、そうすれば必ずしも社員の力をいちばん引き出せるわけではな
い。

　むしろ、特にスタートアップでは、ほとんどうまくいかない。「社員
にはできるかぎりみずから仕事に励んでもらいたい」とロジャーは言
う。「ちょっとした柔軟性を見せなくてはならないときもある。そうす
れば、チームの力を最大限発揮させられる」。

■　先人の教え

　スーパーコンピューターの父、ジーン・アムダールから学んだちょっとしたやり方がある。この話をするだけで、私は胸が熱くなる。これは、私が成功している大企業で働いていたときのことだ。

　ある日、私がプログラミングをしていたコンピューター室に、アムダールが入ってきた。私が誰かも知らないのに、彼は私の肩に手を置いて言った。「きみがやっていることはとても重要だ。この仕事ができるのはきみしかいない。きみがここにいてくれて、とてもありがたい」。

　私はというと、「うわ、この人は私を信頼してくれている」という感じだった。自社の社員にそう信じこませ、彼らがどれだけ重要な存在かを伝えられたら、何千倍にもなって返ってくるだろう。これは誠実さを欠いたやり方ではない。大多数の人にとって、雲の上にいる人物から認められているとわかることは、何十億ドルもの価値がある。

　　　　　　　　　　　　　——フレッド・ルディ（サービスナウ）

2種類のリーダーシップ
社員のタイプによってモチベーションはさまざま

　ジェレミー・ブルームがインテグレートを起業したころ、一流のアスリートだった自分のモチベーションが上がるのと同じ方法で、スタッフ

のモチベーションを上げようとした。「私はフットボール選手やオリンピックに出るアスリートに囲まれていたので、まずは会社をそのように率いた」とジェレミーは言う。

これは営業パーソンにはすばらしく機能した。「彼・彼女らはアスリートと同じ"やってやろうぜ"というメンタリティだった。大きなアイデアをホワイトボードに書きつけると、みんながそれを実現しに動きだした」。でも、エンジニアはどうだろうか？　反応はあまりよくなかった。「エンジニアには嫌われた」。

ズオラのティエン・ツォにはその理由がわかる。「エンジニアはものづくりをしたい。そして、自分が誇れるものをつくりたい」。エンジニアは、アスリートや営業パーソンのように競争でモチベーションは上がらない。

彼・彼女らは、自分たちの仕事が顧客の生活にどう調和し、どう改善されるかを理解したがる。「エンジニアは、ある機能が実現すると、何百万人とはいわないまでも、何千人が使う世界規模のプロダクトが生まれると考えて、やる気になる」とティエンは言う。「エンジニアにとっては、それが意味のあることで、そこからモチベーションが生まれる」。

幅広い人と関わり、彼らのモチベーションを上げる方法を身につけるために、ジェレミーは**マイヤーズ・ブリッグズ・タイプ指標**（MBTI）[5]の資格を取った。誰もがそうした厳しい道を歩まなくてもいい（詰まるところ、ジェレミーにはオリンピアンのやる気があった）。

しかしリーダーとしては、個人や組織はさまざまなモチベーションでやる気が出ることを理解しなくてはならない。ある人やある集団でうまくいったことが、必ずしもほかの人でもうまくいくとはかぎらない。リーダーとしての仕事は、自分にとってではなく社員にとって最もうまくいくかたちで、彼・彼女らの成功を支援するために、個人や集団に合わせてマネジメントのスタイルを変えることだ。

5　米国の就職適性検査。

対立をはっきりさせる

問題が起きそうな気配がしたら、それを公にする

　人間は対立を避けたがる。そういうものだ。辛辣な批判はビジネスにそぐわない。だが、リーダーである以上、争いを避けて安穏としているわけにはいかない。問題が起こりそうなときは、それを収拾しなくてはならない。問題を特定しないと、問題は大きくなるばかりだ。無視していると、エネルギー、集中力、リソース、善意、モチベーションといったコストがますますかさんでくる。

　多くの創業者が、部下の対立に対処するのは難しいと感じている。おそらく、みんなに好かれたいのだろう。あるいは、争っている社員の怒りの矛先が自分に向いてほしくないのだ。忙しくて、ストレスで参っているのに、さらに頭痛の種を抱える余裕がないのかもしれない。

　そのため、自分が関与しなくても問題が自然に解決してくれないかと願う。その気持ちはよくわかる。本当だ。こうしたことはとても大変だ。だが、悪い知らせがある。大変でも、なんとかしなくてはならない。そして、やるなら早いほうがいい。

　私たちの最初の投資家、ベン・ホロウィッツとマーク・アンドリーセンは、「対立の先鋭化」という手法をとった。これは対立を公にするということだ。これが火に油を注ぐこともある。それでもそうするのは、対立が公になると、問題の核心が見えてきて、解決法がわかるからだ。「公にして解決する」とベンは言う。「問題が控えめなあいだは解決でき

6　すべてを明かすと、ベンとマークはこの考えをウラジーミル・レーニンから得て、レーニンはカール・マルクスから得た。

ない。しかし、大きな問題なら解決できる」。そのため、危機的な問題を誘発し、重要な局面に変えるのだ。

　例をあげる。ある年、私たちは上級管理職を採用し、経営幹部に据えた。この幹部はすばらしい経歴の持ち主で、尊敬を集め、わが社よりはるかに大きな競合他社で同じ役職を担っていた。このような人物が、わが社のような小さなスタートアップで働いてくれるなど信じられなかった。この人ならどんな大企業でもポストに就けただろうし、もっと稼げただろう。それなのに、わが社に来てくれたのだ。これは大成功したようなものだ。

　だが、数カ月も経たないうちに、不穏な空気が流れだした。その幹部の組織は重大な危機に直面していたのに、その人物は仕事に身が入っていないようだった。すると、その幹部は3週間の休暇で離れた場所に行き、連絡がとれなくなった。ちょうど私たちが重要なプロダクトを立ち上げたころだったのに。

　仮にもっと役職が下の人間がへたにこんなふるまいをしたら、私たちは間違いなく腰を落ちつけて「難しい話」をしただろう。だが、この人物に対して、私たちはおじけづいていた。あまりに多くのものを委ねていたからだ。この人物は書類のうえではすばらしかった。さらに私たちは、経営幹部の調査には半年かそれ以上もかかるため、はじめからやり直すことを恐れてもいた。

　結局、私たちは現状を把握しなくてはならないことを受け入れた。例の幹部が休暇から戻ると、もっと仕事に身を入れてもらわないと困るという話をした。数日後、幹部は仕事に関心がもてないと言った。私たちは決別し、新しい人材を探しはじめた。心躍ることではなかったし、計画に遅れも生じた。しかし、あの率直な話しあいをしなかったなら、ずっと先になるまで話が進まなかったにちがいない。そのあいだ、組織全体が問題の渦に足止めされ、もっと遅れが出ていただろう。

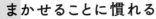

まかせることに慣れる
いちばんつらいことだが、特に好きなものをあきらめる

　オクタを創業したとき、私は社長兼COOだった。人事の責任者でもあり、CIOだった。最高セキュリティー責任者で、CFOで、総評議会のメンバーでもあった。

　会社が成長するにつれて、こうした各職務の規模と複雑さが増し、それぞれの分野の専門家を雇い入れる必要が出てきた。これは自明なことのように思える。だが、さまざまな職務を手放したがらない創業者は驚くほど多い。

　2012年に初めて営業の責任者を採用した当初、私はがっくりしてしまった。もちろん、それは必要なことだった。これは、私たちが悪循環から抜け出せるようにと、ベンがアドバイスしてくれたことの1つだった。

　だが、私は顧客と直接関わるのが好きだった。私たちの物語をわかりやすく語り、取引を成立させるのが好きだった。こうしたことを担当しなくなると、管理業務だけをすることになるのではないかと心配だった。

　もちろん、私はその不安を乗りこえた。1年後、私は仕事で新しい責任を山のように抱えていた。いずれにしても、営業を統括する時間などなかっただろう。

　長い時間をかけて、私はこれからの1年を見通し、現在抱えている責務のうち、専門家にまかせられるのはどれかを判断できるようになった。たとえば最近、わが社は企業の買収を始めた。トッドと私は最初の2つの買収をみずから手がけた。

　しかし、はじめからわかりきっていたことだが、さらに多くの買収をおこなうためには、経験豊富な事業開発執行部が必要になる。そこで、私たちは早急に1人を確保した。

　多くの創業者が仕事を手放そうとしないで足をすくわれる。最初は自

分ですべておこなわなくてはならないが、その大部分を楽しめる。知的な難題を楽しんでいるのかもしれない。管理する感覚を楽しんで（必要とすらして）いる可能性もある。しかし、会社の規模が大きくなると、急激に圧倒されていく。すると、あらゆる仕事の重みが積み重なって、つぶされてしまう。

そこで、私からのアドバイスだ。仕事の一部が大きくなりすぎて、それを誰かにまかせなくてはいけなくなる時期を予測する能力を、早い段階から養おう。仕事をまかせる半年から9カ月前に代わりの人材を探しはじめる。自分の仕事を「あまりにたくさん」手放したら、「やることがなくなってしまう」のではないかという恐怖心にあらがうのだ。

約束してもいいが、そんなことにはならない。後任があなたの仕事の一部を引き継ぐころには、あなたの仕事もあふれるほど増えているだろう。

■ カウボーイにならないこと

「私たちはチームとして勝利するので、独りで負けてはいけない」というロジャー・グラートのモットーをここでもう一度紹介したい。これは企業文化の一端として重要なだけでなく、リーダーとして身につけておく必要がある考え方だからだ。

創業者といえども、何もかも知っているわけではない。社員より賢いわけでもない。そのため、問題を抱えて困っているとき、助けを求めることを忘れないようにしよう。チームに、役員に、投資家に、ほかの創業者に助けを求めるのだ。

こうした行動を創業者みずから示せば示すほど、ほかの社員も気兼ねなく助けを求められるようになる。たとえば、オクタの営業はすべて顧客担当が指揮を執る。営業担当者はもともと負けず嫌いなことが多い。彼・彼女らのその「カウボーイ」的気質が、営業とい

う荒野でうまく立ちまわるのに役立っている。

　しかし、契約の成立にはほかの人もたくさん関わる。プリセールス・エンジニア、プロフェッショナル・サービスマネージャー、エグゼクティブ・スポンサー[7]も役割を果たす。そのため、顧客担当者の競争心を評価するいっぽうで、彼らが行き詰まったときに助けを求められるようにもしておく必要がある。プライドが高すぎて協力しあえないという理由で、営業に失敗するわけにはいかない。創業者などの上層部がこれを体現すると、誰もが助けを求められる企業文化が築かれる。そうすることで、会社全体がうまくいく。

7　プロジェクト管理の担当者。

第 8 章

成長

　2018年には、私たちは2011年の悪循環から抜け出していた。それどころか、2017年にオクタは上場し、世界じゅうで急速に発展していた。その年の9月、私は潜在顧客と顧客に会うためにヨーロッパに飛んだ。

　サンフランシスコで飛行機に搭乗すると、私は1泊か2泊で顧客訪問をおこなういつもの出張との違いに思いをはせた。私の親戚がフランスにいるので、会えるのが待ち遠しかった。それだけでなく、ヨーロッパでの高水準のビジネス活動で何が学べるのかも楽しみだった。会社が成長すると、こうした機会も生まれる。

　予定が詰まっていたため、親族と会えるのはほんの短い時間だけだった。そのときですら、のんびりはできなかった。ある晩、私はパリに住むいとこの家にディナーに出かけたのだが、営業の電話のためにすぐに外に出るはめになった。激しい雨が降っていたので、私はびしょ濡れにならないためにドアにぴったりと身体を押しつけていなくてはならなかった。8日間の滞在で5カ国を訪れ、どういうわけかロンドンのヒースロー空港を8回も通過した。うーむ、華やかなものだな、と思ったのをおぼえている。

　私が言いたいことはこうだ。会社が成長すると、リーダーとしてのプレッシャーが重くのしかかってくる。新たなチャンスが開けると同時に、選択肢が狭まる。急成長するスタートアップを率いるのは、パイの大食いコンテストで優勝するようなものだと表現する人もいる。優勝すると、もっとたくさんのパイが食べられるというわけだ。

◆

サービスナウのフレッド・ルディが、スタートアップが迎える3つのおもな段階について話してくれた。最初に、実用最小限のプロダクト（MVP）を顧客に届けるよう取り組む。次に、実際にどんなものを開発したほうがいいかを学ぶ。顧客がMVPを使用するのを注視することで、本当のニーズがわかる。最終版ができあがるまでにさまざまな改良版をつくりながら、試行錯誤をくり返していく。

　ここで3番目の段階に入っていく。フレッドはこれを「上昇し、卓越する業務」と言う。私はただ「成長」と呼ぶ。とはいえ、考え方は同じだ。「優れた会社をもち、向かうべき巨大市場があるなら、次は、社内のプロセスと手続きを万全にしなくてはならない」とフレッドは言う。これが本章で扱うことだ。

　これまでは、自社のプロダクト開発だけでなく、流通とマーケティングプログラム、一定の利益を生む価格構成におもに意識を向けてきた。これが成長の土台となった。

　今度は社内へと目を向ける。この時点までの運営はおそらく、散漫で非効率的だっただろう。結局のところ、「いちばん重要なこと」はプロダクトを適切にすることにつきた。だが、社内組織の規模を大きくする（巨大に成長させる）ためには、円滑で効率的に運営されなくてはならない。

　言うまでもなく、この時点でも競争はおこなわれている。**競争が終わることはない。上場してから数年たつ現在のオクタでさえ、危機に次ぐ危機のなか、やっとの思いで前進することも多々ある。課題がなくなることはない。課題はどんどん大きく、複雑になっていく**（カンファレンスで登壇する創業者に見られる陽気な態度に騙されないように。彼らがリラックスして穏やかそうに見えても、ステージから下りたら、5つの異なる試練にさらされているのだから）。

　望んだようにはいかないことを受け入れること。これが私からのアドバイスだ。そして、最も重要なもので成功することに集中しているかぎり、大丈夫だと知っておいてほしい。

まず、成長戦略をもつ

それから、全員が実践できるようなシステムを必ず構築する

　創業者には実行力がある。創業者はたいてい、自己を律する力が強く、順応性が高く、信じられないほど勤勉である。だが、たくさんの仕事をこなせるからといって、それが適切な仕事でなければあまり意味がない。同様に、社員数が200人、500人、1000人と増えても、全員を同じ方向に向けられなければ、たいした仕事にはならない。スタートアップが成功するのは、社員が容赦なく集中するときだ。全員がばらばらの方向を向いては手詰まりになる。そうならないためには、システムが欠かせない。

　多くの企業で、「目標とおもな成果（OKR）」という手法がとられている。オクタでは、「ビジョン、メソッド、ターゲット（VMT）」[1]というシステムを利用している。

■ ビジョン

　これが出発点になる。ビジョンとは、自社の目標（とその理由）を説明し、明確で簡潔なフレーズでみんなを鼓舞するものである。

■ メソッド

　次に、翌年に向けて、おもな目標（オクタでは「メソッド」と呼ばれている）を4つから6つ決める。各メソッドに対して、その目標につながるよう、

1　これはセールスフォースの「V2MOM（ビジョン、価値、メソッド、障害、基準）」というフレームワークにもとづいている。V2MOM は信頼できるが、（私たちには）少し複雑すぎる。このオクタのバージョンはすべて、オクタの執行副社長とトッドの補佐官を務めるアンジェラ・グレイディの功績だ。

4つから6つの活動やプログラム（これを「サブメソッド」という）を結びつける。

■ ターゲット

これは、数値化可能で、目標を達成できたかどうかを判断する成果である。

私たちはまず全社の上級管理職のあいだでVMTを実施しはじめる。そこから各部署（それぞれ独自のVMTをおこなう）に下りていき、各課、各グループ、全社員にまで落としこんでいく。オクタの社員は、各自が自分の仕事に対するVMTをもたなくてはならない。これは、時間をかけるところを記したロードマップや、達成すべき目標のリストになる。

会社がまだ小さいときでさえ、この考え方は発展させる価値のある習慣だ。そうすれば、あなたもチームも高い集中力を発揮しつづけることができる。これを習慣にするために時間をとることだ。オクタでは、営業年度が始まる2月の5カ月前、9月に会社をあげてブレインストーミングを始める。会社が小さいほど、始めるのはもっと遅くてもかまわないが、会社が成長するにつれて、どんどん前倒しにしていく。

どうしてわざわざそうするのか？　これにはおもに3つの利点がある。

■ 混沌として不確かな状況が解消される

全員が何に意識を向けているのかはっきりわかる。

■ 隣のグループが何に取り組んでいるのかわかりやすくなる

会社が大きくなり、グループ間に物理的な距離が出てくると、このことがますます重要になってくる。グループ同士が違うフロア、建物、都市に移ると、協調するための方法がますます必要になる。

■ チームの自立性が高まり、大きな主導権をもつ余地が生まれる

適切なロードマップがあるとわかるので、チームの裁量を大きくすることができる。

VMTが業績管理にも役立つのは、従業員に上層部から期待されていることが伝わるからだ。年度末に、ある社員が会社全体の成功に貢献できているか（それとも、わき道にそれているか）どうかがはっきりする。

草案ができたら、VMTは、四半期や年間の運営リズムを設定するなど、実務的な目的に利用できる。また、予算配分のプロセスの枠組みをつくるのにも役立つ。トップダウン（会社全体のメソッドに適切に資金が供給されているかどうかをチェックできる）とボトムアップ（マネージャーがVMTを使って、人員数や運営費など、あらゆるコストの配分を会社全体の目標に合わせられる）、どちらにも有効だ。

■ 先人の教え

組織の人員が増えるほど、おそろしく集中していることの価値は高くなる。1900人の社員がばらばらの方向に向かうリスクははかりしれない。いっぽうでは、それだけたくさんの社員がいると、「ようやくずっとやりたかったことがいくらでもできる」と感じるだろう。もういっぽうでは、当然のことだが、たとえそうした多くのことに挑戦しても、無残に失敗してしまうかもしれない。
——アーロン・レヴィ（ボックス）

■ 小さいほど速い
スタートアップのおもな競争力

「スピードがすべてだ」とズームの創業者、エリック・ユアンは言う。
「レガシー企業など気にしなくていい。やつらはのろい」。ユアンにはわ
かっていたのだろう。彼は、ウェブエックスがまだスタートアップだっ
た1990年代後半に入社した。2007年、同社はシスコに買収され、それ
から3年後、ユアンは惨めだった。それはどうやら彼だけではなかった
ようだ。「毎日顧客と話をしたが、誰ひとりとして満足していなかった」
そうだ（シスコはその後、プロダクトを設計しなおしている）。

　2011年、ユアンは退職し、ビデオ会議用のツールを手がける会社を
始めた。これが現在、誰もが知っているズームである。大企業に対抗す
べく、かなり競争の激しい市場に参入したが、ユアンは自分ならもっと
うまくやれると信じて疑わなかった。

　夏までに、約20人のエンジニアを抱えたが、それに対してレガシー
企業では何千人もの人が働いていた。「顧客の体験とストレスを感じる
部分に意識を向け、すぐにイノベーションを起こせば、自分たちが急速
に発展できるとわかっていた」という。ユアンの言うとおりだった。同
社は毎年、規模が倍に成長していき、2021年後半には、社員数が6300
人になっていた。

　その後の展開はご存じのとおりだ。パンデミックによって世界じゅう
で数千万人がロックダウンを強いられると、ズームはいち企業以上の存
在になった。「ズームする」は一般動詞になり、数あるリモート通信の
なかでも最初に選ばれるようになった。2021年秋には、同社の時価総
額は780億ドルになった。

　レガシー企業には畏敬の念を抱くことが多い。資金が豊富で、顧客と
の強い信頼関係もあり、中小企業に外注することもできるからだ。だ

が、スピードに関してはほとんど競争力がない。

　大企業は石油タンカーのようなものだ。全速力で進んでいるところから完全に止まるまで5キロを要し、方向転換の際の弧の長さは何キロにも及ぶ。反対に、スタートアップはモーターボートである。急ブレーキも急旋回も自由自在だ。

　たとえ大企業がエコシステムの変化を把握していても、社内の惰性のせいで、意味のある変化を起こせないことが多々ある。同時に、利益幅と利益を継続して確保するために、顧客満足度を二の次にすることも多い。金融市場の要望に応えるためにそうすることも少なくない（変化には通常、研究開発への投資を伴うが、そうすると、短期では利益性が下がり、しばしば株価にも影響が出るからだ）。企業が現状維持を優先させるため、トップクラスのイノベーターがよりクリエイティブな場を求めて離職することもある。

　ここに、スタートアップの有利な点がある。顧客と密接な距離を保ち、顧客の満足を何より優先させることができたら（リンクトインで、ユアンの本業のリストには「ユーザーに満足を届けること」がある）、既存の地位にとってかわり、顧客を奪えるようなものをつくれるかもしれない。しかし、資金がそれほどもたないだろうから、迅速におこなう必要がある。そのため、資金（投資家が資金を出す意欲）がつきる前に、競合のレガシー企業を追い越さなくてはならない。

「完璧」に反対する

合格点でよい根拠

「完成は完璧に勝る」という言葉を聞いたことがあるだろうか。フェイスブックが全盛期だったころ、ウォールに投稿されたものだ。「完璧はよいものの敵である」というのもよく見かけるが、こちらのほうが好みかもしれない。

　どちらにしても、特に起業したてのころは、この考え方を身につけなくてはならない。その時期は、完璧さより勢いのほうがたいせつになる。完璧になるまで待っていたら、資金がつきてしまう。さらに、顧客の手に届けるまで、それがどれほどよいものなのか本当にはわからない。

　このことは、実際に販売を計画しているプロダクトと、社内運営の両方にあてはまる。たとえば自社の規模がまだ小さいとき、最良の人材、サプライチェーン、財務ソフトの調査に時間をかけてはいけない（こうしたものはたいてい大手上場企業向けにつくられている）。合格点を出せるものを探すのだ。それを導入し、どれだけ機能しているかを追跡調査する手順を設け（そうすればアップグレードする時期がわかる）、それから前進する。

「完成は完璧に勝る」とは、もちろん低品質のプロダクトをつくるという意味ではない。ある期限内にベストを尽くし、それを世に送りだすという意味だ。いったん世に出たら、顧客の使い方を知り、改良や修正が必要なところがわかる。だが、どんなことがあっても前進しつづける。壁にぶちあたり、とん挫することもあるだろう。しかし、そんなことは問題ではない。一歩下がって、新しい道を探し、前に進みつづけるのだ。

■ 財務と法務については例外
この部門に「イノベーション」を起こさない

　ここまでのアドバイスにあてはまらない2つの部門が財務と法務だ。
財務は法令が適用される。クリエイティブになってはいけない。奇をて
らわない。標準的な慣行に従うことだ。この部門を管理するには、自分
で知識を身につけるか、信頼できる専門家を雇うかだ。法務に関するこ
とも適切におこなおう。契約書は必ず正確に草案を書く。法律について
助言を受けたときは顧問弁護士の言うことを聞く。

　何によって失速させられるかきっとわかっているだろう。法を犯すこ
と。契約を破ること。監査官や検察官がやってくること。訴訟を起こさ
れ弁護士費用がかかること。あるいは、あろうことか、収監されてしま
うこと。ほかの部門に関しては、好きなように限界を押し広げてもかま
わない。だが、この2つだけは別だ。

■ 新米の親のように行動する

　「最初の子どもができたころ、私はそれまでに赤ん坊と接したこと
がまったくありませんでした」と、メダリアのエイミー・プレスマ
ンは言う。「ヨーロッパで出産し、5日間入院したあと、厳格な看
護師長に呼ばれてこう言われたのです。『エイミーさんはもう退院
できます』。私が怖がっているとわかったのか、彼女はアドバイス
してくれました。『みんなの話を聞きなさい。バスにいる知らない
人、おばさん、友人、育児書やテレビ番組や新聞の記事、あらゆる
ものに耳を傾けるのです。そのうえで、自分で決めなさい』と」。

　起業家にも同じことが言える。「起業家ははじめてのものを扱う
ことになるので」とエイミーは言う。「常に誰かと話して、学ばな

くてはならないのです」。

　1年か2年先輩の創業者の人脈を積極的に開拓しよう。自社と同じような会社を運営している人でなくてもかまわない。似たような問題に対処していればそれでいい。営業、サプライチェーン、財務、法務、人事など、どんなものだろうと、はじめて直面する難題のリストは多岐にわたるはずだ。

　人脈を使って相談し、時間を節約して答えを出す。あらゆる問題の解決策を調査し、車輪の再発明をしている暇などない。人脈をつくり、それをうまく利用し、今度は後輩の起業家を助けることで恩返しをするのだ。

ボトルネックに注意

何かを入れかえなくてはならない兆候

　会社を機能させる4本の柱とは、人材、システム、プロセス、データである。どんな規模でも、どんな課題やチャンスが目の前にあっても、会社の成長にともなって、これらをアップグレードしなくてはならない。

　顧客がほんの少ししかいなかったときにチームをサポートしていたシステムと、何千もの顧客を抱えているときに使うシステムは同じではな

い。社員が30人のときにうまくいっていたプロセス（創業者が経費報告書や有給休暇の管理をするやり方など）は、社員が1000人いたら機能しない。さらに、自社が大きくなると、複雑な組織を運営するためには、詳細で正確なデータが必要になる。

　このような場合、アップグレードする時期を見極めることがたいせつになる。あまり早い段階でこれに取り組んでも意味がない。システムやプロセスの再編をすると、電源を切っているあいだ、すべてが停止する。なにもかも順調に進んでいるのなら、その勢いを妨げないことだ。

　そのいっぽうで、何かに対処できないほど会社が巨大になったら、それ以上待っていられない。古くて汚れたエアフィルターのせいで車が遅くなるように、システム、プロセス、新しい作業量に対応できない人材のせいで組織の動きが鈍くなる。

　変化を起こすタイミングはどうやったらわかるだろうか？　ボトルネックが現れたら、何かがうまく機能していない証拠だ。物事が停滞しはじめたら、古い要素を新しくするためにいったん立ち止まらなくてはいけない。これには時間と労力をかける価値がある。顧客の数や収益を増やすためには、規模の拡大が大事だと考える創業者は多い。だが、同様にインフラの規模も大きくしなくてはならない。

　この4つの要素のうち最も対処するのが大変なのが「人材」である。特に、自分の仕事に対応できなくなった社員だ。これはたいてい、会社の成長にともない、仕事が手に負えないほど大きくなったことが原因になる。管理職が困りはじめる以下の兆候に注意する。

・チームの仕事の質が下がりだしたとき
・ほかのグループに比べて離職率が上がったとき（こうしたことがたびたび起こるのはリーダーが社員の昇進のために監督したり教育したりする方法を知らなかったり、さらに悪いことには、社員を支配したり細かいところまで管理したりするからだ）
・その社員のまわりに、ほかの社員がいるようになったとき

仕事についてこられなくなった社員を解雇しなくてもいいが、今後の彼・彼女らの職務について難しい話を切り出さなくてはならない。

　こういった「ピークに達する」ことはよくある。特に会社がまだ小さく、求められる仕事があまり複雑ではなかった初期に入社した社員にありがちだ。そういう人のなかにも中間管理職に喜んで切りかえ、引き続きうまくやれる社員もいる。

　しかし、その資質も適性もないのに、出世しつづけたいと思う社員もいる。こういう人たちは、社内で望んだ仕事ができないと、退職を決め、転職することが多い。これは心躍ることではないが、リーダーとしての仕事は、会社全体をうまく機能させるために全体像に目を光らせておくことだ。ときにそれは、次のステージのために必要な責任ある仕事をまかせられないと伝えることでもある。

■ 先人の教え

　私が知っている最も才能あるエンジニアのなかには、10人規模の組織を運営している人たちがいる。そうした人たちに1000人規模の上に立つ職務をまかせると、管理職にならざるをえず、エンジニアとしての才能を発揮できない。

　これは営業でもほかの職務でも同じだ。そうなると、私たちの目標は、何が必要かをその人物に気づかせることになる。そして、管理職の仕事で力を発揮できないなら、彼・彼女らがもっとうまくやれる職務を見つけなくてはならない。

——アニール・ブースリ（ワークデイ）

顧客にプロダクトを具体化させる

無理のない範囲で

「私が見てきたなかで、成功するスタートアップはみな最初のアイデアを思いつくが、そのあと、顧客にプロダクトを具体的なかたちにさせる」とワークデイの共同創業者兼CEOのアニール・ブースリは言う。彼はピープルソフトで長年働いたあと、2005年、現在の時価総額が730億ドルになるクラウドベースの財務・人事ソフトウェア企業を起業した。

ブースリは顧客のニーズをしっかり理解してワークデイを始めた。それでも、ワークデイをどのように機能させるかを考えるために、最初の10件から15件の顧客（おもに中小企業）の話に耳を傾けた。巨大で複合的な企業がワークデイの顧客になるにつれて（まずチキータが、それからモルガン・スタンレー、トムソン・ロイターが顧客になった）、密接な関係を築き、さらにプロダクトを具体的なかたちにしていった。「時系列でわが社のロードマップを見ると、特定の顧客と結びついていない機能など1つもない」とブースリは言う。

私たちもオクタで同じことをした。私たちは顧客が求めるものについて、直感でスタートした。だが、実際に開発した機能やツールを整理する方法はすべて、顧客から必要だと聞いたことの影響を直接受けている。

私たちは顧客を販売相手というより協力するパートナーとして考えている。結局、本当に価値があるのはこのパートナーシップだ。それは、単に売上がかなり上がるからではない（できれば、そうあってほしいが）。顧客の声にきちんと耳を傾け、信頼できるパートナーとして見てもらえる

ようになると、経営幹部からどのようなソフトウェアを構築したらいい
か、直にたずねられるようになるからだ。そうなると、生涯のパート
ナーになれる。

　顧客の部門を効率的で、スピーディーにし、事業に対する理解を深め
ることができたら、最終的に、顧客はかなりの額の費用を削減できるよ
うになる。

　このときこそ、あなたの会社が本当に価値ある存在になる。そうなる
と、ほとんどの会社があなたの会社を手放したくなくなるだろう。どん
なものを開発しても、スマートで、役立ち、大幅なコスト削減ができる
と信じてもらえる。さらに提案をすると、既存の顧客の大半が喜んでそ
れにサインしてくれる。

■　クジラに惑わされない

　顧客にプロダクトを具体化させる方針について注意することがあ
る。最初のころ、巨額の小切手を携えた大口の顧客（またの名を「ク
ジラ」）から、（前の章で出てきたオクタの潜在顧客のように）彼・彼女らにし
か意味のない機能を開発してほしいと言われるかもしれない。実際
のところ、こうした顧客は特注のソフトウェアをつくってほしいと
頼んでいるのだ。大半がそれに対して気前よく支払いをしてくれる
だろう。

　だが、そうしてはいけない。

　聞き取り調査は、何百、何
千、何十万という顧客が求め
る機能やプロダクトを見つけ
るためでなくてはならない。
一度開発したらたくさんの顧
客に売れるプロダクトをつく

り出すことで、急成長できるからだ。特注の機能をつくると足踏みさせられる。長い目で見て成功したいのなら、最後まであきらめず、クジラの申し出を断ることだ。

■ 悪い話は顧客を失望させるようになること
よい話はそれで運命が決まるわけではないこと

　いつか失敗することがある。それもひどい失敗を。私たちの経験を伝えよう。オクタが創業してから数年のころ、何時間も機能が停止した。私たちの最初の有名企業の顧客を含め、午前中ずっとオクタのサービスが利用できなくなり、メールなどいくつかの重要なツールが使えなかったのだ。

　大惨事だった。思い出すと、いまでも胃が痛くなる。当然だが、災害復旧計画をつくってあったので、急いで実行させようとしたものの、迅速に復旧させることはできなかった。そこで、トッドと私は次善の策を講じた。

　私たちは電話をとり、1件ずつ顧客に電話をかけた。まず、何かデータが消えていないかをたずねられた。それは問題なかった。あるCIOなどは特に気にしていないそぶりだった。それどころか、こんなふうに言われた。「私ではなくあなたたちの問題でよかったです」と。仮に旧式の、オンプレミスのサービスが使えなくなっていたら（そうしたことは、しょっちゅう起こっていた）、奔走しなくてはならないのは顧客のほうだったからだ。いまでは私たちが問題を解決しているあいだ、顧客はのんびり座っていられる。

　結局、失敗に対処する方法で違いが生まれた。きちんと打ち明けたことで信頼が生まれたのだ。私たちの顧客は「オクタは完璧ではないが、信頼できる」と思ってくれた。これにはかなりの価値がある。

　何もかもが裏目に出る日もあるだろう。それに対応できるのは順応性があるからだ。とはいえ、悔しい思いをすることになる。かなり費用がかかるかもしれない。これで会社がだめになるかもしれないと心配さえするだろう。

　しかしそうしたときでも、ビジネスでは業務と同じぐらい関係性が大事だとおぼえておこう。自分が相手の立場だったらそうしてほしいと思うやり方で顧客に対応することだ。

■　**先人の教え**

　テクノロジーを専門とする人が必ずしも人間関係の力を理解するとはかぎらない。彼・彼女らは、プロダクトの成功がテクノロジーのすべてだと考える。しかし、テクノロジーも失敗する。完璧ではない。

　アメリカの損害保険ジャパン株式会社は15年にわたりセールスフォースの顧客だが、それは、エグゼクティブ・スポンサーである私との関係性の賜物である。たとえ問題が発生しても、顧客にとって最も大事なことは、私たちとの信頼できる関係性と、私たちが対処できるという確信なのだ。

　　　　　　　　　　　　　　──パーカー・ハリス（セールスフォース）

顧客に寄り添う

そう、あなたが創業者なのだ

エイミー・プレスマンは毎朝、メダリアの顧客からのコメントを10件読む。「顧客自身の言葉で語られた体験に耳を傾けると、どれだけアイデアがひらめくかご存じでしょうか?」と彼女は言う。コメントはメダリアが開発したアプリに表示される。これは、顧客と社員の意見を集めるために開発されたプラットフォームの一部である。エイミーは私と同様、顧客から目を離さないことが成功の鍵だと信じている。

会社が小さいころ、創業者と顧客との距離は近くならざるをえない。営業する人間は自分しかいないし、事実上、カスタマーサポートも担うことになる。

会社が大きくなってくると、そうした業務をほかの人にまかせるようになる。すると、顧客との接点をなくす恐れがある。現場の営業担当からの報告書には目を通すだろう。部長とのミーティングを頼りにするかもしれない。しかし、顧客と直接話さないかぎり、全体像は描けない。情報には、特に悪い知らせには、必ずフィルターがかかる。

顧客の意見を集めるツールをつくるのに20年かけたエイミーには、顧客と直接関わるという考えに難色を示す幹部がいることもわかっている。彼女の知り合いのある幹部は、顧客のことを「必要悪」と考えていたそうだ。「この人物が心から顧客を嫌うのは、彼・彼女らから不満を言われるからなのです」。

しかし、これは皮肉な話だ。顧客の不満を聞くことは、実際はとても役に立つ。何が機能していないかがわかるだけでなく、新しいプロダクトに対するアイデアも生まれる。

会社が大きくなり、規模が拡大しだしたら、幹部（創業者も含む）が顧客と接点をもちつづけるためのプロセスの規模も忘れずに大きくする。オクタでは、いくつかのプログラムを実践し、うまくいっている。以下を参照して、みなさんも実践してほしい。

1 エグゼクティブ・スポンサー・プログラム[2]

部長より上の幹部のほとんどが、最大で5社まで一流の顧客企業の担当をする。最低でも四半期に一度は顧客と対面で会い、定期的に電話で話す。オクタの幹部（スポンサーとよぶ）は同程度の地位の相手に、自社のロードマップと顧客の興味をひく新しい機能やプロダクトを伝えておく。スポンサーは、顧客先で自社のツールの使用を妨げる大きな要因を取りのぞけるようにもする。

幹部同士が会っておこなう仕事は、アカウントマネージャーや営業担当ではかわりがきかない。自社の幹部が顧客個人にとって頼れる「相棒」になることで、相手の信用と信頼を築くことが目的だからだ。そうすることで、顧客の成功に貢献していることが伝わる。

だが、これは自社の役にも立つ。自社の幹部が顧客のニーズにしっかり寄り添えるからだ。また、次のような好循環も生まれる。顧客側の幹部から、新しいプロダクトや機能へとつながるすばらしい考えを教えてもらえる。すると、顧客がさらに自社のプロダクトを使うようになり、売上が上がる。

2 ミーティングの要約を配布

私はフォーチュン500に名を連ねる企業の経営幹部と定期的に話をする。そのあとで、社内の上位100人の管理職に詳細な報告を送る。そこにはおもな情報だけでなく、話しあったことの要約、それが重要な理由、事前に準備した書類も含める。

こうすると管理職たちは、私が見聞きしたものを直接受けとれる。この報告は、幹部たちが自分の仕事でよい決断を下すのに役立つ。よい知らせではないときでも、あるいはよい知らせではないときこそ、こうした情報を伝えると、広範囲の人たちが問題解決について共有できる。

2　このアイデアはもともとセールスフォースによるものだ。トッドと私はそこではじめて知った。

■ エグゼクティブ・スポンサー・プログラムを実行する

　エグゼクティブ・スポンサー・プログラムを実行に移す場合、それが「全自動」ではないことを忘れてはいけない。オクタには、プログラムを統括し、きちんと実行させるのを専門とする役職の幹部がいる。以下に私たちが得た教訓をあげる。

・ 共通のビジネスの関心がある企業か、すでに関係がある企業の担当に幹部を据える

　たとえば、顧客のIT事業部が同社のCFOの管轄にある場合、自社の財務担当の役員にまかせる。マーケティング業界の企業だったら、マーケティング担当の役員に対応させる。

・ アカウントマネージャー[3]にプログラムを推進させる

　顧客との関係がある社員が、エグゼクティブ・スポンサー・プログラムを推進し、まとめる。ミーティングや電話の手配をし、顧客につながるあらゆる情報をスポンサーに伝える。スポンサーが調査する必要のある問題を耳にしたら、フォローアップのために、それをアカウントマネージャーに伝える。

・ 各幹部が担当する顧客は最大で5件までにする

　この仕事には時間も労力もかかる。1人のスポンサーが引き受け、関係に必要とされる注意を向けられるのは、多くても5件までだろう。

3　企業によっては、この役職はカスタマー・サクセス・マネージャーという。

■ 不景気に起業する
不況のときにも希望の兆しは見つかる

　景気が悪くなると、私はよく起業志望者から、景気がよくなるまで待ったほうがいいかどうかたずねられる。その答えはノーだ。絶対によくない。

　GE、GM、IBM、ディズニーなど、すばらしい企業が不況時にたくさん誕生した。最近だと、マイクロソフト、エレクトロニックアーツ、みんなが大好きなトレーダー・ジョーズも厳しい時代に創業した。

　オクタも2009年後半の世界金融危機の真っ最中に創業した。エアビーアンドビー（2008年）、ウーバー（2009年）、ワービー・パーカー（2010年）もそうだ。アニール・ブースリのワークデイも世界金融危機の3年前に創設されたが、景気が底を打った時期に成功しはじめた。「社員数は2年近く変わらなかったが、退職者が出ないようとても気をつけていた」とブースリは言う。「金融危機がどれくらい続くのかはわからなかったが、なんとかしてやりぬくと決めた」。最終的に、不景気のおかげでワークデイはたくましくなったそうだ。その理由を紹介する。

■ 景気がいいときより規律正しくなる

「不景気のときにはたくさん学ぶことができる」とブースリは言う。「本当に大事なことに集中するようになる。あらゆるリソース、あらゆる人材がたいせつになり、1ドルだって無駄には使わなくなる」。こうした経験をへて、ワークデイは金融危機以前よりはるかに厳格な企業になった。

■ セールストークが研ぎすまされる

「こうした厳しい状況からチャンスが生まれる」とブースリ。「ビジネ

ススクールを出て2、3年のとても頭のいい人材が入社した。私は彼に『この不況時に、私たちは企業への価値ある提案を考えなくてはならない』と伝えた。彼は、レガシー企業のオンプレミスのシステムと比べると、コストが4、5年で半分になるすばらしいモデルをつくった」。実際にこの時期、ワークデイは50%も成長した。

■ 競合が減る

ワークデイは、企業の人事・財務業務のクラウド化に早くから取り組んでいた。だが、もし不景気でなかったなら、もっとたくさんの競合他社が現れただろう。不況時には人はしり込みする。「不況のせいで、競合するたくさんのスタートアップが参入しなかった」とブースリは言う。「私たちの市場がどのように発展したかを調べると、現在その市場にはワークデイしかいない」。

■ 先人の教え

成功したスタートアップを調べると、その成功にまつわる出来事が修正されていることが多い。しかし、次から次に企業を見ていったあと、私は「最後まで生き残る法則」の虜になった。難しい局面に取り組み、耐え抜いて、それを長期間続けるだけで、たくさんの企業が成功した。私は起業志望者に、巨大な市場を選び、順応性を示し、危機に次ぐ危機をなんとか進んでいくことを伝える。そうすると、5年、10年、15年後に振り返ったとき、自分が何か特別なものを築き上げたとわかるだろう。

——ティエン・ツォ（ズオラ）

競合を無視する

相手は自分より詳しくない

　有名な料理コンテスト番組『グレート・ブリティッシュ・ベイキング・ショー』を観たことがあるだろうか。これは、一般の人が参加する焼き菓子のコンテストだ。各エピソードには「技術的な挑戦」というコーナーがある。ここで参加者たちは、それまで見たこともないレシピを渡されて、すぐにつくることになる。

　このコーナーでは、必ずある場面が映る。参加者がほかの人が何をしているのかを見て、自分が正しいかどうかを確かめようとするシーンだ。私にはこれが理解できない。全員が同じ状況にあり、みんなが見事な腕前で誰もが同じように当惑しているのに、どうしてほかの参加者が自分よりもわかっていると思うのだろうか？　そんなことをしても、正しい答えと同じぐらい間違った答えにたどり着いてしまう可能性がある。

　スタートアップも同じだ。競合相手はおそらく、同じ業界にのさばる既存の大手企業だろう。あるいは、市場のシェアをとりあっているほかのスタートアップかもしれない。

　すると、他社の動向が気になって仕方がなくなってしまう。競合他社の新しい機能から目を離さないようにしたり、資金調達の知らせを調べたり、広告やマーケティング戦略を分析したり、雇用状況を追ったり（営業担当を増やしているか、リストラをしているか）など、どうしても相手の動向を把握したくなる。

　そうしてもかまわない。競合他社には間違いなく目を光らせておいたほうがいい。販売機会を奪われていたり、ある特徴や機能のせいで負けていたりする相手は特にそうだ。

231

しかし、そのなかでもやってはいけないことがある。他社の動向を見て自社の戦略を変えてはいけない。自社の機能を変えたり、もっと悪いことに、会社の方向性をすっかり変えたりしてはいけない。そのまま進むのだ。

　どうしてか？　まず、よいプロダクト開発のプロセスがあれば、やるべきことがわかるからだ。やるべきことは、自社のプロダクトを顧客のもとに届けることだ。そうだろう？　そのあとで、顧客のプロダクトの使い方を研究すること。そうすれば、顧客が必要なもの、買おうとするもの、購入してもいい価格がわかる。

　こうしたことがわかると、プロダクトマーケットフィット[4]に磨きをかけられる。そうだとしたら、競合他社がほかのことをやっているからといって、どうして軌道修正する必要があるだろうか？　こちらは、相手がその結論にいたった過程もまったくわからないのだ。他社は予定どおり進んでいるのかもしれないし、すっかり道を外れている可能性もある。しかしほとんどの場合、相手の動向には集中力をかき乱されるだけなので、影響を受けないほうがいい。

4　顧客の課題を満足させるプロダクトを提供し、それが適切な市場に受け入れられている状態のこと。

テック系の中心地に拠点を移すべきか？

必ずしもそうではない

　サンフランシスコ、ベルリン、香港など、主要都市を拠点としていないテック系の創業者は、そうした場所に移ったほうがいいか悩むことが多い。それを支持する主張はよく知られている。そうした中心地は、ほかでは見つからないテック系の才能の宝庫だ。投資家との距離も近くなり、支援してもらえる出会いがあるネットワークに入れるかもしれない。たとえば、私がマーク・アンドリーセンと個人的に会ったのは、共通の知人の誕生パーティーだった。それは、トッドと私が売り込みをするずっと前のことだ。

　そのいっぽうで、世界で最も密集した都市でスタートアップを経営するのはかなりコストがかかる。たとえば、故トニー・シェイはザッポスの本社をネバダ州に移した。サンフランシスコのベイエリアでは人材を確保できなかったからだ。

　さらに、そうした中心都市では人材の獲得競争も激しい。社員の給与は高額で、要求も多い。たとえば、加熱する市場では、面接を検討する前に基本的な条件（窓つきのオフィスの保証など）を提示するプログラマーがいるのは有名な話だ。

　そして、パンデミックによって明らかになったが、従業員のいる拠点がどこだろうと、ビジネスは継続される。それには、ズームをはじめとするリモートワーク用のツールが強力な後押しとなった。かなりの数の優良企業が中心都市から外れたところに創設されたり、成長するために移転したりしている。

　グラブハブはシカゴで生まれ、ジョシュ・ジェームズはオムニチュア

とドーモをユタ州で創業した。フレッド・ルディのサービスナウはサンディエゴで、ジェレミー・ブルームのインテグレートはフェニックスで始まった。レイチェル・カールソンは、現在の時価総額が40億ドル近い非上場のスタートアップ、ギルド・エデュケーションをベイエリアからデンバーに移転させた。生活コストを下げ、生活の質を上げるためだ。

シャシャンク・サクセナのVNDLYはシンシナティに拠点がある。彼は喧騒から離れたところにいる利点に気づいた。

■ 生活コストが下がる

内陸部のほうが沿岸地帯より資金の使い出がある。人件費からオフィスの家賃まで、支出に対して得られるものが多い。

■ 優秀な人材

「ここで獲得できる人材は過小評価されている」とシャシャンクは言う。「シンシナティだけでも、フォーチュン500に名を連ねる企業の本社がたくさんある。1000億ドル規模の企業をつくった人たちはたくさんのことを正しくおこなってきた」。

さらに、こうした企業には洗練されたエンジニアチームがある。VNDLYを創設する前、シャシャンク自身、クローガー（アメリカ最大のスーパーマーケットチェーン）のためにEコマースのプラットフォームをつくり、同社のエンジニアの数を9人から400人近くまで増やした。

■ 顧客との距離が近い

「西海岸に住んでいたら、どれくらい頻繁に飛行機に乗って中西部に向かうだろうか？」とシャシャンクはたずねる。「コロンバス、インディアナポリス、ルイビル、デイトンは車で2時間半以内のところにある。シカゴとナッシュビルは4時間半」。これだけ大きな地域なら、初期の

ユーザーを見つけ、顧客ベースを築くのもかなり容易だ。

しかし、もちろん課題もある。

■ 必要な専門職をすべて集められるとはかぎらない

シンシナティ周辺にも優秀な開発者は（西海岸の企業が支社をつくれるぐらい）たくさんいるが、「市場参入型SaaSエンジン（大企業の顧客を特定し、販売するための高度なセールスプロセスのこと）」を開発したことがある人材が必要だとしても、ここではそこまで豊富な経験がある人材は見つからない。

■ 開発者はリスクを避ける傾向がある

主要都市には、わくわくするようなスタートアップで働くために給与が下がることもいとわないリスクテイカーがたくさんいる。そうした人材はどこにでもいるわけではない。「わが社の一流の開発者は年齢が上で、妻と2人の子どもがいる。郊外に家を買ったので、住宅ローンもある」とシャシャンクは言う。

こうした人材に働いてもらうには、会社の状況を包み隠さず伝えないといけないし、会社自体がしっかりとしている必要がある（手持ちの資金が豊富という意味だ）。そうすることで、こうした人材が安心して安定した仕事を辞められるのだ。

■ 先人の教え

どんな顧客とも問題は起こる。ある時点でうまくいかなくなっても、怖くなって「もうだめだ」と言うわけにはいかない。そのショックを受け入れなくてはならない。ときに顧客に怒られることもあるが、それでもかまわない。

私たちの顧客はIT部門であることが多く、彼・彼女らにも顧客がいる。彼・彼女らも同じようにユーザーから厳しい意見を言われるので、それによる不満や怒りを吐き出したくなることがある。通常は、ただ耳を傾け、正直で率直になり、問題を解決するためのプランを伝えればきっとうまくいく。

——パーカー・ハリス（セールスフォース）

第 **9** 章

大失敗

　2000年、私は将来有望なスタートアップの最初の社員だった。その会社は、フォーチュン500に名を連ねる企業が南アメリカでEコマースのプラットフォームを展開するのを支援しようとしていた。

　私はアルゼンチンのブエノスアイレスに行き、現地のオフィスをかまえた。夢のような仕事だった。23歳だった私には大きなチャンスが与えられていた。世界全体がデジタル販売への移行を必要としていたが、この移行を支援する会社の大半がアメリカに注目していた。この仕事は、早期参入した地域全体に大きな影響を与えるチャンスだった。

　だがすぐに、このスタートアップには深刻な問題があることが明らかになった。まず、戦略的なプランがなかった。営業チームもなかったため、ビジネスのルートを組織的に構築するかわりに、契約に次ぐ契約をくり返して迷走した。

　社内では、企業文化が「アメリカ人」とそのほかの人で分かれていた。2人の共同創業者の1人で、私の親友でもあるベントン・モイヤーはなんとか事業がうまくいくよう最善を尽くしていた。だが、もう1人の共同創業者であるCEOはあまりコミュニケーションをとらなかった。私たちは会社の状況がわからずいつも不安だった。

　すると、状況が悪化した。2000年のインターネットバブルの崩壊に続き、アメリカ同時多発テロが起きて、私たちがターゲットにしていたフォーチュン500に名を連ねる企業の支出にも打撃を与えた。

　そして、2001年12月にアルゼンチンで暴動が起こった。政府は崩壊し、金融セクターは壊滅した。銀行がすべての企業に出金制限を課すと、私は毎朝ATMに行き、プログラマーに日当を支払うための

現金を引き出さなくてはならなくなった。結局私は、毎朝リュックに現金を詰め込んで、デモの参加者で埋め尽くされた通りを往復するのは不可能だと悟った。敗北してうなだれた私は、モイヤーに謝罪し、辞表を出した。

　強いリーダーシップとしっかりとした企業文化のある健全な企業だったら、存続できたのかもしれない。

◆

　新規の起業家の多くが、スタートアップを築き上げる過程が真っすぐ進むと思っている。「発見する段階」に時間をかけ、自社のプロダクトやビジネスモデルにあれこれ手を加える。そして、それがうまくいくと、あとは成長しつづけるだけ。そう考えるのだ。

　実際は、ほとんどの会社が少なくとも一度は倒産の危機に瀕したことがある。一度では済まない場合もある。たとえば、同時多発テロ、政府の崩壊。パンデミックといったどうにもならない外部要因のせいで痛手を負うこともある。あるいは、（フェイスブックやグーグルなどの）第三者プラットフォームをもとに自社の戦略を立てていたのに、突然アルゴリズムが変更され、自社のような企業の優先順位が下がることもある。

　プロダクトはよかったのに、間違った顧客をターゲットにしていたと気がつくかもしれない（これがオクタとユーダシティの例だ。これについては本章で触れる）。資金が底をつきそうなのに、資金調達する方法がない可能性もある（これはラウドクラウドの例だ。こちらも本章で扱う）。2、3年かけて構築したビジネスモデルが顧客には気に入られても持続できないと気がつくこともある（これはタイニースペックの話だ。のちほど触れる）。

　この業界では、こうした存続の危機はよく「ピボット」といわれる。これは、会社が倒産しそうな状態をなんとかしようとして起こる混乱、恐怖、必死な活動をやわらかく言いかえた言葉だ。もっとひどい経験をするかもしれない。創業者であるあなたが、自社の舵をとるのに適切な人間ではないと突きつけられるのだ。サービスナウのフレッド・ルディはこの経験をした。この話もお伝えしよう。

　皮肉な話だが、偉大な起業家になる資質そのものが、自社を窮地に追い込んでしまうことがある。もともと自信がある起業家は、容赦ない決断を下し、ほかの人がおじけづくような勝算でも勝負に出ることができる。彼・彼女らは反対論者に耳を

貸さない習慣を身につけている。その結果、（ほとんど）手遅れになるまで、会社が
おかしな方向に進んでいるのに対処できないことがある。

　このことが、ひどい失敗を犯したことを認めるときに生じる強烈な感情を避けた
いという人間らしい欲求と結びつく。その感情とは、失敗した恥辱、社員や投資家
に与えた痛手、怒りの矛先になる苦悩である。多くの起業家はこれを避けるために、
はっきりした変化がとっくに必要になっているのに、猛スピードで前進しつづけて
しまうのだ。

　こうした危機に直面したら（そうなる可能性は高い）、それがこれまで味わったことが
ないほど精神的につらい経験だと知っておくことだ。

・自社がこれを乗りこえられるか不安になる

　方向性を変えられるほどの資金はあるだろうか？　これまでの「すばらしいビ
ジョン」が根拠を失ったことを認めたあとでも、投資家を説得して追加の資金調
達ができるだろうか？　資金が枯渇する前に、新たな方向に進んでじゅうぶんな
収益を得られるだろうか？

・みんなに嫌われるのが心配になる

　おそらく創業者を嫌う人も出てくるだろう。社員たちは、いまでは成功しないと
告げられたプロダクトに対して、どうしてこれほど熱心に取り組まされたのかと
疑問を抱く。株価が上がるという希望を抱いて、給与が下がってもスタートアッ
プに入社した場合、自社の価値が急落したら彼らは激怒するだろう。
　投資家はどうだろうか？　投資家の人選を誤っていなかったら、引き続き危機を
乗りこえるための支援をしてくれる。しかし、多くの投資家は腹を立てる。責め
られる心がまえをしておいたほうがいい——しっかりと[1]。

---

[1] ちなみに、賢明な投資家選びが重要な理由がこれだ。こうした危機的状況に陥る可能性はかな
り高いため、電話をかけてきて「おれの金はどうなったんだ？」と迫る投資家ではなく、そう
した状況でも協力してくれる支援者を選ぼう。

・愚かな人間に見えてしまうのを恐れる

おそらくそう見えてしまうだろう。スラックで大成功をおさめる前、スチュワート・バターフィールドはタイニースペックでは大失敗を犯した。「自分たちはこんなことをやるんだってマスコミに訴えた」とバターフィールドは述懐する。その後、世間に対して自分が間違っていることを認めざるをえなかった。いい気分だったかって？　そんなはずがない。

こうした時期こそ、欠かすことのできない起業家精神の資質が力を発揮する。晴天時には、誰でもすばらしいリーダーになれる。だが、強風が吹き荒れ、30メートル級の波が打ち寄せるなかでも成功する唯一の方法は、本書の冒頭で触れた必要不可欠な資質をもつことなのだ。その資質とは、順応性、生まれつきの意欲、先が見えないなかでも前進する能力、自己を律する力、自信だ。

大失敗に備えるためには、心がまえをしておくことが最良の方法になる。まず、それがよくあることで、必ずしも起業家としての資質を問われるものではないと知ることだ。それから、危機に直面したとき自分にできる最善のことは、その時期が起業家人生の途中だと受け入れることだ。気持ちを切り替え、集中を切らさず、前進しつづけよう。

ビジネスにおける唯一の許されざる罪

ヒント：大事なのはお金

創業者にはさまざまな仕事があると思うかもしれない。驚くようなプロダクトの開発。見事なビジネスモデルの発見。優秀な人材の雇用。経

営状態のいい会社の構築。

　だが、実際には、特に大事な仕事が1つある。これに失敗したら、ほかのものなど問題ではなくなる仕事だ。その仕事とは、資金を切らさ・・・・・・ないことである。1960年代と1970年代における最も卓越したビジネスリーダーであり、ジョージ・パットン将軍やナポレオンを引き合いに出されることもあるITTの伝説のCEO、ハロルド・ジェニーンの名言はこうだ。「ビジネスにおいて唯一許されない罪とは、資金を枯渇させることだ」。

　本章の後半で、2000年代初めにラウドクラウドの共同創業者兼CEOだったベン・ホロウィッツの仕事についてお伝えする。会社の資金が枯渇し、新しい投資家が見つからなかったため、資金を調達する唯一の方法が株式の公開のように思えたという話だ。

　そんなことはベンにはばかげていると思えた。こんな欠点だらけの会社では、いい投資先としてウォール街で地位を得られるはずがない。ベンはそのことを役員たちに伝えた。するとどうなったか、彼は私に話してくれた。

　「役員の1人で友人のビル・キャンベルが言った。『ベン、大事なのは金ではない』」。

　「私は『ああ、わかった』と言った」。

　「すると、彼は『大事なのは金だけなんだ』と言った」。

　その意味は、お金がなければ何もない、ということだ。自分が株式公開を目指す間抜けに見えたとしても、それがなんだ？　ほかに選択肢がないのなら、手持ちの札で勝負するしかない。それで、どんな最悪な事態が起こる？

　倒れるまで突き進み、うまくいくようにと願って、いちかばちかやってみろなどとアドバイスするつもりはない。要点はこうだ。創業者やCEOとして何より大事な仕事は、絶対に資金を絶やさないことだ。それ・・を最優先にして決断をする。とにかく、金を切らしてはいけない。

大失敗の記録1
ユーダシティのピボット

間違った顧客を追いかける

2019年、ユーダシティは劇的に路線を変えた。8年間、ユーダシティは高品質な教育を民主化し、大衆でも利用できるようにするパイオニアとして知られてきた。

カーン・アカデミーから影響を受けた創業者のセバスチャン・スランは、スタンフォード大学の人工知能講座をオンライン化したところ、大きな反響が得られた。そこでスランは、スタンフォード大学の学費の何分の一かで一流の教育を受けられるよう、起業を決意した。

だが、スランのもともとのビジョンは成功しなかった。「私はあまりに理想主義者だった」とスランは言う。1年後、実質無料で大学卒業資格を与えることに大学側が難色を示し、ユーダシティはオンデマンドの職業訓練モデルへの変更を余儀なくされた。新しい取り組みは早期利用者たちを引きつけたが、結局、消費者の関心は一定の範囲にとどまった。いっぽうで、従業員への研修開発のためにユーダシティに資金を提供している企業からの関心は高まった。「企業向けのほうがはるかにいいビジネスになると気がつくのにしばらくかかった」そうだ。最終的にCEOの座を明け渡したスランは、会長としてユーダシティに残りつつ、空飛ぶ自動車の会社、キティホークに関心を向けている。

法人向けビジネスに参入するために、ユーダシティは会社を再編する大きな計画に着手した。その動向がトップニュースになったのは、ユーダシティが変更の一環として従業員の20%を解雇しなくてはならなかったことが大きい。しかしこれが正しい選択になった。2020年までに、同社はようやく利益を出せるようになった。通信産業大手7社のう

ち5社がユーダシティを利用し、アメリカの上位200社のうち半分が顧客である。エジプトなどの政府がユーダシティの顧客となり、何万人という学生にテック系のスキルを教えるよう依頼している。消費者のあいだではユーダシティの卒業率は35％だが、法人の顧客では80％になる。「私はみんながいい仕事に就けるようにしたかった。それには企業内で支援したほうが学生が取り組みやすくなる」とスランは言う。

　スタートアップのあいだでは、ピボットはふつうのことだ。それは単に、市場に出てみるまでチャンスがどこに転がっているのかわからないからだ。ビジネスの世界やカンファレンスでは、ピボットについて客観的に侃々諤々と議論されている。とはいえ、実際はピボットによって大きな変動と心痛が引き起こされる。会社を新しい方向に向かわせるためには、会社全体を再編し、大量の社員を解雇しなくてはならないことも多い。ピボットをおこなうためのロードマップはない。だが、スランがみずから学んだ7つのことを紹介しよう。

■ 市場は論理的ではないので、顧客の声に耳を傾ける

「自分がつくる完璧なプロダクトが市場で求められている、と思いこんでしまいやすい」とスランは言う。しかし、そういうことはない。「ユーダシティの費用は約1000ドルで地域の短期大学と比べても格安だ。データによると、新しい仕事が見つかる可能性は88％、収入は平均で2万4000ドル増える」とつけ加える。それでも、大半の学生は短期大学への進学を選ぶ。「数式では消費者の動向を左右できない」とスランは説明する。そのため、しっかりと顧客に意識を向けておく必要がある。どういう方法をとればいいかは顧客が教えてくれる。

■ ピボットが必要だとわかるまで、思ったより時間がかかる

「あとから考えれば、ピボットが必要なのはあきらかだった」とスラン。「しかし、渦中では株式市場にいるようなもの。どの銘柄を選ぶか

を決めるのは楽ではない」。ユーダシティの新CEOは法人向けへのピボットについて取締役会と約1年も議論してから、実行に移した。「どんな会社ももっと早くピボットしていたら、と言う」。

■ 人員を増やしても市場の問題は解決されない

「消費者の関心が薄れているとわかり、営業パーソンを増やそうとした」とスラン。「だが、私たちの問題は市場の反応にあった。営業パーソンを増やしても解決できなかっただろう」。

■ 資金調達の必要性が促進の働きをする

2017年、ユーダシティは資本市場でさらに弾みをつけるべく準備をしていた。「資金調達をするとき、自社のことを投資家に説明しなくてはならない。そのいちばんの方法は、すぐに成長し、利益を出せるビジネスをおこなうことだ」とスランは言う。そのために首脳陣は、将来の成長がどこから起こるかを綿密に調べないといけなかった。

■ おそらく、組織全体を改革しなくてはならない

ピボットとは自社のプロダクトを修正することではない。会社の大部分をリセットしなくてはならない。マーケティング戦略も変わり、営業の取り組みも変わる。徹底的に見直す覚悟をしておくことだ。

■ 社員には包み隠さず明かさないといけない

CEOはたいてい、解雇の助言をする弁護士から、公表するまではすべて秘密にしておくように言われる。スランもユーダシティでそうしたが、そのことを後悔している。「かなり後味が悪かった。みんな、ある日出勤したら、クビになったと知らされたんだ」という。その後、キティホークでリストラしなくてはならなくなったとき、スランは正反対のアプローチをした。「初日からスタッフ全員に最新の情報を伝えた。

『取締役会がこの決定を下した。みんなの人生に影響があるだろうから、知っておいてほしい』と言ったんだ。まわりから信頼されているなら、自分もみんなを信じなくてはいけない。みんなを仲間として扱うなら、自分もそう扱ってもらえるはずだ」。

■ みずから選んだとしても、たくさんの人が退職する

会社の新しい方針にぴったり合う人でも退職するかもしれない。ユダシティの改革から2年後、幹部で残っているのはたった1人だった。「社員にとってはきついことだ」とスランは言う。「情熱や時間、ときにはアイデンティティさえつぎこんだものが間違っていて、新しいものが正しいと言われるのは、人によってはかなりつらいことだ」。

大失敗の記録2
オクタのピボット
ターゲットにする企業の規模を間違える

トッドと私が最初にターゲットにする顧客を間違えたのは、とても単純な理由からだ。会社を落ちこませ、あの悲惨な2011年にビジネス全体を徹底的に見直さなくてはいけなくなった失敗。それは、「間違った顧客」しか私たちの話を聞いてくれなかったからだ。

私たちが最初に開発したかったプロダクトは、従業員がオンライン上のアプリにアクセスするのを会社が管理するためのものだった。すでに

述べたが、トッドと私はセールスフォースで働いた経験から、そうしたプロダクトに需要があることがわかっていた。しかし私たちは、それをどのように運用したいのかを教えてくれる顧客を見つけなくてはならなかった。誰も知らないような小さなスタートアップの場合、中小企業のIT責任者ならフォーチュン500に名を連ねる企業のCTOより話を聞いてくれる可能性が高い。そこで、私たちは自分たちを受け入れてくれるところに行き、そこから展開させようと考えた。

　このように進めようと思ったのは、セールスフォースでうまくいくのを目にしたからだ。10年前にセールスフォースが起業したとき、（シーベル・システムズといった大手が販売する）オンプレミスのソフトウェアをクラウドベースの新しいシステムに交換する計画があった。しかし賢明なCEO、マーク・ベニオフは、大企業の顧客にはしっかりとした証明が必要だとわかっていた。セールスフォースは実際に顧客の営業チームの機能を向上させ、大幅なコスト削減ができることを立証しなくてはならない。そのためには、中小企業に導入して発展させるしかなかった。

　トッドと私は、同じ取り組みがオクタでもうまくいくと考えた。しかし、セールスフォースとオクタには決定的な違いがいくつかあった。セールスフォースは、営業チームが主要な顧客や潜在顧客を管理できるようにする顧客関係管理（CRM）プロダクトを扱っていた。セールスフォースの前からあったプロダクトはひどいもので、営業部門の幹部はそれらを嫌っていた。そこでセールスフォースはまず、かんたんなプロダクトを購入する権限も予算もあるさまざまな営業部長に売り込んだ。セールスフォースはある会社で必要最低限の人員がいるチームと契約を結ぶと、その組織のCIOに相談し、すべてを1つの契約にまとめてはどうかと提案した。その際、そうすれば全体の価格が下がり、システムの運用を規格化できることを強調した。ほとんどの場合、相手は承諾した。

　オクタではそうしたアプローチはとれなかった。アイデンティティ管理は個々のチームがおこなうことではなく、IT部門が監督することだ。

ここで私たちはジレンマに陥った。私たちの話を聞いてくれたIT担当者は中小企業で働いていた。しかし、彼らにはこの問題で困った経験がない。困っているのはもっと大きな企業のCIOだが、彼らには私たちの話を聞いてもらえない。

セールスフォースの例にならうというすばらしいアイデアで、私たちは危うくだめになるところだった。中小企業を狙う場合と大企業を狙う場合とでは、組織の構成も人材の配置もまったく異なる。特にマーケティングと営業においては、まったく違う専門の人材が必要になる。提供するプロダクトも違えば、社内のプロセスも変わる。打ち出すブランドメッセージも違う。そのため、間違った顧客を狙っていたことをようやく受け入れると、トッドと私は築き上げた組織を解体し、まったく新たにつくりはじめなくてはならなかった。

しかし、そうしなくてはならないと悟るのに、しばらく時間がかかった。ほかの創業者同様、私たちは自分たちのビジョンに「ものすごい自信」があったのだ。何かが深刻なほどうまくいっていないことを示す最初の兆候は、わが社の最上級のプログラマーが何人か辞めたことだった。営業で苦戦していることはわかっていたが、確かな経歴のある上級スタッフからの信頼を失うとき、予想よりはるかに深刻な問題が起こっていることを知らせる警告のベルが鳴り響く。

2011年の秋、あの悲惨な取締役会のあとになって初めて、トッドと私は方向性を変えなくてはならないことを受け入れた。私たちは大企業の顧客に接触を試み、経験豊富な営業部門の管理職を探しはじめた。2012年にようやく役員になってくれたその人物は、戦略を立て、魅力的で成長できる営業システムを構築してくれた。

現在、同じ経験をしている創業者にアドバイスするとき、私は次のようなことを伝えている。

■ みんなに対して、特に自分に対して正直になる

2011年の秋まで、トッドと私はどれだけひどい状況かをチームに知らせなかった。もっと早くチームと状況を共有していたら、問題の原因を特定し解決策を見つけられるよう、ずっと前に協力してもらえたかもしれない。きちんと情報を伝え、会社に働きかけるチャンスを与えたら、驚くほどたくさんの人が集まってくれる。

■ 分析し、計画を立てる

愚行とは同じことをくり返しているのに違う結果を期待することだ（トッドと私は計画がうまくいっていないことをもっと早く知らせるべきだった）。次に、分析するときは迅速におこなう。回帰分析をしている余裕などない。問題がどこにあるのか、できるかぎり推測する努力をしなくてはならない。そのあとで、解決する計画を立てる。

■ 新しい計画にだけ取り組む

やるべきことがわかれば（私たちの場合、中小企業をやめて大企業を狙うこと）それに取り組む。2つの方針をとるほどの時間も資金もない。次の船に飛び移るのが早いほど、沈まずにすむ可能性が高くなる。

■ チームに対して明確な態度を示す

変化にあらがうのが人のさがなので、会社でやるべきことについてリーダーがあいまいなメッセージを発すると、社員はそれまでの行動をそのまま続けてしまう。結局のところ、そうするほうが馴染んでいて心地よいからだ。そのため、会社が方向転換をし、全員がその新たな方向に向かわなくてはならないことをはっきりと示す必要がある。

■ 悪いパターンマッチングに気をつける

　私たちがこのような窮地に陥ったのは、セールスフォースのアプローチにならえると決めてかかったからだ。パターンマッチングには引きつけられる。そうすれば、すばやく決断をできることも少なくないし、その決断も悪くないものになる。しかし、リスクが高いときは、自分が信頼できると思うどんなパターンに対してもストレステストを実施しなくてはならない。

大失敗の記録3
ラウドクラウドの場合

資金が枯渇しかける

　2001年、ベン・ホロウィッツがその2年前に共同で創設したSaaS企業、ラウドクラウドの資金が底をついた。そのときまで、企業間電子商取引を支援するインフラを提供していた同社は順調だった。「起業してから9カ月たった第3四半期に、2700万ドルの売上を記録していた」とベンは振り返る。そして2000年の春、インターネットバブルが崩壊した。ベンはさらなる資金調達を計画していたが（同社の資金の回転率はかなり高かった）、突如として、ベンチャー・キャピタル業界は危機に備えはじめた。「どこもかしこもハルマゲドンのようだった」という。2000年の末には、ラウドクラウドには約5カ月分の運転資金しか残っていなかった。

　資金調達する唯一の方法は株式の公開しかなかった。その案は降って
わいたわけではない。同社のすばらしい業績を考慮して、すでに上場す
る計画を立てはじめていたのだ。しかしこうなっては、その案はばかげ
ているように思えた。「売上の見通しも立たない。すでに手配したもの
がどうなるかもわからない。多くの顧客が破産していたからだ。幹部も
たくさん入れかえなくてはならないだろう」とベンは言う。だが、ベン
は取締役会と話しあい、ほかに選択肢がないことを悟った。上場するか
破産申請するかだ。

　ラウドクラウドは株価を10ドルにした。これは、ベンが購入しても
らいたいと思っている金融機関が敬遠する価格帯にならずにすむ最安値
だっただろう。そのときですら、ラウドクラウドは株式併合（複数の株を1
株にすること）をしなくてはならなかった。このことに、社員たちはショッ
クを受けた。「状況がどれほど悪いのか社員は気づいていなかった。社
員は、私から本当のことを聞かされていないように感じていた」そうだ。

　そして、ロードショー[2]では、投資家から特に歓迎されなかった。ナス
ダックは崩壊していた。テック系の株価がブレーキになり、景気の足を
引っぱっていた。ベンが出張で3週間いないあいだ、ラウドクラウドの
「比較対象」となる会社の株価が半分になった。ラウドクラウドの取引
に尽力したバンカーの1人はのちに「人生でこんなに最悪なことは経験
がない」とベンに洩らした。ビジネスウィーク誌は「地獄からの上場」
と評した。

　あらゆる勝算に逆らってラウドクラウドはなんとか上場した。新たに
注入された資金でようやく次の日を生き延びた。しかし会社の問題は解
決されていなかった。ある意味では最悪の事態はこれからだった。

　新たな資金が入ってきても、ラウドクラウドのビジネスは下降線をた

2　「ロードショー」は実際の株式公開の直前におこなわれる。そのとき、スタートアップの幹部は
　　投資家のもとを訪れ、株を購入してもらえるよう宣伝する。

どっていた。ネット企業の波が下火になるにつれて、潜在顧客は躊躇しはじめた。「この手の新しいタイプのシリコンバレーの企業に自社のインフラを外注するのは（企業にとって）あまりに危険だということになった」とベン。ラウドクラウドが見通しには達しないと発表すると、株価は2ドルまで落ち込んだ。ウォール街のアナリストは買い戻すのをやめた。すると、同時多発テロが起こり、景気が急落した。それから2週間後、かつて時価総額が500億ドルだったラウドクラウドの最大の競合相手が破産した。

　ベンは眠れなくなった。どうすればラウドクラウドがこの状況から生き延びられるのかわからなかった。みんなの金を失い、ほかに仕事がない経済状況のなかで社員を路頭に迷わせ、自分の評判が消えてなくなるのがわかる。そうした考えにベンは苛まれた。これは多くの創業者が気づくと陥っている状況だ。自分の美しいビジョンが玉突き衝突事故に変わっていることを悟った瞬間、気がつくと創業者は身体を丸め、必死になって逃げ道を探している。

　だが、迫りくる破滅に直面して、ベンは抜本的な改革をおこなった。彼は自問した。ラウドクラウドがすでに破綻していたらどうなるだろうか？　すでに大惨事が起こってしまっていたらどうなるだろう？　次にすることはなんだろうか？

　その答えはシンプルだった。ベンは、顧客のソフトウェアを管理する部門を切り捨てた。誰も関心を示さないその部門（とはいえ、その時の主要な事業だった）のかわりに、ラウドクラウドが開発したソフトを購入し、それを直接販売し、顧客に管理してもらう新会社を設立するのだ。自社のインフラをラウドクラウドに管理してもらうことに抵抗があった会社も、自社で管理する優れたソフトウェアならほしがるだろう。そこでベンは、ラウドクラウドのソフトウェア部門を残りの部分から切り離す計画に着手した。

　唯一の問題は、ラウドクラウドが再び資金不足に陥ったことだ。ソフトウェアの別会社を設立するまでにいくら必要なのかわかっていたベン

は、そのための計画をまとめた。だが、融資してくれそうな相手と会う前日、最大の顧客が破産する知らせを受けた。その結果生じた収益の損失によって、外部資金を確保する可能性がすべて吹きとばされた。

ベンは新しい計画を実行しようと奔走した。ラウドクラウドのソフトウェア管理部門の売却先をできるだけ早く見つけるのだ。夏までに取引が成立した。その売却で、オプスウェア（現在のベンの別会社の社名）はソフトウェアだけの新事業を始める資金を得た。1999年末以来、ベンははじめてひと息つけた。

しかし、それも長くは続かなかった。会社の稼ぎ頭である部門を売却する理由がウォール街には理解されなかった。オプスウェアの株価は35セントまで下がり、さらなるリストラがおこなわれた。ベンの賭けが実を結ぶまで、さらに5年の格闘があった。2007年、ヒューレットパッカードがオプスウェアを16億5000万ドルで買収した。

その売却からほどなくして、未公開株式投資会社からベンを雇いたいという電話がかかってきた。ベンにはその理由がわからずたずねた。相手は、「私たちはピボットをおこなうので、ここ30年のテック系のピボットをすべて調べました。そのなかでも最も見事だったのがラウドクラウドからオプスウェアへの転換だったのです」と答えた。ベンはその申し出を断った。「そもそも私自身がまいた種だってことはわかってるだろ？」と。ベンの正直さを称えたい。しかし、彼はこの経験から多くのことを学んだ。おもなものを6つ紹介する。

■ 自分にすばらしいプロダクトがあっても翌日にはそれがなくなっていることもある

「プロダクトマーケットフィットは儚いものだ。それなのに、誰もそうは言わない」とベンは言う。インターネットバブルの崩壊がなければ、ラウドクラウドはうまくいっていただろう。同じことはパンデミックや2008年の金融危機にもいえる。多くのスタートアップが外部要因の影

響を受けるまでは順調だった。現在うまくいっているからといって、必ずしもそれがずっと続くなどと思わないことだ。

■ ラウドクラウドはその支出のせいで脆弱になった

企業というものはたいてい、将来の収益を見込んで支出の計画を細かく議論する。だが、そうした将来の予測は通常、過去の業績をもとにする。インターネットバブルの崩壊後もベンは、あの2700万ドルの売上があった四半期が将来の予測であるかのような計画を続けた。「そのようにして、私たちは不意打ちを食らった」そうだ。もう少し早くラウドクラウドが支出計画を見直していたら、あのような大きな損失にはならなかったかもしれない。

■ 窮地に陥ったら、抜け出すことに非情なほど集中しなくてはならない

ラウドクラウドの何百人という社員は、悲惨な状況だとわかって激怒した。ベンはその気持ちに共感したかもしれないが、惑わされなかった。「次の一手に集中していなくてはならない。残されているのはその一手しかないのだから」とベンは言う。

■ 悪い選択とひどい選択のどちらかを選ばなくてはならなくなる

ビジネススクールの事例研究では、リーダーが直面する選択肢にはよいものか、まあまあのものがある場合が多い。「そんなのはたわごとだ」とベンは言う。窮地に陥ったら、選択肢はどれもひどいものになる。精神的にかなり厳しい。「大きな変化を起こすのは誰にとってもトラウマになるものだ」という。しかし、その変化によって成功する確率が上がるなら、決断する勇気を振り絞らなくてはならない。

■ 何がうまくいっていないのか、チームに率直でなくてはならない

全社員の前に立ち、現在の方針はもう見込みがないと伝えるとき、もと

もとのビジョンが失敗だったことをはっきり認めなくてはならない。それと同時に、次の瞬間、いま社員たちに支持してもらいたい新しいビジョンを信じてもらえるよう説得を試みる。「これは存在しうるなかでも最も難しいリーダーシップの問題だ」とベンは言う。「ほとんどの人はそんなことをしない」。だが、その時点では誠実さを示すしか方法はない。そうすれば、もう一度チャンスをくれる社員も何人かはいるだろう。だが、真実をごまかすと、みんなには気づかれる。「そのときに創業者は会社を失う」。

■ 疑わしいときは、質問の方向を変える

　ベンの話で私がいちばん好きなところは、彼が立ち止まって自問する場面だ。もし何もかもすでに破綻していたとしたらどうなるだろうか？　こう考えてみると、心が解放されて物事が明快になる。これ以上守るものがないとしたら、そのときどうするだろうか？

大失敗の記録4　タイニースペックが実際に終わった出来事
あきらめるタイミングを知っておく

　あきらめたい創業者はいない。その大半が精神的にエナジャイザー・バニー[3]になるべくプログラムされている。彼・彼女らは何があろうと前

3　エナジャイザー社のコマーシャルに登場するピンクのうさぎ。

進しつづける。これは創業者にとって重要な資質だ──それが重要でなくなるまでは。

　ほとんどの場合、スタートアップが倒産するのは資金がなくなるからだ。創業者には前に進む方法がなくなってしまう。ベン・ホロウィッツのように資金調達を試みるが、見つからない。銀行の残高がなくなったらやめるしかない。

　そこで、並外れた人物でも、まだ資金が潤沢にあるうちにやめどきを見極めることが必要になる。スチュワート・バターフィールドはみずからのスタートアップの幕引きをした珍しい創業者の1人だ。2000年代初期、フリッカーの創業者の1人だったバターフィールドは、この画像ホスティング会社がヤフーに売却されたとき、成功者になった。それから数年後、彼はヤフーを離れ、タイニースペックというゲーム会社を設立した。

　タイニースペックのゲーム「グリッチ」は2011年に世に送りだされた。これは世間が思い描くゲームの枠組みを押し広げる野心的なマルチプレイヤーゲームだった。しかし、このゲームをサポートするには膨大なリソースが必要だったため、2012年になるとバターフィールドは利益を出せるほど多くの課金ユーザーを引きつけられないことを悟った。

　この時点でも、多くの創業者ならとにかく続けようとしただろう。いろいろあるものの、タイニースペックの口座には潤沢な資金があったし、惰性の力も強い。「白旗を上げるのを反対する理由がたくさんそろっていた」とバターフィールドは言う。「まず、そんなのは屈辱的だ。私たちはマスコミに計画を発表していた。プレイヤーを巻き込み、投資家からは資金を集めていた」。

　それから、会社の社員がいた。「社員の人生を180度変えるような説得をしたこともあった」。バターフィールドの記憶に残っているのは、タイニースペックのオフィスがあるバンクーバーまで引っ越してくるよう説得したある社員のことだ。「彼には幼い娘がいた。引っ越してくる

3カ月前、子育てを手伝ってくれる義理の両親がいる場所から引っ越してくるよう説得した。彼は家も買っていたのに。それなのにいま、もう仕事がないと伝えなくてはならない。彼と目が合ったとき、私は泣き出してしまった」。

　バターフィールドと同じ状況にある創業者なら、タイニースペックを倒産させないためにいろいろ試しただろう。さらに増員したかもしれない。広告を増やした可能性もある。もっと悪いことに、さらなる資金調達（かなり面倒な条件の可能性が高い）をおこなったかもしれない。

　だが、バターフィールドにとって、いまが潮時だという決断はたった1つのことから導き出された。これ以上、信じることができなかったのだ。「創業者には常に疑念と不安がつきまとう。それでも、自分のビジョンを実現できると心から信じている」という。

　ある眠れない夜の午前2時、彼はごろごろと寝返りを打っていた。そして、自分の信念がなくなったことを認めた。「CEOが信じていなかったら、うまくいかないことを悟った。成功というのは自然には起こらない。取締役会にはできない。社員でも無理だ。経営陣が信じていなくてはいけない。それが成功に欠かせない条件だ」と彼は言う。翌日、バターフィールドは共同創業者と役員を集め、自分の決断を伝えた。

　資金があるあいだに決断を下すよい点は、バターフィールドが会社を段階的に縮小できたことにある。全社員にかなり惜しみなく退職手当を出した。ウェブサイトに「天才の雇用」というページもつくった。そこで、アーティスト、アニメーター、ミュージシャンなど仕事を探している人の履歴書やポートフォリオを公開した。ユーザーには返金、タイニースペックに預けておく、3つの慈善団体のうちの1つに寄付するという選択肢を提示した。こうしたことは、ともすれば悲惨になる出来事に明るい要素を加えた。「できるだけ的確なかたちで清算しなくてはならなかった」という。

◆

　タイニースペックは成功しなかったが、バターフィールドは、社内の
チーム用に開発したコミュニケーションツールだけでビジネスになるか
もしれないと気がついた。当時、同僚との調整のためにグーグルチャッ
トのようなチャットサービスやベースキャンプのようなツールを使う人
が多かった。

　バターフィールドのチームは、インターネットリレーチャット（IRC）
という昔からある（かなり基本的な）技術をもとにして社内専用ツールを
開発した。「現代のメッセンジャーアプリに求められているほとんどの
機能がなかった。そのため、私たちはそこに機能を加えていった」そう
だ。

　タイニースペックを閉鎖させると、バターフィールドと共同創業者た
ちは、名前をつけるのすら後まわしにしていたこのツールを中心にして
新しい会社を立ち上げはじめた。だが、市場を見極めるのに苦戦を強い
られた。「グリッチ」は消費者向けのゲームだった。この新プロダクト
は、社内に導入してもらいたい企業向けツールだ。状況がまったく違
う。

　「私たちが、これは『チャネルベースのメッセージプラットフォーム』
だと言っても、その意味が理解されなかった」という。試してもらうよ
う説得するのも楽ではなかった。「友人の会社ですら、説明して実際に
見てもらうのに5回もミーティングを重ねなくてはならなかった」。

　だが最終的には壁を打ち破った。2017年になると、そのツールは幅
広く知られるようになった。ニューヨーク証券取引所に上場も果たし
た。パンデミックのせいで、企業がリモートでの経営を余儀なくされ、
導入に拍車がかかった。そして2020年、同社はセールスフォースに280
億ドル近い額で買収された。

　その会社の名前はスラックだ。

役職を退く

CEOを辞任するタイミング

　CEOの肩書きをみずから手放す創業者は少ない。自分の会社は自分の赤ん坊のようなものだ。最後まで関わっていたい。もちろん、そこにはエゴも関係している。軌道に乗せるために力を注いで、眠れない夜を過ごしてつくりあげた自分のアイデアの結晶なのに、どうしてトップの立場を手放さなくてはならないのだ？

　だが、CEOが交代させられるのは、たいてい役員からの信頼を失ったときだ。ウーバーのトラビス・カラニックやウィワークのアダム・ニューマンは、いくぶん問題がある理由とはいえ、解任されたCEOの例になる。とはいえ、それほど劇的な状況下でなくても、取締役会がトップを交代させるのは珍しくない。

　その仕事に自分がもう適していないとわかるほど賢明な創業者は少ない。フレッド・ルディがサービスナウを起業してから7年後、同社はキャッシュフローが黒字化し、年間収益が1億ドルになり、この世の春を謳歌していた（その10年後には年間40億ドル以上を稼いでいる）。しかし同社は、プロダクトに手を加える段階から組織運営を向上させる段階へと移行していた。会社が成長するために、その時点で焦点となるのは社内システムの微調整だった。

　「投資家の1人から『プロダクト開発担当とCEOのどちらになりたいですか？』とたずねられた」とルディは思い出す。両者は根本的に違う仕事だが、会社が大きくなったら特にそうだ。その投資家はルディに言った。「どちらにしても私たちは支援しますが、1人で兼務できるとは思えません」。エンジニアとしてキャリアを築いたルディは、いつも

プロダクト開発を楽しんできた。当時は50代になっていて、CEOの職務に就くのはこれが初めてだった。

　このあとの数年に何があるのか、彼にはまるでわからなかった。投資家は同社と同じ規模かそれ以上の規模の会社のCEOを紹介してくれた。「そうした人たちが毎日何をしているのかがわかった。私は投資家に『私にはこうした能力はありません。さらに大事なことに、こうした企業を買収することにも興味がありません』と伝えた」とフレッドは言う。

　その後すぐにサービスナウは、元データストレージ企業の社長だったフランク・スロートマンを新しいCEOとして迎え入れた。フレッドはプロダクトを扱う職務に移った。のちにフォーブス誌に語った内容から、彼が正しい選択をしたことがわかる。「フランクは、私ではとてもできなかった方法で、会社を巨大で、円滑に動く組織にまで拡大してくれた」。

　なかには長期間会社の指揮をとることを選ぶ創業者もいる。ビル・ゲイツ、マーク・ザッカーバーグ、ジェフ・ベゾス、私の元上司マーク・ベニオフなどが思い浮かぶ。トッドもオクタで同じようにするだろう。だが、バトンを渡すことを考えるタイミングが来る人も多い。その時期がきたことを示す兆候はおもに2つある。

■　次のステージに必要な気力や決断力がない

　目の前の課題やチャンスに集中できなかったり、反応が鈍かったりすると感じるかもしれない。しだいに「ゾーンに入る」のが難しくなっている。朝、元気いっぱいで起きられなくなっている。

　こうしたことはすべて興味を失っている兆候だ。たとえ会社全体に対してではなくても、少なくとも自分の役割に対しては関心をなくしている。この時点では、おもにエゴが邪魔をする。自分の役職に固執する

と、最終的に会社をむしばんでしまう可能性があると気づいてほしい。トップの人間が漫然としていると、社員はそれに気がつく。そして、彼らのモチベーションにも影響が出る。取締役会に相談し、あなただけの強みと興味を会社に活かせるような新しい役割を築くことだ。

■ 運営上の深刻な課題に直面している

市場に大きなチャンスがあるにもかかわらず、成長が停滞し、もっと悪ければ減少している。（パンデミックのような）明らかな外部要因や（リセットが必要なピボットなどの）内部要因がない場合、特に巨大な成長産業に属しているなら、成長しつづけなくてはならない。

成長が鈍化しているということは、正しい人材の採用や適切な運営方法を含めて、しっかりとした判断がされていない。こうしたことはすべて同じ結論になる。その職務が手に余るのだ。自分の職務がもはや得意とする領域ではないのなら、取締役会に相談し、自分に適した規模の小さな役割を築こう。

■ 恐怖に負けない

「私たちは『はらわたが煮えくり返っていなかったら、挑戦すらしていない』と言っていた」。

1999年末から2002年半ば（このとき、ようやくラウドクラウドからソフトウェア管理部門を切りはなせた）までの2年半をベン・ホロウィッツはそのように言い表した。その過酷な日々のなか、マーク・アンドリーセン（2人で協力してみずからの名前を冠したベンチャー・キャピタルを創設する前は、ラウドクラウドの共同創業者だった）は彼に次のように言った。スタートアップの創業者は2つの感情しか味わえない。それは、歓喜と恐怖だ、と。

どん底のあいだ、ベンはCEOの仕事を引き受けたことを後悔し

た。「CEOになりたかったわけではない。友人たちが2、3人で起業したので、誰がCEOになるのかとたずねたら、『きみだ』と言われたのだ」。

　あるとき、ベンとアンドリーセンは車に乗っていた。株価があまりに希薄化されるため一考の価値もない提案をしてきた投資家とのミーティングの帰り道だった。ベンは我慢の限界に達した。「私はアンドリーセンのほうを向いて『なあ、私以外のくそったれにこの会社を経営してもらいたかったら、私をクビにして、すぐにそうしてくれ。それで一向にかまわない』と言った」。

　アンドリーセンはただベンをじっと見た。「彼の顔を見て、私のほかに誰もいないとわかった。私は行きづまっていたんだ」とベンは言う。

　創業者がどんな感じかを言い表すのに、ベンが以前使った考え方が「行きづまる」だ。彼は、起業した日からヒューレットパッカードへの売却がようやく終わった日までのラウドクラウドにおける全体験を、閉所恐怖症と恐怖に彩られた悪夢にたとえた——「その車に乗ったら、出られない」。

　そのとおりだ。押しつぶされそうな、耐えがたいほど最悪の時期には、自前の野心と成功にとらわれているように感じるだろう。運がよければ、やり抜いて、最終的にある程度安定した状態になれる。そこで、どうやらもう大丈夫だと確信する（そうでありますようにと祈る）。私の髪がどれほど白くなっても、トッドと私はついに打ち勝ったのだ。そして、何年もストレスに打ち負かされたとしても、恐怖に満ちたその日々は何にもかえがたい。

第 10 章

自己管理

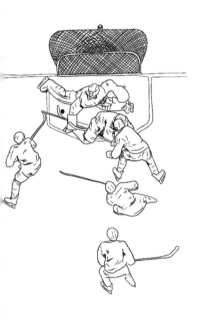

　ワークライフバランスについてよく耳にする。その感情は善意のものではあるが、大事な視点が見過ごされているように思う。会社経営はとてつもなく大変だ。よいときですら、へとへとになる。自分の時間をつくることが間違いなく必要になるが、自分の生活をさらに仕事につなげる方法についても考えたほうがいい。私はこれをワークライフ統合（インテグレーション）と考えたい。

　例をあげよう。私はアイスホッケーが大好きで、毎週火曜の夜遅くと日曜の早朝のほとんどで、ベイエリアのリーグでプレーする。オクタを起業しているときもずっとやっていた。氷の上に乗ると、頭がすっきりして、ストレスが解消される。2、3時間のあいだ、私はストレスも責任も忘れられる。

　しかし、私は平日にもうまいかたちでホッケーを盛りこもうとしている。たとえば、営業会議のために出張するとき、私はいつも潜在顧客、顧客、投資家を試合観戦に誘う。NHLの日程に合わせて出張の予定を立てることさえある。これには大きな利点がある。顧客と楽しく時間を過ごせるのだ。ほかの競合とオクタで差別化もはかれる。これがさらなるビジネスにつながることも多い。

　また、家族との時間も注意深く確保している。私は毎晩（街を離れていないかぎり）妻と子どもと夕食をとる。帰宅すると、玄関のテーブルに電話を置き、子どもたちが寝るまでそのままにしておく。緊急事態でないかぎり、週末に仕事の電話はとらない。保護者会にも毎回参加する（出張で遠方にいて電話で参加しなくてはならない場合でもそうする）。

　家族をないがしろにし、いつまでも仕事の要求に応えてしまいがちだが、気持ちを切りかえて、家族

に意識を向けるには自分を律する必要がある。しかし、仕事の要求がやむことはないだろう。そして、家族との時間は貴重で儚いものだ。いまの子どもたちと過ごせる日は二度と来ない。私は家族との時間を愛しているし、子どもたちの成長に関わっていたい。そのため、私は仕事を立ち上げるときに時間をかける。優秀な人材を雇い、明確な目標を設定し、メンバーが妥当だと判断したら実行できるようチームに権限を与える。そうすることで、帰宅して私がオフィスから数時間離れても会社が崩壊してしまうことはないと安心できる。

◆

ビジネスやテック系の業界の人間は、資金調達、プロダクトマーケットフィット、デザイン思考、最新の技術、経営管理の手法、消費者動向などあらゆることについて話がつきない（挑戦的な姿勢を維持する話題だけは不要）。まったく、どうかしている。スタートアップを立ち上げ、経営するのはおそろしく疲れる。

創業者はみな、精神面でも感情面でも肉体面でも、健康を維持するための戦略を立てなくてはならない。運動や睡眠に時間を割けないという理由だけで会社を崩壊させたくはない。

最初のころ、起業した人の生活は間違いなく厳しいものになる。だが残念ながら、途中の段階でも、上場してからも大変だ。わが社の年間収益は10億ドルを超えるが、それでも私は仕事のことが気になって真夜中に目が覚める。本章では、自分をいたわる方法についてアドバイスをする。何よりたいせつなのは、単純にそれが必要だと気がつくことだ。以下に、私にとって効果的な方法を紹介する。

・自分と同じステージか少し先を見据えている創業者を見つける

創業者が経験することや助けが必要な問題を理解してくれるほかの起業家との関係を築く。友人や家族は大きな意味で精神的な支えになってくれるが、創業者仲間のようには誰もわかってはくれないだろう。

・「酸素マスク」のルールにのっとる

昔からある飛行機搭乗の際の安全上の注意をご存じだろうか。「ご自身の口と鼻をマスクで覆ってから、ほかの方のお手伝いをしてください」というものだ。自

分がベストのパフォーマンスを発揮できないと、会社を支えることはできない。身体も感情も心も健康に保てるようなルーティンをつくろう。

・休暇をとる

そのうちにもう無理だと感じるだろう。だが、システムやプロセスをアップグレードするためには停止する必要があると述べたことをおぼえているだろうか？たとえ、しばらく会社から離れることになっても、ときには自分自身をアップグレードしなくてはならない（それで失速するようなことはない、あなたが不在でもしっかり機能する円滑な組織づくりをしたからだ。そうだろう？）。そうすれば、また元気になり、次の期間に向けてやる気が出る。

流行を追わない

同じ会社はない

オクタが起業したころ、トッドと私は、ほかのスタートアップの業績を追跡するスプレッドシートをつけていた。そのシートには、創業年、調達した資金、社員数、収益、翌年の予測を記した。友人とのランチや業界の集まりの席では、他社に関するさまざまな不確定な数字がよく話題になった。私はオフィスに戻るとすぐに、その新しい情報をシートに追加した。私たちは他者と比べてオクタがどうなのかを評価したかったのだ。愚かなことをしたものだ。

スタートアップの創業者は負けず嫌いな傾向がある。相手と比べてど

うなのか知りたいのは当然だ。しかし、成功へのロードマップは1つではない。同じ会社は存在しない。消費者向け企業と法人向け企業は違う。中小企業に販売する会社は、フォーチュン100に載る企業に向けて販売する企業とは成長の仕方が異なる。私たちが追跡したような情報をまとめても役に立たない。何かしら有益な洞察を得ていると錯覚するかもしれないが、そんなことはない。そんなのは時間の無駄だ。そして、時間を無駄にしてはいけない。

　自動車レースでは、ドライバーは「壁ではなく、道路に集中しろ」と教わる。壁を見ると、衝突してしまう。勝つためには、車を進ませたい方向から目を離してはいけない。私は新しい創業者に同じ原則を伝える。ほかの人が何をしていても、その業績がどんなでも気にしないことだ。自分だけの道、自分だけのレースにただ集中するのだ。[1]

■ 小休止をとる

　起業したばかりだと、自社にすべての時間を捧げないといけないような気分になるだろう。ちょっと友人に電話するのとコードをあと10行書く選択肢があると、コードを書くほうに引きつけられてしまう。しかし、20分間旧交をあたためるほうがはるかに有意義だ。1つには、エネルギーをすり減らすのではなく、エネルギーが復活するからである。

　私の親友の1人、サウル・カトーにはいつも「ひと晩休むんだ」と言われる。成功している連続起業家のサウルは、カリフォルニア大学サンフランシスコ校の教授も務め、私が最近起業に尽力した2

1　これに対する唯一の例外は、競合相手に自社にはない特別な特徴や機能があるせいで契約を逃しつづけている法人向け企業の場合だ。このことには注意を払おう。というのも、競争力をもつためにやるべきことがわかるかもしれないからだ。

番目の会社、ヘロフィロスの共同創業者でもある。ちなみに、同社では新しい神経治療の発見を支援している。「少しは時間を無駄にするんだ」とサウルは言う。「NHLの試合を観て、バーに行くんだ。きみにはそうするだけの資格がある！」と。

研究によると、ノンストップで働くと、徐々に生産性が下がるという。友人や家族（笑えたりテンションが上がったりする知り合いでもいい）に連絡をとると、気分が落ちついて、元気になり、あらゆる面でリセットされて、また次の仕事に没頭できる。

■ 気持ちを切りかえる方法
スタートアップの創業者に転身したオリンピアンの教訓

「創業者としていちばん大変なことに、自分のメンタルの管理がある」とジェレミー・ブルームは言う。彼はインテグレートを起業する前、スキー選手としてオリンピックに出場し、さらにはプロのフットボール選手でもあった。スタートアップの創業者として味わう頂点と底辺の種類は、アスリートとしての経験とそれほど変わらない。「世界を支配してやると思って目覚めたのに、昼になるころには、給与を支払えるかどうかを心配している」という。

そのとおりだ。これこそまさに創業者を言い表している。感情のジェットコースターがくり返される。しかも、同じ日に。

ジェレミーはすごい男だ。モーグル、エアリアル、ハーフパイプを組み合わせたフリースタイルスキーの選手として3度の世界王者になり、冬季オリンピックに2度も出場した。2002年には総合9位になり、再度出場した2006年には表彰台を目指したものの、6位で終わった。圧倒的な挫折感を味わった彼は、それをどうやって克服したのだろうか？ 「2日間落ち込んだあと、NFL団体に向かった」そうだ。そしてご存じの

とおり、フィラデルフィア・イーグルスにドラフトで指名され、2年間プロとしてプレーした。

　失敗を消化するのには時間をかけるのが大事だ。ジェレミーの場合、オリンピックのあと、48時間独りで閉じこもって、試合中に起こったあらゆることだけでなく、そこにつながる4年間も思いかえした。「何もかも削ぎおとしたかたちにして、すべてをまとめあげようとした。そうすることで、その経験から余すことなく学べた」という。

　ジェレミーはこの原則をいまでは創業者としてあてはめている。「たった10分間のこともある」そうだ。だがこれは、大事なことをもう一度調整し、それに集中するために必要な時間だ。

　失敗は重くのしかかるだろう。そこから進めなくなることもある。だが、創業者は前に進みつづけなくてはならない。「経験から余すところなく学べたら、次の目標に向かってさらに力強く進みつづけることができる」。

創 業 者 の 憂 鬱

思っているよりよくあること

　創業者は一般人より鬱になる割合が高い。これは、創業者が必ず鬱病になるという意味ではない。だがそうなったとき、創業者はそれが珍しいことではないと知っておいたほうがいい。カリフォルニア大学サンフ

ランシスコ校のマイケル・フリーマン博士の研究によると、起業家のおよそ3人に1人が鬱病を報告しているという。これは、研究の比較対象群の約2倍にあたる[2]。

　ほかの研究もこの問題に注目している。そうした研究結果は、起業家が一般人と比べて明らかに鬱病になっている割合が高いかどうかで見方が変わってくるが、フリーマン博士によると、起業家が鬱病に•な•り•に•く•いという研究結果はないという。

　この現象に単一の原因はない、と博士は言う。職業にかかわらず、多くの人に鬱になる遺伝的気質があるが、それが問題にならないのは、鬱になるスイッチが入るような状況に置かれることがないからだ。

　これは、糖尿病になりやすい遺伝的傾向をもつ人がいるのと似ている。健康な食事をとって適正体重を維持するかぎり、糖尿病は発症しない。そのため、鬱病になりやすい人が起業家の生活のようなプレッシャーがかかる状況に置かれると、それが引き金になるのかもしれない。

　「たくさんの人が無理をしすぎてしまう」と博士は言う。「じゅうぶんな睡眠時間をとらない。ジャンクフードを食べる。仕事に時間を割きすぎて、社会的に孤立する。共同創業者との衝突があるかもしれない。訴訟で痛手を受けるかもしれないし、役員たちの手で会社から放り出されるかもしれない。そして、ある時点で限界を超える」。

　このうちのいくつかは、起業家生活ならではの苦痛としては単に予想どおりの結果だ。「現状を打破しようとするとき、それに反対する勢力が数多く存在する。そのため、抵抗に遭い、それにともなう挫折によって落胆させられる」とフリーマン博士は説明する。

2　マイケル・A・フリーマンほか「起業家とその家族における精神疾患の有病率と同時発生」スモールビジネスエコノミクス誌、53:323-342、2019 年
　　https://link.springer.com/article/10.1007/s11187-018-0059-8

特に創業当初は絶えず拒絶される。「多くの起業家が、人としてのアイデンティティや価値をビジネスの成功と混同するという間違いを犯す」と博士はつけ加えた。ベンチャー投資家に売り込んでは何度となく断られると、打ちのめされる。「投資家が却下しているのはコンセプトや技術であることがわからないと、それを個人的に受けとってしまい、自信を喪失して、自己評価が下がり、最終的には鬱病になる」。

　私がこの話を持ち出したのは、動揺させるためではない。その反対だ。おそらく特定のショックに対する個別の経験を除けば、影響はないかもしれない。そうだとしたら、尾を引かずに回復できるだろう。

　しかし、この話が自分のことのように思えたとしても、自分1人ではないことを知っておこう。カンファレンス、テレビ、雑誌のプロフィー

図1 起業家と比較対象群の精神疾患の生涯有病率

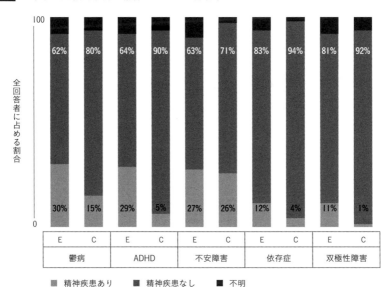

出典：マイケル・A・フリーマンほか「起業家とその家族における精神疾患の有病率と同時発生」スモールビジネスエコノミクス誌、2019年8月2日
https://link.springer.com/article/10.1007/s11187-018-0059-8

ルなどで目にする成功した創業者をつぶさに見てみるといい。その多く
が間違いなくメンタルヘルスの問題を抱えている。残念なことに、この
業界ではまだ広く議論されていないが、これはよくあることだ。そのた
め、これは問題などではない。ただ対処すればいいのだ。

■ **先人の教え**

　スタートアップを築き上げるのはエベレストに登るようなものだ
と思う。報酬は頂上にあるとわかっている。そこにたどり着かなく
てはいけない。だが、たとえまだキャンプ3やキャンプ4[3]にいても、
自分がすばらしい登山家であることに変わりはない。

　そのことをきちんと評価しなくてはいけない。そうすると、頂上
にたどり着くのに必要な勢いが出るからだ。自分がやっていること
の難しさと、多くの試練を乗り越えてうまくやっていること、それ
を認める時間をとろう。そうしないと、人はすぐに自分を責めてし
まう。

——アレクサンダー・アセイリー（エルビー）

3　ヒマラヤなどの遠征登山で、ベースキャンプより上方に設けるアドバンスキャンプのこと。ベー
　スキャンプより近い方からの順にC1、C2、C3……と番号をつける。

どのようにして起業家は挑戦的な
姿勢を維持するのか
距離をとり、ぼーっとして、広い視野を取り戻す

シャシャンク・サクセナ（VNDLY）

　日曜の朝にはクリケットをする。クリケット場にいるときは、フィールドに集中する。その瞬間は、ただその場にいる。創業者には、ぼーっとできるような、かなりはっきりした休息が欠かせない。四六時中仕事のことを考えているので、クリケットが息抜きになる。シャワーを浴びていても、仕事が頭から離れないのだ。クリケット場では、私の電話はフィールドから15メートル離れたベンチにある。誰にも邪魔されない自分だけの時間だ。

マリアム・ナフィシー（ミンテッド）

　これはただのビジネスでしかありません。そのことを思い出させてくれるものがたいてい欠かせないのです。誰かの命を救っているわけではないので、ときには仕事から離れ、人生で本当にたいせつなことに目を向ける必要があります。私の子どもたちが本当に大事なことを思い出させてくれます。子どもたちは大きな目で物事を見ます。

ジャスミン・クロウ（グダー）

オフィスには自転車が何台か置いてある。グダーはアトランタのベルトライン（かなり長い屋外のトレイル）から離れているけれど、私はそこまで行って自転車に乗る。

ジェレミー・ブルーム（インテグレート）

睡眠は感情面でも精神面でも身体を癒してくれる。夜ぐっすり眠れるように、私は3つのことをしている。日が暮れるとすぐに、オレンジのレンズの眼鏡をかける。研究によると、（デバイスからの）ブルーライトは、入眠を促すメラトニンの分泌を抑制するそうだ。寝室はひんやりと、暗く、静かにする。就寝時間を一定にし、就寝3時間前からは何も食べない。食べてしまうと、フィットネストラッカーが心拍数の上昇を知らせてくれる。これは、回復に欠かせない細胞の修復のかわりに、身体が食べたものの消化にエネルギーを消費しているからだ。

ときには締め切りを遅らせる

ときに成り行きにまかせる

　いつも全力を出さないといけないように感じるだろう。締め切りとマイルストーンを設定し、それに間にあわせなくてはいけないとみずからに言い聞かせる。資金にはタイムリミットがあるから……。誰かが販売するまで何も起こらないから……。重要なものを重要にしておかなくてはならず、その重要なものが会社を成長させるから……。……急がなければ。

　しかしときには、ペースを落としてもかまわない。たとえば、明日公表する予定のリリースがあるとする。だが、全員がとんでもない時間まで仕事をしないと終わらない（すでに何週間もとんでもない時間まで作業をしている）。

　来週まで延期したとしても、それは本当に大きな問題なのだろうか？　仮にそれで小休止がとれ、頭を（身体も）しばらく仕事から離れてどこかで充電できるとしたら、そうしたらだめなのだろうか？　もしリリースの日程が任意のもので、スケジュールを変更しても大きな違いがないとしたら、思いきって延期しよう。

　スタートアップを築き上げるのはまさにマラソンだ。いまみんなの心身の健康を優先させることがいつか実を結ぶだろう。年間目標の数字の達成、次のラウンドのための資金調達、3カ月後に控えた海外オフィスの開設など、大きなことを延期してはいけない。

　だが、もっと些細なことならどうだろうか？　ときには成り行きにまかせてもいい。

第 **11** 章

取締役会

　本書の冒頭で、ベン・ホロウィッツが2つの戦術的なアドバイスをしてくれたおかげで、わが社を救うことができたという話をした。第3章でお伝えした1つ目のアドバイスは、私には重要な職務をいくつも同時にうまくこなすことはできない、というものだった。では、2つ目のアドバイスについて話そう。

　すでに触れたが、2011年、わが社の売上は落ちこんでいた。私たちがターゲットにしていた中小企業にはわが社のプロダクトが必要なかったのだ。中小企業から着手したのは、そうした顧客で健全な土台を築く必要があると考えたからだ。そのあとで、本当のターゲットである大企業を目指せる。私たちのアプローチがまるで間違っていると言ったのがベンだった。

　これが、スタートアップの取締役会の力と重要性だ。こうした場合、取締役会は創業者にはわからないことを見抜き、会社が軌道から外れていることを知らせないといけない。

　現在、オクタのプラットフォームには幅広い機能性があるが、トッドと私が起業したときは数えるほどのプロダクトしかなかった。そのうちの1つは企業が従業員のオンボーディング[1]とオフボーディング[2]を支援するものだった。会社が大きくなると、このプロセスはより複雑になる（そのため、困難になる）。ベンは、小さな会社はこのことに困っていないのでプロダクトには興味を示さないと指摘した。だが、大企業はこの問題を経験しているので、私たちの提案する解決に飛びつくだろう。だが、それも大企業の意

1　新入社員に対しておこなう教育、育成プログラムのこと。
2　従業員が退職する際の施策やサポートのこと。

思決定者とつながる方法が見つかればの話だ。

　ベンの言うとおりだった。しかし、私たちにはそうした大企業に売り込んだ経験がなかった。社員が何千人もいると、どの幹部をターゲットにし、どうやってアプローチすればいいのか見当がつかなかった。

　そんなとき、ベンのおかげで自分ができないことができる人を雇わなくてはならない、という最初のアドバイスを思い出せた。そこで私たちは新しい営業チームを採用し、大企業に意識を向けるようシフトした。数カ月もたたないうちに売上が上がり、その年のあいだに急増した。私たちが存続できたのは取締役会のおかげだ。

◆

　創業者は取締役会のことを、定期的にプレゼンテーションをおこなう委員会だと思うことがある。出席して、スライドをざっと説明すると、役員からいくつか質問され、終わったらみんなで休憩してコーヒーを飲みに行く。そういうものだと思うわけだ。

　これは大間違いだ。**役員たちは、創業者ができるだけ最善の決断をできるよう、最も役立つかたちで専門的な知恵を貸してくれる戦略的パートナーである。**

　第4章で、出資してもらう相手はただお金を出してもらうだけではないので、しっかりと考えなくてはいけないという話をした。彼・彼女らを取締役会のメンバー、ひいては重要なアドバイザーとしても迎え入れることになる。本章では、強力な取締役会をつくるにはどうしたらいいか、自社のためにはどんな人材を探したらいいかを述べる。ほとんどの役員たちとは、結局10年以上協力しあうことになる。最後までしっかり務めを果たしてくれる人が必要だ。そうした人たちがあなたの成功を助けてくれる。

　この件では、オクタの役員を務める3人の力を借りた。アマゾンで上級管理職と相談役を務めたミシェル・ウィルソン。メトリック・ストリーム（企業コンプライアンスとコーポレートガバナンスのツールをつくる企業）の元CEOで、ベライゾンとノードストロームで取締役を務めるシェリー・アーシャンボー。これまで、ズーム、ハブスポット、クアルトリクスなど20社を超えるスタートアップの役員として尽力してきて、セコイア・キャピタルでパートナーを務めるパット・グレイディ。3人ともスタートアップやその他企業の役員を務めたすばらしい経歴がある。

取締役会の基礎

知っておくべき基本

　取締役会のおもな責務とは、いわゆる「ガバナンスと監督」である。役員たちは株主[3]、つまり会社の共同所有者を代表する。会社が非上場企業のうちは、会社を成長させるために、幹部が可能なかぎり最善の戦略的決定を下せるようにすること。これがおもな責務になる。「役員の役割とは、株主の利益を増やし、会社に関係者のことを総合的に考えさせること」とミシェル・ウィルソンは言う。

　これはまた、ベンチャー・キャピタルの投資家が自身の投資先を監視する方法でもある。彼・彼女らは自分たちのポートフォリオのどの会社が好調で（その場合、この先のラウンドで投資する資金を残しておくために、パートナー・ミーティングで話しあう必要がある）、どの会社が不調かを知りたい。

　その後、上場を果たしたら、会社には守らなくてはならない決まりがある。これは、アメリカでは証券取引委員会（SEC）によって定められている。そうした決まりを会社が忠実に守れるよう、取締役会は支援する。

■ 取締役会のメンバーは誰か？

　取締役会の構成は会社の成長にともない発展する。

■ 創業当初

　起業したてのころは、取締役会には創業者と共同創業者しかいない。

3　このことは少なくともアメリカではあてはまる。他国でも同様に、取締役会には出資者に対する責任がある。本章では特にアメリカの取締役会に焦点をあてる。

これは取締役会というより、株式の割り当てや役員報酬の決定などたくさんのことをおこなう実務的な組織である。

■ 最初に投資を受けるとき

取締役会のメンバーは、CEO（通常、議長を務める）、（そうするのが合理的な場合は）2番目の共同創業者、投資している企業1、2社のパートナーとなる。

■ 規模の拡大後（シリーズB以降）

社外取締役が加わりだす。彼らは投資家ではなく（そのため、「社外」とつく）、会社が成長するのに特に有益な技能や経験の持ち主である。

取締役会のすること	
主要なもの	・企業戦略の検討 ・CEOへのアドバイス ・外部からの視点の導入
正式なもの	・CEOの任命と解任 ・株式の割り当ての承認 ・役員報酬案の承認 ・年間予算の承認 ・追加の資金調達の承認 ・合併と買収の承認
非公式なもの	・潜在顧客やパートナーの紹介 ・幹部候補の面接

取締役会がやらないこと
・CEOへの特定の戦略の強制 ・通常業務や運営への関与

強力な取締役会のつくり方
マーベル作品のアベンジャーズを思い描く

　取締役会の役員は経営幹部と同じぐらい重要だ。エルビー（フェムテック系スタートアップ）の共同創業者と会長を務める、私の友人のアレクサンダー・アセイリーは、取締役会の役員をアベンジャーズにたとえる。各役員にはそれぞれ特別なすごい力がなくてはならないという。力を合わせれば、どんな問題にも対処できるはずだ。そのため、出資している投資家（通常、誰かを取締役会に任命する）や個別に加わった社外取締役のことをしっかり考慮しよう。「履歴書に追加できるからではなく、適切な理由（会社を築き上げるのを支援したい）で参加する人がいい」とミシェル・ウィルソンは言う。

自社に対して情熱がある人を探す
　いつも自社のことを考えてくれて、記事のリンクを送り、ほかの投資家に宣伝をし、自社の問題の解決を探す努力を惜しまない人がいい。

「昔の」世界を理解している役員を迎える
　創業者は自分たちが打破しようとしている業界のベテランを遠ざけることがある。彼・彼女らの古くさい考え方に足を引っぱられるのを心配するからだ。しかし、ベテランはどこに制約や障害があるかを心得ている。将来に関するアドバイスを受け入れる必要はないが、現在については耳を傾けなくてはならない。

自社と似たような会社を経営したことがある人を1人は迎える
　取締役会が自社の業界をよく理解している場合だけ、役に立つアドバイスをしてもらえる。法人向け企業を築いている場合、以前に法人向け企業をつくったことがある人を取締役会に入れる。消費者向け企業を築いている場合、消費者向けプロダクトに関わったことがある人を迎える。

さまざまな経歴をもつ役員をそろえる
　包括的な取締役会のほうが問題の解決に力を発揮できる。それは、直面して

いる問題に対して、広範囲の経験と洞察をあてはめられるからだ。雇用に関しても、広い範囲の人脈のなかから選ぶことができる。そして、取締役会の顔ぶれを見た応募者は、この会社がさまざまな人材に価値を置いているとわかる。

実務的な専門家を迎える

「おそらく１人は『市場開拓』に精通している人が要る。そうすれば、営業とマーケティングのチームが意見交換できる」とパット・グレイディは言う。「プロダクト開発とテクノロジーに詳しい人もほしい。そうすれば、プロダクトとエンジニアリングのチームがアイデアについて相談できる。CEOであるあなたを支援するためには、CEOの経験者もほしい」。

友人を採用しない

必要なのは、厳しい質問をして、容赦ない意見が返ってくる人材だ。

仲の悪い２人を迎えない

取締役会の役員候補が既存の役員と問題がないか、よく調べること。役員同士の緊張はデメリットが大きい。

難しい議論をしたがらない人は避ける

取締役会にとても聡明な人を迎えることもできるが、率直に話してくれないようなら、あまり役に立たない。役員が本音を言わない理由はたくさんある。ほかのことに手を広げすぎている場合もあれば、取締役会の上級役員との関係を維持する（たとえば、ほかのいい取引につながる関係を保つなど）ほうに関心が向いている場合もある。いずれにしても、役員がすべてのエネルギーと意見を議論の場にぶつけられるよう、デューデリジェンスをしっかりおこなう。

各人に対してデューデリジェンスをおこなう

出資してもらうことを検討している投資家を含めて、どんな役員候補者に対しても、その人物を取締役会に迎えたことがあり、なおかつ深刻な問題に陥ったことがある会社の創業者を３人見つける。そして３人の創業者に、その役員がどれだけ役立ったかをたずねる。最も大変なときに会社を支援する意欲、集中力、真剣さがあったかどうか、彼らは教えてくれるだろう。

取締役会と協力する方法

すべては会議の議題から始まる

取締役会との交流はおもに2つある。定例取締役会のあいだ（おそらく最初は月に1回、最終的に四半期に1回）と、会議が終わったあとにアドバイスや支援を求める個別の状況だ。この2つのケースを最大限活かす方法を以下に紹介する。

■ 定例取締役会のあいだ

取締役会は「発表会」ではない。大事なのはかなり差し迫った重要な問題に対して支援してもらうことだ。それには次のことを実践するといい。

・1週間前に協議事項を送る

議題を決めるのは議長を務める創業者の責務だ。役員が展開の速さに追いつけるよう、余裕をもって送っておく。自分にとってはありふれた情報でも相手にとっては新しいことに注意する。そうした情報を役員たちが理解するには時間が必要だ。

・取締役会ではいちばん重要な戦略の問題にだけ焦点をあてる

新しい創業者は、取締役会を全般的な近況報告に使うという間違いを犯す。それでは役に立たないし、そうしたことには役員も特に関心がない。役員が何より求めているのは、問題への対処と戦略の立案だ。そのため、取締役会をワークセッションと考え、現在会社が取り組んでいる問題を1つから3つ（それ以上は時間が足りない）詳細に話しあうよ

うにする。取締役会の最初にざっと全体像を伝え、支援が必要な各問題にそれぞれ約45分ずつを割く。

・最新情報を伝えるために次々と幹部を連れてこない

創業者は取締役会に幹部を出席させることがある。これには優れた業績に対する報酬の意味合いもあれば、役員と関わる経験を積ませる狙いもある。だが、こういうことはしないようにする。時間が無駄になるし、最も戦略的な課題に集中できなくなる。

・会社が大きくなるにつれて、スライドを厳選する

創業者は取締役会のたびに同じテンプレートを埋める習慣になることが多い。会社の成長に合わせて、新しく加わった部分のために新しいスライドを追加する。気がつくと、スライドが50枚にもなっている。きちんと選別しよう！

「資料を整理することは会話を整理するのと同じぐらいたいせつだ」とパット・グレイディは言う。重要性の低いスライドをカットする習慣をつけよう。「よく考えて話題を選別しないかぎり、惰性の餌食になる」。

・（できれば）それぞれの戦略的課題について文章にする

たいていの取締役会ではスライドがおもな資料になる。しかし、個別のデータや短い箇条書きではニュアンスや複雑な事情は伝わらない。その気になったら、取り組んでいる課題のうち少なくとも1つ（すべてでなくてもいい）について、腰を落ちつけて3ページから5ページにまとめよう。それを、資料といっしょに役員たちに配布する。

トッドの場合、この方法がとてもうまくいった。トッドの頭にあったいちばん重要なことが役員たちにはっきりと伝わったのだ。「文章にすると、会社の経営者であるあなたがこうした情報をどう捉えている

のか、何を懸念しているのかが具体的になる」とパットは説明する。
「それから、自分が問題をしっかり理解し、それについて話し合う準
備ができているかの確認にもなる」。

◆

■ 取締役会以外の場所で

　正式な取締役会以外にも役員たちと交流することはできる。ほとんど
の役員は、自分の専門について、創業者から支援を求める電話がかかっ
てきても気にしないだろう。取締役会に自分と共同創業者しかいない初
期のころ、気がつくと毎日のように投資家に連絡してしまうかもしれな
い。「毎日のように電話をしたくなるのは分別を欠いたことだとは思わ
ない」とパットは言う。「その時点で役員は共同創業者のようなものだ」
と。

　役員が多忙な場合、相手に連絡するタイミングを戦略的に練らないと
いけない。どんな場合でも、会話が散漫にならないようにし、具体的な
支援を求めるようにする。相手の時間は有効に使わなくてはならない。

■ 役員の過半数は重要ではない
それが重要になるまでは

　新人の創業者からよく2つのことをたずねられる。取締役会の役員の
数は（票が同数にならないように）奇数にしたほうがいいか、おもなメンバー
を「友好派」（重要な投票で創業者に賛成してくれる人）で人選したほうがいい
のかについてだ。

　私はこう答える。そんなことは気にするな、と。

　理屈としては、取締役会は投票で意思決定をおこなう。だが実際に

は、投票はただの形式にすぎない。しっかりとした人選をおこない、彼・彼女らと協調できていれば全員の意見は一致するはずだ。

　上場する前、オクタの取締役会は資金調達計画と株式の譲渡の正式な確認以外では投票をおこなったことがないと思う[4]。私たちはだいたい話しあって意思決定をおこなう。これはスタートアップではふつうのことだ。問題を解決するのに投票する必要があるぐらい取締役会が決裂していることに気づいたら、単なる役員の数よりも根本的な問題を抱えていることになる。

　スタートアップが投票をおこなったと聞いたことがあるのは、創業者をCEOから解任するか否か（創業者自身は辞めるつもりがない）の決議のときだけだ（資金調達計画が争点になると投票することもある）。だが、創業者を解任するための投票は珍しい。取締役会が創業者の退任を必要としない場合もあるからではない。そういうことはある。

　取締役会は通常、解任の条件に関して（必ずしも友好的ではないが）お互いの同意のもと、CEOみずから退陣してもらうことができる。CEOの解任を求める取締役会の決議は、（特にそのあと訴訟などが起きた場合）会社の価値を毀損しがちな極端な措置だ。これは、株式を保有している役員たちもCEOも避けたい事態だろう。

4　現在は上場企業なので、証券取引委員会（SEC）から投票を義務づけられている。しかしその場合でも、議論を通じてコンセンサスが得られるので、ほとんどが形式的なものになる。

教訓となる話

間違った使命を課された正しい取締役会

　ジョウボーンは2000年代後半において、最も刺激的な消費者向け電子機器会社だった。そのころ、同社は初めて高品質なブルートゥース対応のヘッドセットをリリースした。ワイヤレスのイヤホンもいまではあたりまえだが、当時は、コードがからまる有線のヘッドセットからの新たな解放を象徴していた。

　ジョウボーンが多くの問題を抱えていたことをはじめて明かしたのは、アレクサンダー・アセイリーだ。先行者利益があったものの、同社は2010年代後半に倒産を余儀なくされた。アセイリーによると、失敗の1つには取締役会の構成があったという。

　経験豊富な投資家と経営者がそろっていたが、その大半がソフトウェアや法人部門の出身で、消費者向けテクノロジー、ましてや消費者向けのハードウェアについて詳しい人間はいなかった。「彼・彼女らにはこの業界のすぐ先が見通せなかった」とアセイリーは言う。「そして、結局のところ、必要なのはすぐ先を見通せる人材だ」。

　アセイリーはスタートアップを築くことをエベレスト登山にたとえる。「どれくらいロープが必要か、クレバスのあるルートと氷床のあるルートのどちらを選ぶのかがわかる人が欠かせない。消費者向けプロダクトは法人向けプロダクトとはまるで違う。在庫があるし、ハードウェア開発もある。大量のプロダクトを出荷するので、（欠陥があっても）かんたんには回収できない。そのため、失敗は致命的になる」。プロダクトがクラウド上にあるなら、ソフトウェアのアップデートによってバグを修正できる。

話を戻すと、アセイリーは、ジョウボーンが直面していた問題を直接経験した人を何人か取締役会に迎え入れればよかったと語る。それは、消費者向けプロダクトのブランドマーケティング、消費者向けプロダクトの財務や運営、ハードウェアの経験などだ。

「創業者にとって本当に大事なことは、自社がどんなビジネスに取り組んでいるかを理解し、その特定の分野の経験がある人を迎え入れることだ。そうした人がいちばん助けになる」。

■ 取締役会は上司ではないことを忘れない

CEOには上司がいない。責任は自分がとる。自社をどう経営するか、すべての決定を下す（自分が共同創業者であってCEOではない場合、CEOが上司になる）。

取締役会から命令されることはない。それは取締役会の役割ではない。何人かの役員からある活動方針が<ruby>と<rt>・</rt></ruby><ruby>て<rt>・</rt></ruby><ruby>も<rt>・</rt></ruby>すばらしいとか<ruby>か<rt>・</rt></ruby><ruby>な<rt>・</rt></ruby><ruby>り<rt>・</rt></ruby>強く推奨されることは当然ある。それでも、それはアドバイスにすぎない。取締役会には実際の行動を指示する権限はない。「意見をのみ込み、そのうちのどれを行動に移すかはCEOしだいだ」とパット・グレイディは言う。「結局のところ、取締役会が間違えることもある」。

取締役会が上司のようになるのは、創業者を解任し、新たなCEOを任命する権限がある点だけだ。取締役会の責務は、株主を代表し、会社の経営を順調にすることである。創業者の選択に信頼が置けなくなった場合、取締役会は解任する決断を下すかもしれない。

「誰かの期待に応えなくてはならない感覚によってモチベーションが高まるタイプの人間なら、取締役会を上司のように考えるといい」とパットは言う。だがそうでないなら、単純に役員は、創業者

にしっかり仕事をこなしてもらうことに高いモチベーションを抱く
戦略的パートナーとして捉えるといい。

■ 取締役会での信頼をいかに築くか
そして、いかに失うか

　起業した当初、創業者は取締役会の役員たちからすごい人だと思われ
る。そうでなければ、支援などされないだろう。だが、近い距離で働く
ようになると、それも変わってくる。苦しい局面でも支持してもらえる
よう、役員たちからはずっと信頼されなくてはならない。信頼を失った
ら支持してはもらえないだろう。そして、信頼というものは、いったん
失ったら取り戻すのがかなり難しい。

　取締役会からの信頼は次の2つに集約される。

■ 正直

　会社の状況について、うまくいっているときも難しい状態にあるとき
も、取締役会には正直になることだ。楽観的なイメージを伝えたくなる
のは当然だが、あまりに楽観的なイメージだと、役員たちから必要な支
援が得られない。

　もっと悪いことに、そのことを見破られる。彼らは百戦錬磨だ。「そ
の問題を見破るために質問を重ねなくてはならなかった場合、ほかには
どんなことが隠されているのか気になる」とシェリー・アーシャンボー
は言う。

■ 実行

　何かをやると明言したのなら、それを実行することだ。会社が成長で
きることを確かめるのが、取締役会の役割である。CEOに会社を大きく

する力があるのか確かめる最も基本的な方法は、フォロースルーできるかを確認することだ。CEOが約束を果たせなかったら、この先もっと大きな問題に対処できるのだろうか、と役員たちは疑問を抱く。

そのいっぽうで、役員たちの信頼に影響を与えないものがある。それは、アドバイスをすべて受け入れたかどうかだ。むしろ、そうしていたら危険な兆候である。「CEOより会社について知っている人はいない」とシェリーは言う。「もしCEOが取締役会の言いなりなら、私は心配になる」。

言いなりになるかわりに、役員たちのアドバイスに耳を傾け、あなたがその経験と洞察の価値を認めている人と同じように実行する。そうした知恵と自社のビジネスについての知識を組み合わせ、会社にとって最善の決定を下す。

■ 問題が起こるとき

取締役会の役員はチームの一員なので、役員の仕事に問題があるとき、社員と同じように対処する（とはいえ、当然だが役員が社員ではないことを忘れないように）。

役員の熱意が足りないようだが、辞めてほしくはない場合

ある役員が有能だが、積極的に参加していない（きちんと準備してこない、議論に参加しないなど）気がしたら、連絡をとり、彼・彼女らの意見が重要だと伝え、積極的に関与してもらうために自分にできることはないかをたずねる。

役員の熱意が足りないようなので、辞めてほしい場合

役員の誰かがあまり適していなかったり、思ったほど貢献してい

なかったりすることに気がつくときもある。この場合、その貢献不足について、敬意をもって率直に切りだす。「相手のところに行き、『あなたはこの場にいたくないように見えます。もしそのとおりなら、お帰りになりたいのでしょうか?』と伝える」とパット・グレイディは言う。

　彼・彼女らには人生の転機が訪れたのかもしれないし、できると思ったけど単に時間がないのかもしれない。実際には、辞任する機会をよろこんで受け入れる可能性もある。

同じ会社の誰かと交代してもらいたい場合

　これは込み入った話になる。ベンチャー・キャピタルからの役員が水準に達していない場合、同じファームの別の人物のほうがいいとあなたは判断するかもしれない。交代を依頼できる立場かどうかは、会社の業績しだいである。

　トップの業績を誇るスタートアップの場合、相手にはあなたに喜んでもらうモチベーションがあるので、便宜をはかってくれるだろう。だが、自社の業績が相手のポートフォリオの中位に位置するか、もっと悪いことに下位に沈んでいたら、理解を示してもらえないだろう（変更するのは、相手にとってはエゴなどいろいろな意味で、決裂を招くようなことなのだ）。そのかわりに、その役員の生産性が上がるような方法を探そう。

まじめな話、諮問委員会は省略しよう

時間もお金もかける価値がない

　諮問委員会とは、その専門性を頼りにできる集団のことだ。そこには取締役会のように監督やガバナンスの役割はない。いくらかの株式と引きかえに（彼らは「顧問料」を受けとる）、自社が抱える特定の問題に対して意見や支援をしてもらえる。さらに、特に有名人がいる場合、その人物の名前をウェブサイトに載せると、投資家や社員の候補、顧客を感心させられるかもしれない。

　書類の上では、諮問委員会には豪華な響きがある。私の見解は物議をかもすだろうが、私はそうした委員会をよいアイデアとは思わない。以下にその理由を記す。

■ 諮問委員は本当に助けになるほどの貢献をしないから

　もちろん、諮問委員とはすぐに連絡がとれる。しかし彼・彼女らには、自社のプロダクトや自社の展開に関して、本当に役立つことに気づけるほどの深い知識はない（状況に追いつけるよう何時間もかけて電話で伝えるのなら話は別だが）。さらに、必ずしも役員のようには連絡がとれない。

　彼・彼女らはわずかな休憩時間にだけ対応し、便宜をはかってやっているという態度をとることもある。自分が委員であることを忘れている人すらいるので、支援を求める際に、相手の仕事を思い出させなくてはならない。正気を疑うが、これはほんとうのことだ。

■ 支払った資産のわりには見返りが少ないから

　諮問委員の契約は単年なことが多い。契約が切れた3カ月後に委員の

誰かと話す必要があったら？　厳密には、あなたは運がないことになる。あるいは、まったく新しい諮問委員の契約を考えなくてはならない（追加の株式を要求されることが多い）。彼・彼女らが以前の株式も保有していて、あなたはさらに自社の価値を高めようと身を粉にして働いているとき、このことは癪に障る。

■ 諮問委員が所有する株のせいで資本政策（キャップテーブル）が複雑になるから（特に累積しはじめた場合）

　資本政策とは自社株を保有する全員のリストで、保有数にともなうさまざまな権利も記載されている。新たなラウンドで資金調達をするたび、新しい投資家との合意にもとづいて資本政策は更新される。資本政策の管理はかなり複雑だ。そして、顧問が保有する株式はすぐに、以前は役立ったかもしれないがいまでは無用になったものの痕跡になる。

　結論。諮問委員会の設立にはコストもかかり、かなり複雑になる。同業者のネットワークを頼るか、コンサルタントとして専門家を雇うほうがずっといい。少なくとも、個別のケースに好意で相談に乗ってくれる人を探すことはできる。この考えに理解を示してくれる人もいる。相手もあなたから学べる場合は特にそうだ（顧客や業界の動向について最前線の意見を知りたいかもしれない）。あとで、お礼に上質なワインを送ることを忘れないように。

第 12 章

上場

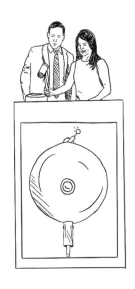

　2017年4月7日の金曜日にオクタは上場を果たし、1株17ドルで1100万株を売った。その朝、私たちがナスダックのオープニング・ベルを鳴らす様子はテレビ映えしただろう。ここまでくるのに8年かかったが、はたから見ても、私たちは成功していた。

　だが、トッドも私もそう捉えてはいなかった。上場はゴールではない。それは始まりにすぎず、いうなれば高校からの卒業のようなものだ。これからが本番だった。上場にまつわる神話が多すぎるので、上場することがスタートアップを立ち上げる核心のように思われてしまう。売却し、リタイアしてビーチで過ごし、火星にロケットを打ち上げる計画を立てはじめるといったイメージだ。

　しかし、それは誤解だ。上場は巨大企業になる道の通過点でしかない。マイクロソフトは上場したとき、時価総額が6億ドルだった。現在は2兆5000億ドル以上だ。スティッチ・フィックスは2017年に16億ドルで上場した。その4年後、時価総額は倍以上になっている。

　ゼロから上場を果たしたスタートアップの割合を誰も記録していないが、各資金調達ラウンドでの減少率を調べると、その数字が非常に小さいことがはっきりする。概算だが、シリーズAにたどり着いた企業のわずか10分の1しか、売却されたり上場を果たしたりできない。そのため、すぐに金持ちになりたいというのがモチベーションの場合、私のアドバイスに従って、ほかのことをしたほうがいい。

　実際のところ、本書からたった1つ教訓を得るとしたら、次のようなものになる。大好きなことを見つけ、それに意識を向けよう。それが会社をつくることだったら、上場しても変化はあまり起きないは

ずだ。上場する前もあとも、自社のことに取り組むのは変わらない。

　オクタの上場後、私の身に起こったことを伝えよう。オープニング・ベル・セレモニーのあと、トッドと私は飛行機でサンフランシスコまで戻り、全従業員とその家族のためにパーティーを開いた。それから、私は週末の大半を寝て過ごした。それから月曜日の早朝に起き、ヨーロッパの大手銀行への営業電話のために午前7時にはオフィスに行った。上場企業になるとはこういった感じだ。現在の栄光に甘んじている暇はない。南国の島に飛ぶこともない。私たちはパイの大食いコンテストに勝った。いまこそ、もっとたくさんのパイを食べるときだ。

上場するかしないか

上場のメリットとデメリット

　上場して世間から注目を浴びるのは、一夜にして得た莫大な富に溺れるのは誰かということだが、会社にとっては上場が転換点になる。新規上場企業の多くはまだ厳密には始まったばかりだ。

　上場とは、さらに大きくなるために企業が踏むステップであることが多い。上場企業になると、非上場企業にはないたくさんの利点が得られる（大事なのは上場することではなく、上場企業でいることだ。このことを起業家には忘れないでもらいたい）。上場の5つの利点を挙げよう。

■ 注目度が上がる

　上場は人生に一度のメディアに注目される機会だ。多くのメディアが

創業者について記事を書こうとする。そうされるのがはじめての人もいるだろう。さらに、この騒ぎ全体が潜在顧客の強い関心を引く。

■ 新しい顧客ができる

非上場の中小企業のときは、大企業や政府機関からは購入されないものがたくさんある。そうした組織にとって、非上場企業との取引はリスクが大きすぎるのだ。頼りにしていた会社が破産したらどうなるだろうか？　上場企業は財務を公開しているので、そうした大きな組織の顧客候補は、取引先が法に適った順調な会社かどうかを確かめられる。

■ 海外の顧客から興味をもたれる

ナスダックとニューヨーク証券取引所は、ロンドン、香港、東京と並んで世界最大の取引所だ。そうした取引所に上場すると、海外での評判が上がり、新たな市場が開ける。

■ 新しい種類の社員や幹部が自社で働くことに興味を示す

スタートアップは万人向けではない。住宅ローンや大学進学を控えた子どもがいる人は、減給を受入れ、倒産する可能性が高い会社に賭けることはできない。自社を大企業まで成長させるのに必要な分野の専門家は、これまで提示できた以上の安定性を求める。だが、上場後は、そうした人たちも喜んで幹部に入るだろう。

■ 資金調達がさらに効率的になる

ベンチャー投資家からの資金調達には長い時間がかかる。大量の自社株と引きかえにしてわずかな額の資金を得るために打ち合わせをくり返す。上場すると、公開市場に債権を発行したり株を販売したりするだけで、すぐに10億ドルの資金調達ができる。

> ### ■ 先人の教え
>
> ニューヨーク証券取引所の演壇に登って鐘を鳴らす人を見てきたので、歩いていって演壇に登るのは、レッドカーペットを歩くようなものだと思うだろう。だが実際は、建物の裏側にある古い吹き抜けの階段を通っていかなくてはならない。どこに向かっているのかもわからなかったのに、ドアがバンッと開くと、突然その場にいるのだ。そこの演壇の上に立ち、ニューヨーク証券取引所を眼下に一望するのは驚くほどすばらしいことだ。
>
> ——パーカー・ハリス（セールスフォース）

だが、いい面ばかりではない。上場すると、複雑なことも起こる。つづいて上場の3つの欠点を挙げよう。

■ 四半期ごとの終わりのない仕事が課される

上場すると、四半期ごとに業績の報告書を提出しなくてはならない。突如として、90日のサイクルで考えはじめなくてはならなくなる。これは大きな転換だ。これではイノベーションが難しくなる。イノベーションには投資が欠かせないが、そうすると、短期的にはコストが増える。これに金融市場は難色を示す。自社をどのように成長させるかの決断を下すのがはるかに難しくなる。

■ 従業員に何もかも伝えるわけにはいかなくなる

透明性はオクタのコアバリューの1つだが、SECによって四半期決算の前後に「沈黙期間」が定められているため、約半年間、公には議論できないことがたくさんある。それどころか、トッドと私は、不用意に法に触れてしまわないよう、あらゆるプレゼンテーションを法務部に送らないといけない。「コメントは控えます」が常套句になる。

■ 株式市場のおもちゃにされる

　いまは経営が順調かもしれないが、自社がテック系企業の場合、金融市場でテック系の株が嫌気されると、自社に落ち度がなくても株価が急落するかもしれない。

■ 先人の教え

　私たちは特別な会社をつくりたかった。社員も顧客も満足していて、楽しんでイノベーションを起こせる、そんな会社だ。上場はそうなるための途中段階でしかない。上場したとき、確か2億ドル超の収益があったが、いまでは27億ドルの収益があるはずだ。そのため、上場は節目となる行事でしかない。それで終わりではなく、上場は会社の成長を促進しつづける役目を果たす。

──アニール・ブースリ（ワークデイ）

■ あなたの晴れ舞台であって、他の人のものではない

　ほとんどのCEOは、上場を果たすための長々と続くコストのかかるプロセスを懸念する。「上場するのを楽しんだという人を1人も知らない」とイベントブライトの共同創業者、ジュリア・ハーツは言う。大半のCEOは避けられないこととして受け入れ、その多くができるかぎりCFOにまかせる。

　だが、ジュリアは違った。「はっきりした意図があるなら、それはとても前向きな機会だし、会社に勢いが生まれる」そうだ。ジュリアがどのように対応したかを紹介する。

■ 主導権を握った

「ふつう、何百万回と上場を経験しているバンカーと法律家からすべてを説明される」とジュリアは言う。それによって、スタートアップの幹部には激動と混乱が起こる。「私は『どうせやるなら、自分たちのやり方で、最大限活かせるようにやろう』と思った」。

ジュリアは（共同創業者である夫のケヴィンと共有する）自宅での最初のミーティングに外部の関係者を全員招いた。「子どもたちが飲み物を配り、私がイベントブライトのジャージを渡した」という。これが通過儀礼だった。「私はみんなに『これで私たちは1つのチームです。お互いが敬意を払い、説明責任を果たす原動力を生み出しましょう』と伝えた」。

■ S-1の草稿を戦略的演習に変えた

S-1とは、上場する証券取引所に株式を登録するために、証券取引委員会への提出を企業が義務づけられている正式な書類である。これがやっかいだ。ジュリアは草稿をまとめる過程をイベントブライトの12年の社史を振り返る機会に利用することにした。

「そのおかげで、私たちが築き上げたもの、向かう方向がはっきりした」と彼女は述懐する。「戦略を体系化し、世の中に対して私たちの市場を初めて定義づけた」。

■ ブランディングのイベントとして利用した

これまでイベントブライトはチケットマスターやほかのチケット販売サービスと混同されてきた。しかし実際は、個人や小・中規模の組織に（イベントのための設営、プロモーション、チケット販売など）必要なものをすべて提供するので、属する業界が違う。それを伝える最善の方法はユーザーの話をすることだった。

イベントブライトはこれをS-1や投資家へのプレゼンテーションに盛

りこんだ。「私たちは顧客のストーリーを利用して、私たちの特徴と顧客が購入する理由を説明した」とジュリアは言う。ニューヨーク証券取引所のフロアで鐘を鳴らすときがくると、何人かのユーザーが同席した。2018年9月、イベントブライトは1株23ドルで上場し、2億3000万ドルの資金を調達した。「上場を通じてさらに強い会社になった」という。その資金によって、顧客のための新たな機能やサービスの開発が促進された。

ロードショー

小心者には向いていない

　上場する2週間前、機関投資家（あなたの会社の株を買うかどうかを決める人たち）に自社について説明するために、国じゅうをあわただしく回ることになる（これを「ロードショー」という）。これは疲労困憊する旅になる。トッドと私は2週間かけて、本拠地であるサンフランシスコはもちろん、ニューヨーク、ロサンジェルス、ボストン、フィラデルフィア、バルティモア、カンザスシティを回り、262機関で330人に会った。

　こうした投資家と自分や自社とのあいだに信頼を築きたいという長期的な目標もある。そうすれば、これから数年間に否応なく起こる障害に遭遇しても、投資家にこぞって自社株を売却されることはないだろう。そのための最良の方法は実際に会って説明することだ。

　証券引受会社[1]は投資家への売り込みのプロセスをひと通り説明してくれるが、バンカーが教えてくれない秘訣をいくつかお伝えする。

やること

・**自分のペースでおこなう。**1日に10件から15件の打ち合わせをするだろう。どの打ち合わせでもベストを尽くさなくてはいけない。深呼吸をたくさんして、しっかり食事をとり、眠れるときに眠っておき、水分補給をして、家族とは定期的に連絡をとる。

・**耳を傾ける。**これは、自社について投資家に知ってもらう機会であると同時に、自分たちが投資家について知ることができるチャンスでもある。こうした組織のなかには大株主になるものもある。こうした組織は、これまでベンチャー・キャピタルが担ったのと同じぐらい、これから自社が前進するうえで重要な役割を果たす。

1　上場するための業務をおこなう投資銀行（複数のことも）のこと。

・株式の最初の権利を得るのを誰にすべきか（あるいは、誰にすべきではないか）を
メモしておく。打ち合わせのあと、投資家は証券引受会社に、投資するか
どうか、投資する場合はいくらで何株購入したいかを伝える。これを「ブッ
クビルディング方式」という。幸運なことに予定した数量を上まわる申し
込みがあったら（つまり、提供する予定の株数より多くの応募があった場合）、創業者
が（アドバイザー、役員、バンカーとともに）、誰にどれくらい売るかを決める。
ロードショー中、私はチームの1人に、出会った人全員それぞれの写真を
さりげなく撮らせておいた。そのおかげで、あとでブックビルディングを
するとき、誰が誰だか思い出すことができた。些細なことかもしれないが、
応募が多すぎたので、誰に販売するかを、出会った相手の印象が礼儀正し
かったか横柄だったかで決断することもあった。

・じゅうぶんな数の着替えを持参する。そうすれば、毎日きれいな服装でい
られる。ホテルのランドリー室を使っている暇はない。

やってはいけないこと

・うぬぼれすぎたり、落ち込みすぎたりしない。打ち合わせがうまくいかな
くても、前進しよう。まだこれから20件、40件、60件もある。そして、う
まくいったとしても、忘れるようにする。新しい打ち合わせのたびに、振
り出しに戻るからだ。また一から始めよう。

・夜遊びをしたり、友人と会う予定を立てたりしない。重要なものを重要に
しておく。ここに足を運んだのは投資家を感心させるためだ。それ以外の
時間はすべて、睡眠、食事、準備にあてる。

・プロセスに圧倒されない。言うは易くおこなうは難し。たしかに私はとき
どき行きづまった。だができることなら、打ち合わせ間の移動中や次の街
に向かう飛行機のなかで、1、2分ほど時間をとろう。立ち止まり、深呼吸
して、笑顔をつくるのだ。もうひと息だ！

上場にかわるもの

上場にはほかの方法もある

　上場は時間もコストもかかる計画だ。証券引受会社からはかなりの費用を請求され、通常、最初の株式公開による全収益の3から7%かかる。初日に株価が「急上昇」すると（大幅に上昇する）、スタートアップには多額の資金が残ることになる。投資家にとってはすばらしいが、会社にとってはそれほどでもない。はじめから株価をもっと高くしていたら得られるはずだった分を損してしまうからだ。最近では、ほかの2つの方法で上場しようとするスタートアップもある。どちらにもメリットとデメリットがある。

■ ダイレクト・リスティング

　上場では、証券引受会社がすべてのプロセスを円滑に進める。投資家に会社について知らせ、その株への信頼や購入意欲を生む。ダイレクト・リスティングでは、企業がみずから取引所に持ちこむ。こうすればプロセスが簡略化され、コストもかなり抑えられる。さらにロックアップ期間もない。

　ダイレクト・リスティングでは、どんな株主もすぐに売却できる。だ

2　オクタの上場では応募がかなり超過する結果になった。私たちが提供する数の27倍近い応募があったのだ。応募超過についての報道をいろいろ読んだことがあるかもしれない。これは活況を呈している証拠ではあるが、誇大広告のことも少なくない。何より重要なのは、わが社には賭ける価値があると金融市場を説得できたという事実だ。

3　株式市場を規制する証券取引委員会は通常、上場してから90日間または180日間の「ロックアップ期間」に、株主がその会社の株を売買するのを禁止している。こうするのは、実際に上場した日にその株式が氾濫するのを防止するためだ。

が、通常の上場のように新規株を発行しないので、会社のための資金調達ができない。この方法をとる企業にはすでに資金がじゅうぶんある。とはいえ取引所で流通するので、もともとの保有者は売却できる。だが、投資家に知らせるプロセスが少ないため、あまり知名度のない会社は買い手が現れないことで苦労するかもしれない。

　ダイレクト・リスティングをおこなった企業には、スラック、スポティファイ、アサナなどがある（図1）。

図1 ダイレクト・リスティングをおこなった企業

スラック　　　　　　　スポティファイ　　　　　　　アサナ

■ SPAC（特別買収目的会社）

　この方法はとにかく複雑なので、どうかおつき合いいただきたい。SPACとは、まだ名前が明かされていない会社を買収するために、公的な取引所に上場して資金を調達するペーパーカンパニーのことだ。投資家がSPACに資金を投じようとするのは、その背後にいる人物を信用しているからだ。これは、有限責任社員がベンチャー・キャピタルを信用してベンチャー・キャピタル・ファンドに投資しようとするのと同じ構図だ。

　その後、スタートアップはSPACに買収されることで、正規の手続きを踏まずに上場を果たす。この方法を選ぶおもな理由はスピードにあることが多い。上場のプロセスには時間がかかる。SPACによる買収には、SPACとの直接交渉がある。会社が買収されると、そのSPACの株主は公開株を保有していることになり、取引所で売却できる。

図2 SPAC をおこなった企業

ドラフトキングス   ヴァージン・
ギャラクティック   ビビント・スマート・
ホーム

SPACをおこなった企業には、ドラフトキングス、ヴァージン・ギャラクティック、ビビント・スマート・ホームなどがある（図2）。

■ 準備ができていない？　先走らないように

ほぼ致命的な失敗とは、実際に準備ができていないのに上場することだ。まずは金融界から頼りにされる企業になる必要がある。そうでないと、打ちのめされるだろう。投資家から会社の業務遂行能力を信頼されず、株価が急落するのだ。

準備ができているかは以下でわかる。重要な経験則だと、上場に先駆けて少なくとも４四半期（推奨するのは８四半期）の「上場企業のような運営」実績があるほうがいい。こうすると、今後の数四半期の重要な測定基準（収益、粗利、キャッシュフロー、収益性など）を正確に予測できるようになる。これをマスターし、有言実行しなくてはならない。上場すると、大半の企業は、次の四半期や次年度の数字の見通しといった業績予想を金融市場に提示するからだ。

金融市場から信頼されるには、企業は通常、16四半期（4年！）のあいだ一貫して正確な予測をおこなわなくてはならない。どうしてこれが重要なのだろうか？　それは、どれほど順調でも、何かしら問題が起こるのは避けられず、予測が外れるからだ。

あなたの会社を信頼している投資家は、小さな問題には目をつぶ

る可能性が高い。そうしたものは、その企業の根本的な問題の兆候ではなく、1回限りのものと考える。そのような信頼がないと、問題が起きた場合、投資家は安全策に走る。

第 13 章

その先へ

　前の章で述べたように、トッドと私はオクタの上場を高校からの卒業のように捉えていた。この8年のあいだに、私たちは優れた会社をつくり、経営する基礎を身につけた。大企業が購入したがるプロダクトを開発し、それを有力なものに磨き上げた。大きな規模で仕事をおこなえるよう、すべてを適材適所に配し、たいせつな利益を継続してあげられることを証明してきた。

　それでも私たちは、S-1を提出しナスダックの鐘を鳴らしたときよりも成長する計画を立てた。もっと大きくなるのだ。上場するとは、規模を大きくする準備ができたということでしかなかった。

　上場は戦略的な選択である。売却してリタイアすることが上場だと、世間では神話のように思われることもあるが、大事なのはそんなことではない。重要なのは上場企業になること、そして、それによって得られる優位性をすべて獲得することだ。そうすれば、さらに大きくなれる。上場企業になったおかげで、オクタとのビジネスを前向きに検討する会社や組織が増え、スタートアップに賭けるには大きすぎる事業でも声がかかるようになった。

　また、あらゆる種類の新しい幹部や専門家を雇うこともできるようになった。こうした人材には、わが社がもっと大きな規模で業務をおこなうための専門性がある。だが、彼・彼女らは大手上場企業の安定性を好むため、スタートアップを避ける傾向があるのだ。それから、顧客候補となる海外の企業が増えた。そうした企業にとって、ナスダックのリストにあることは、安定性と可能性の両面で重要なのだ。

　しかし、こうした成長を成し遂げ、エンジンをかけつづけるためには、従業員が上場で「ガス欠」に

ならないようにする必要がある。「ガス欠」とは、ランナーが身体のエネルギーを使いきってしまったときに使う言葉だ。一瞬のうちに時速100キロまで加速するし、1分で空も飛べるが、次の瞬間には一歩も進めなくなる。

　オクタでは、チームが上場に気持ちを向けすぎて、達成したとたん、活力を失ってしぼんでしまわないようにしなくてはならなかった。そこで、どんなリーダーでもやっていることだが、私たちは目標を変更した。

◆

　上場する約9カ月前、トッドと私は社員に向かって、オクタをテック系企業の象徴にする展望を話した。セールスフォース、オラクル、インテルといった企業と肩を並べるようにするという話だ。数字のうえで成功するだけでなく、この業界のトップになりたかった。

　トッドと私は、この目標は上場する日よりずっと先、達成するまでに何年もかかるものだと説明した。そうした地位を確立するためには何が必要か、つまり、そうした組織が抱える一定の顧客数、おおまかな収益、さまざまな成長モデルなどを伝えた。上場はさらなる大きな夢への始まりにすぎない。私たちが話せば話すほど、みんなは興奮の色を隠せなくなった。

　そのころ、私たちは直感には反しているようだが、目標の変更には合致することをおこなった。上場について話すのをやめたのだ。それまでの7年間、当然ながら上場の話はつきなかった。ストックオプションを現金化できるようになったら銀行口座がどう増えるのかを、従業員が固唾を呑んで見守っている会社にとってはあたりまえのことだ。

　しかし2016年の夏、トッドと私が翌年には上場すると報告したとき、この件についてはこれ以上話さないと知らせた。いずれにしても、SECから義務づけられている「沈黙期間」（事実上、幹部は会社について公言するのを禁じられている）のためにそうしなくてはならなかった。しかし戦略的な意味でも、私たちは会社の意識を新しい目標に向けさせようとしていた。

　また、スタートアップが上場したときにときどき起こるのだが、大量の離職者が出るのを防ぎたかった。株式を売却すれば、たくさんの人がかなりの財産を築ける。離職を考えはじめると、抱えている仕事への集中力がなくなる（上場後、シリコンバレー

の駐車場はポルシェやテスラの車で埋めつくされるというのはある程度本当の話だ)。「一生遊んで暮らせる」熱に浮かされて、優秀で価値のある社員に辞めてもらいたくなかった。そのための最良の方法は、わくわくするような新しい大きな目標を掲げることだった。

オクタは、ある目標に到達する前に社員の目標を変更する発想をずっと利用してきた。もちろん、大きな達成を祝う機会を設けることはたいせつだ。オクタの上場のために、AT&Tパーク（現在はサンフランシスコ・ジャイアンツの本拠地で、オラクルパークと呼ばれている）を貸し切りにして盛大なパーティーを開き、全社員を家族ごと招待した。

しかし、お祝いするころには、次の目標に向かっていなくてはならない。たとえば、1000万ドルの収益を目指すよう鼓舞していた場合、600から800万ドルに到達しはじめたとたん、目標を2500万ドルに変えなくてはならない。1000万ドルの目標に到達したら祝うが、2000万ドルになったらまた目標を変え、今度は5000万ドルにする。2500万ドルに到達したら祝うが……と続く。

この話をしているのは、みなさんの刺激になればいいと思っているからだ。冒頭でもお伝えしたように、未来はあなたの手に委ねられている。起業家がつくりだした会社によって、膨大な数の新しい仕事が生まれている。あなたが成功すればするほど、経済も強くなっていく。

これでみなさんには次の2つのことを納得してもらえただろう。この方向に進むと、これまで経験したことがないほど困難な道を歩むようになること。だが同時に、最もやりがいがある道でもあること。

その先に待ち受けるさまざまな試練をくぐり抜けられるよう、健闘を祈る。

そうできたなら、私のように何ものにもかえがたいものがきっと見つかるはずだ。

謝 辞

　表紙には私の名前しか載らないが、本書はまさにチームの努力の結晶だ（私が口癖のように言っている「チームとして勝利する！」の賜物だ）。本書をつくるさまざまな段階で、直接的にも間接的にも、尽力、支援、提案をしてくれたすべての人に感謝する。

　まず、私の起業家人生、特に苦しい日々を励ましてくれたすばらしい妻、サラに感謝したい。私の気持ちを落ちつかせ、正直にさせてくれる3人のすてきな子どもたち、ニコ、ゾー、チャーリーもありがとう。若いころから起業家ならではのおかしな行動をする私を許してくれたきょうだいのジュリアナとマークにもお礼を言う。最高のお手本であり、理想の両親、サンドラとジャックは私にかぎりない機会を与えてくれた。2人のうち1人でもいなかったら、こんなことは成しとげられなかっただろう。

　私を育ててくれた個人的かつ専門的なメンターたちにも感謝を申し上げる。私の昔からの親愛なる友人、ダグ・フランザーとサウル・カトーは、身勝手な学部生だった私を守り、自己決定、責任、勤勉がいかに重要かを教えてくれた。いとこのエイドリアン・ロージェ＝ワースはいつも、前向きな姿勢、成長する心がまえ、家族や人に対して強く思うたいせつさを体現してくれる。私が出会ったなかでも最高のマネージャー、ロジャー・グラートは真のリーダーシップの姿を示してくれた。

　オクタの設立前、専門職として過ごした十数年のおかげで、私はリーダーとして成長し、その後達成することの基礎が身についた。南アメリカでの苦境という教訓を（必要なだけのユーモアを交えて）教えてくれたベントン・モイヤーにも感謝する。エリク・エイケン＝スライター、ジム・スティール、フランク・ファン・ウィーネンダールは、大きな規模で急速に成長するあいだ、企業の優れたリーダーシップとは何かを示してくれた。私をあたたかく迎え入れてくれたMITのエコシステム全体——名誉学長のスーザン・ホックフィールド、MITスローン経営大学院学部長のデヴィッド・シュミッタライン、MITスローン副学部長のキャシー・ホークス、MITスローン入学学部長補佐のロッド・ガルシア、教授のエド・ロバーツ、MITのマーティン・トラスト・アントレプレナーシップ支援センターの責任者のビル・オーレット、MITスローン・イノベーションとインクルージョンの学部長補佐のフィオナ・マリー、教授のアントワネット・ショアー、ケン・モース、ジェニファー・

バーク・バーバ、ハワード・アンダーソン、シャリ・ローズバーグ、ピーター・ク
ルジナ、スコット・アレッサンドロ──のおかげで、私の起業家としての意向が職
業になるまで高まった。ラース・レッキー、マーク・ゴレンバーグ、ジョン・ハ
マー、アン・ウィンブラッド、ミッチェル・カーツマン、HWVP（現在のアスペンウッ
ド・ベンチャーズ）のチームのおかげで、初めてベンチャー・キャピタルの裏側を覗き
見ることができた。

　2009年当時、共同創業者を探していたとき、私に賭けてくれたトッド・マキノン
には感謝の念に堪えない。リーダーシップ、パートナーシップ、長期的につくりあ
げることについてたくさんのことを教えてくれてありがとう。オクタは私生活でも
仕事のうえでも私の人生に大きな影響を与えたといっても過言ではない！　トッド
と私が「創業者探し」をしているあいだ、互いのことをしっかり伝えてくれた友人
のチャーリー・ディートリッヒ、私より先に起業家の道を進み、ジョウボーンの共
同創業者であるホセイン・ラーマンとともにいつも相談に乗ってくれて、トッドと
私が初めて起業したときには文字どおり住む場所を提供してくれた友人のアレック
ス・アセイリーにお礼を言いたい。

　アンドリーセン・ホロウィッツのベン・ホロウィッツ、マーク・アンドリーセン、
スコット・クーパーは、アイデアはあっても売りこむのがへたな2人組にすぎな
かった私たちに賭けてくれた。彼らは、状況がかなり厳しいときにも私たちに寄り
添ってくれただけでなく、私たちの抱える最大の問題を解決するために、マーギッ
ト・ウェンマッハーズ、ジョン・オファレル、マーク・クランニー、ジェフ・スタ
ンプといった専門家をすぐに呼んでくれた。パット・グレイディ、ダグ・レオーネ、
ジム・ゲッツ、カール・エッシェンバッハ、ロエロフ・ボタ、マット・ミラー、セ
コイア・キャピタル（私が知るかぎり、最も準備が整っているベンチャー・キャピタル）は、私
たちのビジョンを加速させるために、専門知識と視点を惜しみなく伝えてくれた。
アニール・ブースリ、アシェーム・チャンドナ、リード・ホフマン、サラ・グォ、
ジェフ・マーコウィッツ、トム・フランジョーネ、グレイロック・パートナーズは
その経験と人脈を気前よく与えてくれた。ロン・コンウェイ、スコット・ジョーダ
ン、ヴィノード・コスラ、マイク・メイプルズ、スティーブ・マーカス、アン・ミ
ウラ＝コウ、メイナード・ウェッブ、デヴィッド・ワイデンは初期の投資家のなか
でも、得難い知識を授けてくれた主要な方々だ。

　ここ10年間、私の精神的、肉体的、感情的な健康を保ち、人としてもリーダーとしても成長できるよう助けてくれた、エド・ハドン、ハッサン・シャバー、ブルース・ビクター博士にもお礼を申し上げる。私が仕事をするうえで重要な役割を果たしてくれる、すばらしい役員補佐であり、長年のビジネスパートナー、ジェシカ・マルティネスにも感謝する。

　いつもアドバイスや意見をしてくれる先人の起業家たち、ハブスポットのブライアン・ハリガンとダーメッシュ・シャー、サービスナウのデヴィッド・シュナイダー、ズオラのティエン・ツォにも感謝している。過去現在問わず、以下のオクタの取締役会の役員たちは、長年にわたって指針や方向を示してくれた。シェリー・アーシャンボー、アニール・ブースリ、ロバート・ディクソン、ジェフ・エプスタイン、パット・グレイディ、ベン・ホロウィッツ、マイク・コーリー、ベッキー・シーガー、マイク・スタンキー、ミシェル・ウィルソン。ベッセマー・ベンチャー・パートナーズのバイロン・ディーター、CRVのザール・グル、ベイン・キャピタル・ベンチャーのエンリケ・サーレム、フロンティア・コミュニケーションズの元CEOのマギー・"マジック"・ウィルデロッター、アクセルのリッチ・ウォン、設立時から現在に至るまで長年顧問を務めてくれているグッドウィン・プロクターのアンソニー・マッカスカーおよびレイサム・ワトキンスのサラ・アクステルとリック・クラインといった貴重なアドバイザーに幸運にも頼ることができた。

　本書をつくりあげるのを手伝ってくれた全員に感謝したい。私のすばらしい悪友、エピック社のジョシュ・デイヴィス。私のまとまらない考えをくみ取り、何度となく適切なかたちにしてくれたリザ・ボイド。疲れを知らないエピック社の面々、クラーク・ミラー、キアナ・ムーア、ジョシュ・レヴィン、ジョン・スタインバーグ、ウィル・シュテーレ。私の文学エージェントのジム・レヴィン。編集者のケーシー・エブロ。マクグロー・ヒル・プロフェッショナルの方々。草稿を読み、示唆に富む意見をくれた友人や同僚たち、ライアン・カールソン、エミリー・チャン、チャーリー・ディートリッヒ、アビッド・ラリザデ・ドゥガン、マーク・ゴレンバーグ、リンジー・ライフ、マイク・コーリー、ダルメッシュ・シャー、メイナード・ウェブ。

　本書に出てくる洞察と物語の多くは、本書に先立つ『Zero to IPO』のポッドキャストに参加してくれた起業家や投資家によるものだ。マーク・アンドリーセン、ア

レクサンダー・アセイリー、アニール・ブースリ、ジェレミー・ブルーム、スチュワート・バターフィールド、ベス・コムストック、ジャスミン・クロウ、チャーリー・ディートリッヒ、カール・エッシェンバッハ、パーカー・ハリス、ジュリア・ハーツ、ベン・ホロウィッツ、フレデリック・ハットソン、アンドレ・イグオドラ、ジョシュ・ジェームズ、アーロン・レヴィ、フレッド・ルディ、パティ・マッコード、アン・ミウラ＝コウ、メラニー・パーキンス、エイミー・プレスマン、セバスチャン・スラン、テリース・タッカー、ティエン・ツォ、マギー・ウィルデロッター、エリック・ユアン。ビジネスの最前線で長年培ったものを惜しげもなく伝えてくれた、シェリー・アーシャンボー、ポール・アーノルド、イリヤ・レフトフ、マリアム・ナフィシー、シャシャンク・サクセナ、アルフレッド・バアモンデ、ミシェル・ウィルソンにも感謝する。

　個人資本とともに助言によって次世代の起業家を支援するために私が創設した、上場企業の幹部によるエンジェル投資家グループ、オペレーター・ネットワーク（TheOperatorNetwork.com）のみなさんにもお礼を言いたい。みなさんからは日々、刺激を受け、学んでいる。ブラッドリー・アームストロング、クリスティン・ベイカー、ライアン・カールソン、チャーリー・ディートリッヒ、マイク・ディンスデール、アビッド・ラリザデ・ドゥガン、ステイシー・エプスタイン、ヴィヴィアナ・ファーガ、トッド・フォード、トム・ゴンサー、ロジャー・グラート、アレックス・ハフ、アーロン・カッツ、ジャッカス・ケレスト、クラーク・リンジー、ビル・ロッシュ、オリビア・ノッテボーム、ジョナサン・ラニアン、デヴィッド・シェルハーズ、デヴィッド・シュナイダー、マーティ・ヴァンダープローグ、ダン・ライト、ケリー・ライト。

　最後に、新しい創業者からの連絡に時間を割いて対応してくれたベテランの起業家に感謝を捧げる。あなたたちは、私たち全員のよりよい未来を築くために、次世代を支援してくれている。

■ 本書内容に関するお問い合わせについて ■

　このたびは翔泳社の書籍をお買い上げいただき、誠にありがとうございます。弊社では、読者の皆様からのお問い合わせに適切に対応させていただくため、以下のガイドラインへのご協力をお願いいたしております。下記項目をお読みいただき、手順に従ってお問い合わせください。

ご質問される前に

　弊社Webサイトの「正誤表」をご参照ください。これまでに判明した正誤や追加情報を掲載しています。

　正誤表　https://www.shoeisha.co.jp/book/errata/

ご質問方法

　弊社Webサイトの「刊行物Q&A」をご利用ください。

　刊行物 Q&A　https://www.shoeisha.co.jp/book/qa/

インターネットをご利用でない場合は、FAXまたは郵便にて、下記 " 翔泳社 愛読者サービスセンター " までお問い合わせください。電話でのご質問は、お受けしておりません。

回答について

　回答は、ご質問いただいた手段によってご返事申し上げます。ご質問の内容によっては、回答に数日ないしはそれ以上の期間を要する場合があります。

ご質問に際してのご注意

　本書の対象を超えるもの、記述個所を特定されないもの、また読者固有の環境に起因するご質問等にはお答えできませんので、あらかじめご了承ください。

郵便物送付先およびFAX番号

送付先住所　〒160-0006 東京都新宿区舟町5
　　　　　　　FAX番号 03-5362-3818
　　　　　　　宛先（株）翔泳社 愛読者サービスセンター

会員特典データのご案内

　本書の読者特典として日本語版序文のフルバージョンのPDFファイルをご提供いたします。

　次のサイトからダウンロードして入手してください。

https://www.shoeisha.co.jp/book/present/9784798178974

※会員特典データのファイルは圧縮されています。ダウンロードしたファイルをダブルクリックすると、ファイルが解凍され、ご利用いただけるようになります。

注意

※会員特典データのダウンロードには、SHOEISHA iD（翔泳社が運営する無料の会員制度）への会員登録が必要です。詳しくは、Webサイトをご覧ください。

※会員特典データに関する権利は著者および株式会社翔泳社が所有しています。許可なく配布したり、Webサイトに転載することはできません。

※会員特典データの提供は予告なく終了することがあります。あらかじめご了承ください。

免責事項

※会員特典データの記載内容は、2023年3月現在の法令等に基づいています。

※会員特典データに記載されたURL等は予告なく変更される場合があります。

※会員特典データの提供にあたっては正確な記述につとめましたが、著者や出版社などのいずれも、その内容に対してなんらかの保証をするものではなく、内容やサンプルに基づくいかなる運用結果に関してもいっさいの責任を負いません。

著者略歴

フレデリック・ケレスト（Frederic Kerrest）

　2017年に20億ドルの評価額で上場し、現在の時価総額が400億ドル超を誇るエンタープライズ・ソフトウェア企業、オクタの取締役副会長、COO、共同創業者。オクタの企業としての優先事項の確立と推進、会社全体のイノベーションの促進、顧客、パートナー、潜在顧客に寄り添う取り組み、投資家コミュニティとの主な連絡役を担う。ソフトウェアの起業家である著者は、『Zero to IPO』のポッドキャストの司会を共同で務め、そこに創業者、起業家、イノベーターを招き、彼らが革新的なテクノロジー企業をつくりあげた経験から得た見識を紹介している。また、MITマーティン・トラスト・センターのエグゼクティブ・アドバイザリー・ボードを務め、起業したてのソフトウェア企業の起業家にアドバイスをしている。また創薬プラットフォーム企業、ヘロフィロスの共同創業者兼会長。スタンフォード大学でコンピューターサイエンスの理学士号、MITスローン経営大学院でアントレプレナーシップとイノベーションのMBAを取得。私生活では、家族との時間をたいせつにする。趣味は、読書、スキー、アイスホッケー。

訳者略歴

酒井章文（Akifumi Sakai）

　英語翻訳者。訳書に『よりよい道を行け』『人の心を強く引きつける技術』（ともにパンローリング）、『起業マインド100』（サンマーク出版）、『たった30日で「プロ級の絵」が楽しみながら描けるようになる本』（東洋経済新報社）、『小さな家の大きな暮らし』（パイインターナショナル）などがある。

寄稿者（日本語版序文）略歴

朝倉祐介（Yusuke Asakura）

　アニマルスピリッツ 代表パートナー。競馬騎手養成学校、競走馬の育成業務を経て東京大学法学部を卒業後、マッキンゼー・アンド・カンパニー入社を経て、大学在学中に設立したネイキッドテクノロジー代表に就任。ミクシィ社への売却に伴い同社に入社後、代表取締役社長兼CEOに就任。業績の回復を機に退任後、スタンフォード大学客員研究員等を経て、シニフィアンを創業。同社ではグロースキャピタル「THE FUND」を通じて、レイターステージのスタートアップに対する投資活動に従事。その後、アニマルスピリッツを創業し「未来世代のための社会変革」をテーマにシード・アーリーステージのベンチャー投資を行う。

　主な著書に『論語と算盤と私』『ファイナンス思考』『ゼロからわかるファイナンス思考』。株式会社セプテーニ・ホールディングス社外取締役。Tokyo Founders Fundパートナー。一般社団法人スタートアップエコシステム協会理事。みずほグロースパートナーズアドバイザー。

ブックデザイン	山之口正和＋齋藤友貴（OKIKATA）
DTP	BUCH⁺
翻訳協力	リベル

Zero to IPO
世界で最も成功した起業家・投資家からの
1兆ドルアドバイス
創業から上場までを駆け抜ける知恵と戦略

2023 年 4 月 17 日 初版第 1 刷発行

著　者	フレデリック・ケレスト
訳　者	酒井 章文
解　説	朝倉 祐介
発行人	佐々木 幹夫
発行所	株式会社 翔泳社（https://www.shoeisha.co.jp/）
印刷・製本	中央精版印刷株式会社